Kleine Schriften zur Aufklärung

HERAUSGEGEBEN VON DER LESSING-AKADEMIE
WOLFENBÜTTEL

14

ALEXANDER KOŠENINA

Karl Philipp Moritz

Literarische Experimente auf dem Weg zum psychologischen Roman

LESSING-AKADEMIE · WOLFENBÜTTEL
WALLSTEIN VERLAG · GÖTTINGEN

Inhalt

Einleitung

Karl Philipp Moritz ist schon lange kein Außenseiter mehr. Der Aufstieg des Hutmacherlehrlings zum Professor für die Theorie der schönen Künste und Altertumskunde in Berlin war zu spektakulär und das Werk von gefeierten Romanen und Reiseberichten über Studien zur Linguistik, Stilistik, Mythologie, Ästhetik, Pädagogik und Philosophie bis zur Erfahrungsseelenkunde zu vielseitig, als daß es von der Literaturgeschichte ewig hätte verkannt werden können. 250 Jahre nach seiner Geburt am 15. September 1756 hat Moritz endlich den Weg auf den Parnaß gefunden. Die Aufnahme in die *Bibliothek deutscher Klassiker* (1995/99) wird nun von den ersten Bänden der seit langem geforderten *Kritischen und kommentierten Ausgabe* übertroffen.[1] Und eine rasch wachsende Zahl von Fachveröffentlichungen bestätigt das weiter zunehmende Interesse an diesem Autor.

Erfreulich zu bröckeln beginnt damit eine jahrzehntelange Zentrierung auf die Romane *Anton Reiser* und – schon schwächer – *Andreas Hartknopf*. Ergänzt wurde diese Konzentration bislang um Moritz' Begründung des ersten psychologischen *Magazins zur Erfahrungsseelenkunde* sowie seinen Beitrag zur Autonomieästhetik. Mehr als je zuvor hat sich die jüngere Forschung inzwischen der Schriften zur Ästhetik, Sprachlehre, Pädagogik, Freimaurerei, Mythologie und Altertumskunde angenommen; neuerdings erfreuen sich noch die *Reisen eines Deutschen in Italien* besonderer Beliebtheit. Nach wie vor schwächer belichtet blieben hingegen die frühesten literarischen Arbeiten, denen die vorliegende Studie gilt. Dabei geht es um schriftstellerische Versuche aus den ersten Berliner Jahren, also von der Anstellung an der Berliner Stadtschule am 10. November 1778 bis zur Abreise nach Italien im Sommer 1786. Es ist die Zeit, die der Arbeit an den beiden Romanen vorangeht oder diese begleitet. In jener frühen Phase spielt Moritz mit poetischen Möglichkeiten und Techniken, versucht sich in so unterschiedlichen Gattungen wie Aphorismus, Essay, Lyrik, Drama, Erzählung oder Reisebeschreibung und nähert sich so langsam den größeren Projekten an.

Das Unternehmen, Moritz' schrittweise Verwirklichung seines Kindheitstraums von einer Schriftstellerexistenz nachzuzeichnen, soll aber nicht erneut die Zentralposition des *Anton Reiser* bestätigen.

Vielmehr erzählt der Roman in gewisser Weise nach, was hier auszuleuchten ist: Antons tastenden Denkübungen in moralphilosophischen Chrien und Tagebuchaufzeichnungen, seinen Ambitionen, mit dilettantischen Geburtstags- und Huldigungsgedichten Aufmerksamkeit und Anerkennung zu gewinnen, nicht zuletzt auch seiner obsessiven Theaterleidenschaft gehen Moritz' eigene künstlerische Gehversuche voran. Angesichts des autobiographischen Charakters des Romans mag das selbstverständlich erscheinen. Doch wenn das wirklich so naheliegend ist, warum wurde das Frühwerk dann so lange vernachlässigt?

In dieser ersten Schaffensphase erscheint Moritz als ein Suchender, der im Zustand völliger beruflicher Ungewißheit, motiviert durch die Aussicht auf ein paar bescheidene Einnahmen, zu publizieren beginnt. Zunächst sind das eigene Aufzeichnungen und Reflexionen, die nicht mit der Absicht auf Veröffentlichung entstehen. In den *Beiträgen zur Philosophie des Lebens* verschmelzen sie aber – entsprechend arrangiert und um neue Stücke ergänzt – zu einem erstaunlich erfolgreichen Buch. Darauf folgen Gelegenheitsarbeiten, die primär auf Honorar und Anerkennung zielen, deshalb aber keineswegs uninteressant sind. Sie dokumentieren den Prozeß schriftstellerischer Professionalisierung und enthalten auch schon Ansatzpunkte zu Moritz' nachitalienischer Ästhetik. Das gilt etwa für die stark bildlich geprägte lyrische Imaginationskraft oder die ebenfalls an der Malerei orientierten Beobachtungs- und Darstellungsverfahren in der Englandreise. Zudem zeichnen sich an vielen Stellen das erfahrungsseelenkundliche Interesse am inneren Menschen sowie der Rückgriff auf Fallstudien und dokumentarisches Material ab. Die *Unterhaltungen mit meinen Schülern* (1779/80) sowie die Beiträge zu der 1784/85 von Moritz redaktionell geleiteten *Vossischen Zeitung* gehören eigentlich mit in diesen Kontext, konnten hier aber nicht berücksichtigt werden.

Die vorliegenden sieben Kapitel sind als Facetten einer Geschichte konzipiert,[2] wobei die ersten und letzten beiden Essays auf bereits publizierte Aufsätze zurückgehen.[3] Verbindender Gedanke ist die allmähliche Verfertigung des Schriftstellers Moritz aus literarischen Experimentalanordnungen. In den *Beiträgen zur Philosophie des Lebens* erprobt er kleine popularphilosophische Darstellungsformen wie Tagebuch, Dialog, Gebet, Selbstgespräch oder Aphorismus. Was auf den ersten Blick als ungeordnete Sammlung von Versatzstücken und Fragmenten erscheint, beginnt erst mit Blick auf den Titelbegriff der Lebensphilosophie zu funkeln. Dieser Begriff kommt in Deutschland gerade erst auf, Moritz ist einer der ersten, der ihn – lange vor Schopenhauer und Nietzsche – gebraucht. Flanierendes Denken und kleine literarische Form, die in der französischen Moralistik und der schottischen *common sense*-Philosophie längst erfolgreich zueinander gefunden haben, gehen damit in Deutschland erstmals eine enge Liaison ein. Über den großen Systemen der Idealisten wie über dem Verdikt der Popularphilosophie im Kantianismus ist diese reiche Tradition in Vergessenheit geraten. Das 19. Jahrhundert hat sie indes bewahrt, es ist schier unglaublich, wie präsent Moritz mit seinen *Beiträgen* im bürgerlichen Hausschatz des heute völlig vergessenen Genres der ›Blütenlesen‹ und ›Florilegiensammlungen‹ ist. Das ist eine Spielart der räsonierenden Rede über den Menschen, die von der sonst so rührigen Anthropologieforschung bislang unbeachtet blieb. Heinrich Heine, der Kant vor allem für seinen »Packpapierstyl« kritisiert, hat als einer der wenigen auf diese Qualität der Berliner Aufklärung hingewiesen. Rationalisten in der Religion, Weltbürger in der Politik und Menschen in der Moral seien ihre Vertreter gewesen, zu denen er Thomas Abbt, Johann Erich Biester, Johann Jakob Engel, Christian Garve, Johann Georg Sulzer rechnet – und bekennt: »Moritz ist mir der liebste.«[4]

Moritz' Lyrik ist nicht minder unerschlossen. Über den schwachen ästhetischen Rang wird man sich schnell einig sein, doch Wertlosigkeit folgt daraus nicht. Diese Zeitungsgedichte, die als separat publizierte Sammlungen nicht ganz erfolglos waren, sind Zeugnisse eines sich langsam formierenden poetischen Gestaltungswillens. Viele Themen der *Beiträge* werden hier in einer neuen Sprache dekliniert, elementare Fragen nach dem Menschen, dem Leben, der Moral und der Welt stehen erneut im Mittelpunkt. Aus der erstaunlich großen Zahl von Gedichten, die auch in nicht unerheblichem Maße in den *Anton Reiser* und *Andreas Hartknopf* eingehen, wird hier nur ein schmales Bändchen mit sechs Gedichten an den aufgeklärten König Friedrich den Großen vorgestellt. Wieder mag der vorschnelle erste Eindruck täuschen: Was zunächst wie konventionelle

Panegyrik erscheint, entfaltet als Zyklus betrachtet eine eigene innere Logik. Moritz nimmt hier Kants Erläuterung der Aufklärung als Zeitalter Friedrichs vorweg und variiert sie – stets mit dem Bild der Sonne verbunden – im Spiegel verschiedener Institutionen. Dank enger Korrespondenzen zu bildlichen Darstellungen verdichtet sich das zu einer Art poetischer Malerei: Zuerst erscheint ein »Gemälde« des Potsdamer Schlosses Sanssouci, dessen Blickachsen den abwesenden König gegenwärtig erscheinen lassen. Das fehlende Porträt Friedrichs folgt im letzten Gedicht, so daß auf diese Weise ein Bilderrahmen entsteht. Die darin gestalteten Insignien der preußischen Armee, der prächtigen Hauptstadt Berlin sowie der Kunst und Dichtung folgen zwar – trotz einiger kritischer Spitzen – der rhetorischen Tradition des Herrscherlobs, doch lassen sie zugleich Hauptzüge der Berliner Aufklärung hervortreten. Moritz gehört dieser Fraktion durch seine engen Beziehungen zu Johann Erich Biester, Friedrich Gedike, Marcus Herz, Moses Mendelssohn und anderen unbedingt an.

Blunt oder der Gast führt die Reihe der frühen Versuche mit einem dramatischen Fragment fort, das bereits mehr Aufmerksamkeit als andere frühe Werke erregt hat. Abgehandelt wurden bisher Fragen nach dem Schicksalsdrama, dem psychologischen Vaterkonflikt sowie einem möglichen Einfluß von George Lillos *The Fatal Curiosity* (1736). Im Gegensatz zu diesen bestehenden Ansätzen wird das Stück hier als ein Kriminalfall gelesen, der sich auf das Genre der juristischen Fallgeschichte zurückführen läßt. Auch Lillo ist nicht Erfinder des unwissentlichen Verwandtenmords, auch er greift auf historisch überlieferte Verbrechen zurück. Ihre Darstellung in Chroniken und Wandergeschichten könnte Moritz' »dunkle Erinnerung aus den Jahren [s]einer Kindheit« (I, 54)[5] ausgemacht haben, die er an die Stelle des als Quelle ausdrücklich dementierten englischen Dramas rückt. Die tatsächliche Vorlage ist dabei nicht von Interesse, vielmehr geht es um die Anknüpfung an das Modell einer ›wahren Geschichte‹, die hier nicht nur literarisiert, sondern auch spielerisch fiktionalisiert wird: Während der Sohn in der Journalfassung von 1780 zunächst vom Vater getötet wird, kommt er in einer zweiten Schlußversion dieses Fragments sowie in der Buchfassung von 1781 mit dem Leben davon, da die Mutter dazwischentritt und den Mord verhindert. Über diese Ästhetik der Kontingenz hinaus – die fast wie in Tom Tykwers *Lola rennt* (1998) durch Änderung eines zufälligen Details und durch erzählerische Wiederholung den Ausgang gänzlich verändert – geht es um die juristische Schuldfrage. Denn der Text legt nahe, daß Blunt zur Tatzeit in einem Tagtraum befangen ist. Damit hätte er nach damaligem Rechtsverständnis als nicht voll zurechnungsfähig zu gelten und mit Strafmilderung zu rechnen.

Zu den kleinen literarischen Formen, den Gedichten und dem dramatischen Fragment kommt mit den *Reisen eines Deutschen in England* das erste große Erfolgswerk, gleichsam der schriftstellerische Durchbruch. Als Moritz im November 1786 mit Goethe in Rom zusammentrifft, stellt dieser den neuen Bekannten seinen in Weimar verbliebenen Freunden kaum zufällig mit folgenden Epitheta vor: zum einen als denjenigen, »der die englische Reise schrieb«, und zum anderen – mit zusätzlicher Anspielung auf den Romantitel – einfach als den »Fusreiser«.[6] Tatsächlich erschließt und entdeckt Moritz dieses Land als ein Wanderer und nicht von der Kutsche aus. Mit dieser unkonventionellen Art des Reisens erntet er reichlich Spott und Ablehnung, doch darauf gibt er nicht viel. Buchstäblich Schritt für Schritt tastet er sich so in eine fremde Kultur vor, als Empiriker und Feldforscher mithin, als der er sich dann mit dem *Magazin zur Erfahrungsseelenkunde* und dem psychologischen Roman profilieren wird. Unterwegs verzeichnet Moritz überall Sitten und Gebräuche, geschichtliche Umstände oder sprachliche Eigentümlichkeiten, nicht im Stile der distanziert protokollierenden Reiseliteratur der Zeit ›von oben‹, sondern als individuelle Beobachtungen ›von unten‹. Diese Perspektive wird zu einem ästhetischen Kompositionsprinzip, das man mit der rhetorischen Lehre von den Stillagen beschreiben kann.

Ohne Berührungsängste mit den Niederungen des ›genus humile‹ oder ›genus pedestre‹ praktiziert Moritz hier eine geschärfte Aufmerksamkeit für charakteristische Details der Alltagswelt, die sich dann immer wieder hartnäckig in die übergreifenden, auch erhabenen Perspektiven einmischt. Besonders augenfällige Kontrastwirkungen erzielt er mit seinen Naturbeschreibungen, die – in enger Korrespondenz zur englischen Landschaftsmalerei der Zeit – von der schönen über die pittoreske bis zur sublimen Darstellung reichen. Insgesamt kann man die Englandfahrt so als ein literarisches und künstlerisches Experimentierfeld verstehen. Moritz gehört zu den ersten, die das in der deutschen Literatur bis dahin vorherrschend dokumentarische Genre der Reisebeschreibung zu einer Bühne für den ästhetisch empfindenden und subjektiv reflektierenden Menschen erweitern. Aus diesem Blickwinkel spricht viel für die Bemerkung von Moritz' Freund und erstem Biographen Karl Friedrich Klischnig, der dieses Buch »eine Episode seines psychologischen Romans *Anton Reiser*«[7] nannte.

Ähnliches könnte man für zwei biographische Fingerübungen behaupten, die nach der Rückkehr aus England entstanden. Moritz' Nachruf auf seinen Lehrerkollegen Johann Georg Zierlein ist alles andere als spektakulär. Es handelt sich um eine ganz kleine Gelegenheitsarbeit und Pflichtübung, die hier nur deshalb Beachtung findet, weil sie exemplarisch den Übergang von einer dokumentarischen, rhetorischen Form zu einem erzählten Lebensbild ›en miniature‹ verdeutlicht. Moritz nimmt zwei Anläufe: zuerst simple Gedenkverse in einer Gedächtnisschrift der Schule, sodann eine Fallbeschreibung im *Magazin zur Erfahrungsseelenkunde*. Das andere Beispiel ist weitaus profilierter: *Aus K...s Papieren* ist eine aus Brief- und Tagebuchfragmenten sowie Herausgeberkommentaren zusammengefügte Fallgeschichte, die sich in Richtung einer literarischen Erzählung entwickelt. Der Fall dieses Melancholikers ist authentisch und verdankt sich Moritz' Beobachtungen und Dokumenten aus seiner Studienzeit. Die Darstellung ist aber kein bloß chronologisches Protokoll einer Krankengeschichte, sondern eine kleine ›innere Geschichte des Menschen‹ im Sinne Friedrich von Blanckenburgs in seinem *Versuch über den Roman*. Hier hat man es mit einer ›anthropologischen Erzählung‹ zu tun, in der mit genauem Blick auf die verborgenen seelischen Mechanismen und Ursachen die Leidensgeschichte eines Menschen präsentiert wird, die wie in Goethes *Werther* eine »Krankheit zum Tode« ist.[8]

Dieser erst in jüngerer Zeit wieder entdeckte Text ist ein Musterbeispiel einer psychologischen Fallstudie, die auf nachweisliche Fakten zurückgreift, dabei aber deutliche Spuren ordnender Disposition und literarischer Anreicherung verrät. Der äußere Handlungsgang –

von studentischen Duellen und Relegation über Verstoßung durch den Vater und Trennung von der Geliebten bis zu innerem Verdruß und Seelenlähmung, die schließlich zum Tode führen – kommt in mehreren, nicht strikt chronologischen Durchgängen zur Darstellung. Tagebücher K...s wechseln mit einem philosophisch-nihilistischen Essay aus seiner Feder und mit den Kommentaren des Erzählerherausgebers ab. So erfährt die eigentliche Fabel mehrere Revisionsstufen, der Erzähler beschränkt sich auch nicht auf das schriftlich überlieferte Material, sondern stellt zusätzlich eigene Recherchen und Zeugenbefragungen an. Auf diese Weise entsteht ein zunehmend differenziertes Bild, das nicht auf sensationelle Spannung, sondern auf ein besseres Verständnis für die inneren Dispositionen des Hauptcharakters zielt. Grundstrukturen des Romans *Anton Reiser*, der arm an Handlung, dafür aber reich an minutiöser Klärung von Seelenumständen ist, zeichnen sich hier bereits ab. Die Erzählung erscheint zwar erst 1786 verstreut in den *Denkwürdigkeiten*, ihre Versatzstücke dürften aber bereits weitaus früher entstanden sein.

Das letzte Kapitel profiliert ein prägnantes Detail in Anton Reisers psychologisch motivierter ›innerer Geschichte‹: die Theatromanie. Während die im Roman beklemmend nachgezeichnete Lesesucht schon eindringlich untersucht wurde, gilt das für die Theaterleidenschaft meist nur in einem relativ unspezifischen oder zu harmlosen Sinne. Anton Reisers Enthusiasmus für das Schauspiel in einer ohnehin bühnenbegeisterten Zeit wird so allzu leichtfertig mit Wilhelm Meisters Flucht aus der Welt bürgerlicher Geschäfte in eins gesetzt. Dagegen soll hier verdeutlicht werden, daß Theatromanie von Ärzten der Zeit durchaus als pathologischer Befund, als Schwärmerei und Fanatismus erkannt und beschrieben wird. Diese Spielart einer Obsession erscheint als seltener Nebeneffekt der wirkungsästhetischen Mitleidspoetik, die dem Zuschauer nicht nur Abgrenzung versagt, sondern auch einen Infektionsherd für eigene Schauspielambitionen darstellt. Moritz – der wie im Falle der Lesesucht durchaus aus eigener Erfahrung spricht – greift diesen Befund im *Magazin zur Erfahrungsseelenkunde* auf. Seine Fallgeschichte handelt von einem jungen Mann, der an einem *unglücklichen Hang zum Theater* leidet, erst in tiefe Abhängigkeit, dann Seelenlähmung und schließlich vermessenes Streben zu einer Bühnenlaufbahn gerät. Gerettet wird er durch den Kunstgriff eines verständigen Arztes, der statt mit Verbot mit extensiver Erlaubnis und Ermunterung operiert und damit den erwünschten Überdruß erzeugt. Im Roman geht die Sache dann weniger glatt, die übersteigerte Geltungssucht verlagert sich auf das Predigen und schließlich auf die Schriftstellerei.

Damit schließt sich der Kreis. Manche der vom unglücklichen Helden beschriebenen literarischen Übungen ähneln Moritz' eigenen zurückliegenden diaristischen, dramatischen, dokumentarischen, lyrischen und erzählerischen Experimenten. Wenn man sein »seelisches Hochland«,[9] die beiden von Arno Schmidt gepriesenen Romane, erreichen will, so empfiehlt sich der Weg über diese Bergflanke. Doch hier enttäuscht der Vielleser und Literaturverführer Schmidt, von einem solchen, vielleicht steinigen Aufstieg will er ganz und gar nichts wissen. Lieber landet er gleich aus der Luft auf dem Gipfel. Für Schmidt ist alles außer *Anton Reiser* und *Andreas Hartknopf* »quantité négligeable: seine einst gerühmte ›Prosodie‹; die ›Götterlehre‹; die ›Reisen in England‹ und in Italien nicht minder, als seine ›Sprachlehren‹; und selbst das Schicksalsdrama ›Blunt, oder der Gast‹. All das sind größtenteils Brotarbeiten, hastig ums liebe Geld geschrieben: wer 'ne Bude auf'm Markt hat, muß eben schreien! Oft sind die Thesen von ausgezeichneter Unfruchtbarkeit, wie seine mancherorts gerühmte Abhandlung ›Über die bildende Nachahmung des Schönen‹ […]. Dieser ganze Papierwust ist mit Recht in der Versenkung verschwunden.«[10] Ebendiesen Papierwust, von dem Schmidt offenbar nur sehr vage Vorstellungen hatte, gilt es im folgenden zu sichten. Denn in dem halben Jahrhundert seit Moritz' 200. Geburtstag haben sich die Interessen und Blickfelder nachhaltig erweitert.

1. Spiel mit kleinen Formen: *Beiträge zur Philosophie des Lebens*

»Non vitae, sed scholae discimus« – nicht für das Leben, sondern für die Schule lernen wir. Diesen pointierten Grundsatz aus Senecas 106. der *Epistulae morales* an Lucilius kennt man eigentlich bloß in populärer Umkehrung: Zur Beruhigung aller Schüler wird da behauptet, daß sich alle Mühen des Lernens irgendwann im Leben bezahlt machten. Prägnanter hätte der römische Philosoph seine Gelehrtenkritik gar nicht fassen können. Sein Vorwurf richtet sich gegen alle »überflüssigen Fragestellungen« der Wissenschaft, die statt »gut« nur »gebildet« machen und »eine sittliche Seelenhaltung« nicht praktisch befördern.[1] Ohne es zu ahnen, hat Seneca mit dieser beiläufigen Bemerkung so etwas wie den Grundstein für jede Lebensphilosophie gelegt. Gegen die abstrakte Systematik akademischen Wissens und einer deduktiven Metaphysik versteht sie sich immer als praktische Philosophie für die Welt, als induktive Theorie der Lebenserfahrung aus der Perspektive des Subjekts, die sich vor dem gemeinen Volk außerhalb des Elfenbeinturms niemals scheut. Lebensphilosophie ist so alt wie die Philosophie selbst. Wilhelm Dilthey, Georg Simmel oder Heinrich Rickert, einige der bedeutendsten Lebensphilosophen des frühen 20. Jahrhunderts, erinnern immer wieder an diese vorangehende Tradition, die von Sokrates und Seneca über Augustinus, Montaigne, Pascal und die französischen Moralisten bis zu Schopenhauer und Nietzsche reicht.

Begriffsgeschichtlich betrachtet, entsteht die Lebensphilosophie indes erst in der Aufklärung. Voraussetzung dafür ist der seit Christian Wolff rasante Aufstieg einer eigenständigen ›Philosophia practica‹, die das Reformprogramm der Aufklärung in verschiedenen Bereichen mit didaktischem Anspruch in Angriff nimmt: Konversationstheorie, Moralische Wochenschriften, pädagogische Lehrbücher, Popularphilosophie und anthropologische Erfahrungsseelenkunde bilden gemeinsam das Reservoir, aus dem die Lebensphilosophie begrifflich hervorgeht.[2] Seit den 90er Jahren des 18. Jahrhunderts erleben Bücher mit den Titelbegriffen »Philosophie des Lebens« oder »Lebensphilosophie« einen ungeheuren Aufschwung. Frühestes Beispiel für die erste Variante ist Gottlob Benedict von Schirachs *Ueber die menschliche Schönheit und Philosophie des Lebens* (1772), gefolgt von Karl Philipp Moritz' *Beiträgen zur Philosophie des Lebens* (1780; ²1781, ³1791). Das Kompositum begegnet erheblich später als Buchtitel für Vorlesungen des konservativen Wiener Professors Leopold Alois Hoffmann (1760-1806):[3] *Unterhaltungen für gebildete Menschen zur Beförderung einer vernünftigen Lebensphilosophie* (1795); ferner in den zweisprachigen *Aphorismen aus der Menschen-Kunde und Lebens-Philosophie* (1793/95), die sich kaum zufällig im Untertitel als *Eine Nachlese zu de la Rochefoucault's bekanntem Werke* zu erkennen geben. Denn die genuin lebensphilosophischen französischen Moralisten werden in Deutschland zwar erst spät, dafür aber um so begeisterter entdeckt. Friedrich Schulz, der Herausgeber dieser synoptischen Ausgabe, hatte La Rochefoucaulds *Maximen* 1790 übersetzt und eine starke Wirkung damit erzielt.[4]

In der Philosophiegeschichtsschreibung wird diese frühe Phase der Lebensphilosophie im letzten Drittel des 18. Jahrhunderts traditionell wenig beachtet. Das hängt sicher mit der Geringschätzung der Popularphilosophie zusammen, die zu jener Zeit blühte, dann aber rasch den Verdikten des Deutschen Idealismus zum Opfer fiel. Hegel erledigt diese Tradition in seinen *Vorlesungen über die Geschichte der Philosophie* beispielsweise im Handstreich, indem er sie als bloße Fortsetzung der Wolffschen Philosophie diskreditiert: »Die Wolffsche Philosophie hat bis auf Kant geherrscht.«[5] Damit übergeht Hegel die wichtigsten Innovationen eines ganzen Zeitalters, also die geschichtlich perspektivierenden Kulturen des Selbstdenkens – etwa in den Bereichen der neuen empirischen Psychologie und Anthropologie, der religiösen Neologie, der Aufklärungspädagogik, der Menschenrechtsreformen oder der Ästhetik. Gleichwohl ist Hegels Bemerkung berechtigt, daß die Themen des Wolffschen Denkens in der Popularphilosophie aufgehen, indem sein System die »steife Form abzuschütteln« beginnt.[6] Tatsächlich liegen der Pfiff und die Popularität der frühen Lebensphilosophie in neuen literarischen Formen begründet. Gefällig und inspirierend, antisystematisch und eklektisch, essayistisch oder aphoristisch schreibt man über den Menschen als Menschen;[7] und mit Kritik an den geläufigen spröden, langatmigen, vertrackten oder pedantischen Darstellungen der rein akademischen Wissenschaft wird dabei nicht gespart.

Derart angegriffen und um den Erfolg beim Publikum gebracht, verweigerte die für einzig seriös sich haltende Universitätsgelehrsamkeit der frühen Lebensphilosophie die Anerkennung. Daß es neben dem unstrittigen Mittelmaß an lebenspraktischer Ratgeberliteratur auch originelle Traditionsbegründer gab, soll im folgenden anhand von Moritz gezeigt werden. Zwar wird er mit seinen *Beiträgen zur Philosophie des Lebens* als einer der frühesten Namensgeber für die Bewegung bis hinauf zum Lexikonartikel erwähnt, eine inhaltliche Auseinandersetzung fand aber bisher kaum statt. Ein gutes Beispiel dafür ist eine jüngere Darstellung zur *Lebensphilosophie* (1993) von Ferdinand Fellmann. In wenigen Zeilen wird Moritz' Werk kurz erwähnt und hervorgehoben, daß er »psychologische Erkenntnisse mit pädagogischen Intentionen« verbinde. Schon im nächsten Absatz versieht ihn Fellmann aber mit dem Etikett »romantische Lebensphilosophie«, trotz der markierten Gegensätze gemeinsam mit Friedrich Schlegel, dem Verfasser von *Vorlesungen zur Philosophie des Lebens* (1827). Beide miteinander werden einer ersten Epoche zugerechnet, von der sich eine zweite radikal unterscheide, die erstmals mit Nietzsche, Bergson und Simmel zu einer »Theorie der Selbsterfahrung« ansetze.[8]

Gegen diese schroffe Kontrastierung lassen sich aus zwei Gründen deutliche Kontinuitäten zwischen Moritz und der moderneren Lebensphilosophie betonen: Erstens sind seine *Beiträge* ein literarisch ambitioniertes Experiment mit Darstellungsformen, die sich ähnlich konträr zur akademischen Schulphilosophie der jeweiligen Zeit verhalten wie Schopenhauers *Aphorismen zur Lebensweisheit* (1851) oder Nietzsches *Menschliches, Allzumenschliches* (1878). Zweitens entfaltet Moritz in diesem Frühwerk Überlegungen zu Selbstbeobachtung, Selbstgefühl und Selbstreflexion, die das *Magazin zur Erfahrungsseelenkunde* sowie den *Anton Reiser* vorbereiten und damit letztlich durchaus zu einer »Theorie der Selbsterfahrung« in Fellmanns Sinne führen. Kaum zufällig beriefen sich die von ihm aufgebotenen Autoren gelegentlich auf Moritz.[9]

Popularphilosophie zeichnet sich in hohem Maße durch offene literarische Formen wie Gespräch, fiktiver Brief, Essay oder Aphorismus aus. Sie wird von den Autoren häufig selbst reflektiert und zur Voraussetzung des Selbstdenkens erklärt.[10] Diese Zusammenhänge wurden in den letzten Jahren – etwa am Beispiel von Johann Jakob Engel,[11] Christian Garve,[12] Adolph Freiherr von Knigge,[13] Johann Caspar Lavater,[14] Georg Christoph Lichtenberg, Johann Heinrich Merck,[15] Jean Paul,[16] Ernst Platner[17] oder Johann Gottfried Seume[18] – immer besser erschlossen, so daß sie hier nicht wiederholt werden müssen. Vielmehr soll es darum gehen, Moritz' bislang kaum beachtete *Beiträge zur Philosophie des Lebens* in diesen Kontext einzuordnen und zu diskutieren, inwiefern sie mit literarischen Mitteln etwas zur frühen Lebensphilosophie beisteuern.

Die *Beiträge* bestehen aus einer Sammlung von Kurztexten, deren Status schwer zu bestimmen ist. Nach Raimund Bezolds trefflicher Charakterisierung bilden sie zusammen ein »Mittelding zwischen pietistischem Tagebuch, erfahrungsseelenkundlicher Beobachtung und aufgeklärter Lebensphilosophie«.[19] Längere Meditationen im Stile Descartes', psychologisch-wahrnehmungskritische Selbstanalysen oder Miniaturen aus dem Alltag wechseln sich ab mit Maximen und Reflexionen von aphoristischer Kürze und Prägnanz. Wie Bezold spricht auch Hans Joachim Schrimpf – natürlich ebenfalls der Vorrede zu dem Werk folgend – von Moritz' »Tagebuchaufzeichnungen« als »undistanzierter Vorstufe zum ›Anton Reiser‹«.[20] Und auch Albert Meier geht von »authentischen Tagebuchnotizen« aus, die allerdings kunstvoll zu einem Ganzen komponiert seien.[21] Von Aphorismen spricht vorerst fast niemand.[22] Erwartet hätte man das am ehesten von Friedemann Spicker, der in seiner monumentalen Gattungsgeschichte seit Mitte des 18. Jahrhunderts sonst kaum etwas ausspart. Moritz' *Beiträge* kommen hier bis auf eine einzige beiläufige Bemerkung überhaupt nicht vor.[23] Möglicherweise ist das kein Zufall. Denn Moritz' zum Teil recht anspruchsvolle philosophische Überlegungen hätten wohl schlecht in Spickers tendenziell abschätzige Skizze über Aphorismus und Lebensphilosophie gepaßt.[24] Seine Diagnose des modischen Geschäfts mit zahllosen populären

Aphorismensammlungen zur moralischen Erbauung trifft auf das letzte Jahrzehnt des 18. Jahrhunderts sicherlich zu. Die pauschale Rede von »dem zunehmend verflachenden lebensphilosophischen Strom«[25] läßt dessen ursprünglich tiefere Quellen aber außer acht. Weder Spicker noch Günter Pflug, der Verfasser des Artikels ›Lebensphilosophie‹ im *Historischen Wörterbuch der Philosophie*, haben sich die frühesten Traditionsstifter genauer angesehen.

Der Helmstedter Philosophieprofessor Gottlob Benedict von Schirach (1743-1804) gilt mit seinen »Reden und Versuchen« *Ueber die moralische Schönheit und Philosophie des Lebens* von 1772 als begrifflicher Initiator der Lebensphilosophie in Deutschland. In der Vorrede vertritt er die These, die Aufklärungsphilosophie verharre bis in die unmittelbare Gegenwart im Systemdenken Christian Wolffs. »Selbst der Weltweise, welcher in Leipzig am meisten die Wolfischen Sätze bestreitet, ist, im *Wesentlichen*, ein *Wolfianer*; wenn er es auch nicht glauben sollte.«[26] Mit dem Weltweisen ist wohl der gerade abtretende Johann August Ernesti (1707-1781) gemeint, Pflegevater und Mentor Ernst Platners, als Professor aber auch Lehrer von Lessing, Goethe und Wezel. Kaum zufällig hebt von Schirach gerade Leipzig hervor, das mit Engel, Garve, Jean Paul, Kästner, Platner, Seume und Wezel zu einem der profiliertesten Zentren popularphilosophischen und aphoristischen Schreibens wurde – freilich neben der 1737 gegründeten Reformuniversität Göttingen, die mit Lichtenberg den glanzvollsten Aphoristiker der Zeit hervorbrachte und als Schaltstelle des Illuminatenordens (Deckname: »Andrus«) einen Brückenkopf der intellektuellen Avantgarde bildete.[27]

Diese Einschätzung fügt auch von Schirach sofort an: »Herr *Feder* in Göttingen ist der erste, welcher die Anmuth des Stils und das gefällige Aeusere dem System gegeben hat.«[28] Gemeint ist der Illuminat Johann Georg Heinrich Feder (1740-1821), der in Göttingen 1768 – also zwei Jahre vor seinem Geistesverwandten Platner in Leipzig – zum Professor ernannt wurde.[29] Sein literarisch ambitioniertes zweibändiges *Lehrbuch der praktischen Philosophie* (1770, [4]1776) entfaltet ein inhaltlich mit Platners *Philosophischen Aphorismen* (Bd. 1: 1776; 1784; 1793; Bd. 2: 1782; 1800) vergleichbares Panorama, das auch für Moritz' Sammlung thematisch einschlägig ist. Feders Hauptabschnitte widmen sich der »Allgemeinen Praktischen Philosophie«

(Wille, Begierden, Neigungen, Glückseligkeit), der »Moral« (Rechtschaffenheit, Pflichten, Tugenden), dem »Recht der Natur« (Eigentum, Krieg, Gesellschaft, Ehe, Herr und Diener bzw. Untertan, Staat, Völker) sowie der »Klugheitslehre«.

Während Platners und Feders Kompendien aber noch systematisch in einzelne Paragraphen gegliedert sind, sucht von Schirach zur Darstellung eines ähnlichen thematischen Spektrums andere literarische Formen, so wie dann wieder Engel mit der von ihm herausgegebenen Kollektion *Der Philosoph für die Welt* (1775/77; 1787; 1800/01). Schirachs Beiträge zur *Philosophie des Lebens* lassen sich meist bereits durch Zusätze in den Überschriften bestimmten Genres zuordnen: »Versuch einer Betrachtung«, »Eine Rede«, »Ein Versuch«, »Eine Erzählung«, »Verlorene Gedanken«, »Vergebliche Anmerkungen«. In der Vor- und Nachrede wird dieses sehr bewußte Spiel mit Formtraditionen weiter gerechtfertigt:

> Aber auserhalb des Systems sind genug Schriften nunmehro in mancherley Formen erschienen, welche die Tugend als Schönheit zu empfehlen, und mit allen Reitzen geschmückt, der Liebe und Bewunderung werth zu machen gesucht haben [...]. Man hat sich die edle Mühe gegeben Pfropfreiser der Moral in alle Gattungen der Litteratur zu pflanzen. Glückliche Bemühung, wenn sie gedeiht! [...]
>
> Die Schreibart mußte, bey verschiednen Formen, auch verschieden seyn. Es wäre abgeschmackt gewesen, wenn die *Reden* und die andern Aufsätze einerley Stil gehabt hätten. Vielleicht ist der Verfasser dennoch in den Reden zu rednerisch, und in den Versuchen zu munter gewesen, oder zu frey, oder zu schwatzhaft. Er überläßt den *Critikern*, es zu sagen, und den *Lesern*, es zu bemerken.[30]

Diese »in alle Gattungen der Litteratur« gepflanzten »Pfropfreiser der Moral« begannen bald auch auf anderen lebensphilosophischen Bäumen anzuwachsen, selbst wenn das mit der von Spicker beklagten modischen Verflachung einherging. Mit diesem Verdikt übergeht er nicht nur Moritz' populäre Nachfolger, sondern auch ihn selbst, der ja originell und eigenständig denkt, statt fleißig zu kompilieren. Doch auch die Ausblendung der Trouvaillen-Jäger erfolgt etwas zu Unrecht. Denn aus rezeptionsgeschichtlicher Perspektive sind ihre bislang unerschlossenen Ideen-Magazine, die seit den späten 1780er Jahren als Textsammlungen literarischer Kleinformen erscheinen, von einigem Interesse. Auf Moritz bezogen, tradieren sie zum einen den von ihm mitgeprägten Begriff der Lebensphilosophie; zum anderen gewähren sie ihm mit einem Erstlingswerk Aufnahme in den bürgerlichen Hausschatz. Dadurch nimmt der heute wenig beachtete Debütant, der gerade der Reflexionsfeindschaft der quietistischen Jugenderziehung wie den Zwängen des Studiums entkommen ist und sich ersten philosophischen Meditationen und literarischen Gehversuchen widmet, Kontur an.

Einer der vielen anonymen Zitatensammler macht es sich im Jahre 1789 zur Aufgabe, »den Geist mancher schätzbaren Schriften bestmöglichst zu konzentrieren und die hie und da hingeworfenen schönen Beiträge zur Philosophie des Lebens zusammen zustellen.« Anthropologische Wendungen wie »Philosophie des Lebens«, »Blicke [...] ins menschliche Herz« oder »Erfahrung und Menschenkenntniß«[31] fließen ihm dabei mit größter Selbstverständlichkeit aus der Feder. Daß er die Verfassernamen zu den präsentierten *Sentenzen, Reflexionen und Maximen* ausspart, erklärt er mit deren entlegener, oft auch ausländischer Provenienz und beruft sich zudem auf die nicht zu enttäuschende Findelust seiner Leser. Andere hingegen brüsten sich gerade mit der Prominenz der von ihnen versammelten Autoren. Der Prediger Friedrich Burchard Beneken (1760-1818) ist einer der ersten, der Moritz' *Beiträge* ebenfalls im Jahre 1789 im Umfeld anderer Popularphilosophen berücksichtigt,[32] viele weitere werden folgen.[33] Beneken übernimmt sogar Moritz' Titel für seine Kollektion, die in mehreren Bänden mit der Überschrift *Weltklugheit und Lebensgenuß; oder praktische Beyträge zur Philosophie des Lebens* erscheint (5 Bde., 1788–1794). Mehr noch, die »Vorrede« enthält einen der frühesten Belege für das Kompositum »Lebensphilosophie«.[34]

Doch kehren wir von dieser popularisierenden Moritz-Rezeption nochmals zu von Schirachs »Pfropfreisern der Moral in allen Gattungen der Literatur« zurück, die nicht nur durch die verwandte Formmischung und den gleichlautenden Titel als mögliches Vorbild für Moritz' *Beiträge* in Frage kommen. Denn von Schirach überschreibt seine *Reden und Versuche* nicht nur mit der Formel *Philosophie des Lebens*, sondern er widmet diesem – von da ab außerordentlich fruchtbaren – Pfropfreis unter gleichem Titel ein eigenes Kapitel. Darin wird – in augenfälliger Gleichzeitigkeit mit Ernst Platners *Anthropologie für Aerzte und Weltweise* (1772)[35] – ein Programm zur empirischen Menschenkunde entfaltet, das in Moritz' Vorreden zur zweiten und dritten Auflage seiner *Beiträge* in wesentlichen Grundzügen wiederkehrt. Den Begriff »Philosophie des Lebens« definiert von Schirach wie folgt:

> Ich verstehe darunter nicht die gewöhnlichen *Moralsysteme*, sondern nehme diese als den Grundbau an, und will, daß man von dar weiter auf die besondern Erscheinungen unsrer Seele Achtung gebe, daß man nicht nach angenommenen Sätzen, sondern nach der Erfahrung, von der Natur des Menschen die Menschen unterrichte, den Beobachtungsgeist schärfe, und auf die bürgerliche Gesellschaft besonders richte, daß man sich Anmerkungen über diese oder jene ungewöhnliche Handlung, Vorfall, Denkungsart sammle, und nachher darüber nachdenke, daß man die Ursachen und Wirkungen so vieler unerklärter Erscheinungen aufsuche und zu entdecken trachte.[36]

Einige der von Platner bekannten Zentralbegriffe, denen sich auch der Erfahrungsseelenkundler Moritz anschließen wird, sind hier vertreten: Die »Natur des Menschen« ist aus »Erfahrung« und »Beobachtung«, also induktiv, statt aus »angenommenen Sätzen«, herzuleiten. Zur weiteren Aufklärung »ungewöhnlicher Erscheinungen« sind empirische Daten zu »sammeln« und kausal, also nach »Ursachen und Wirkungen«, auszuwerten. Die enge Verknüpfung von Seele und Körper, erläutert von Schirach weiter, ist dafür vorauszusetzen.

II. Selbstbeobachtung

Es sind ganz ähnliche, wenn auch weiter differenzierte Koordinaten, die Moritz in seiner Vorrede ab der zweiten Auflage von 1781 aufruft. Ihm ist es um »Beobachtungen über uns selbst« und den

»Zustand unsrer Seele« zu tun, also um das reflektierende und wahrnehmende Subjekt, »die Geschichte seiner Gedanken und Empfindungen«, »zum Nutzen der Menschheit« protokolliert von einem »kalten Beobachter«. Es gilt, die »Seele zu beobachten, da sie noch gerade in der größten Wirksamkeit und Tätigkeit begriffen war.« Mit all diesen vielfach wiederholten Bemerkungen zielt Moritz auf »das innre Triebwerk«, wo »die ersten Keime von den Handlungen des Menschen sich im Innersten seiner Seele entwikkeln« (8f.).[37] Fast die gesamte Palette dieser Stichworte kehrt 1782 in Moritz' *Vorschlag zu einem Magazin einer Erfahrungs-Seelenkunde* wieder (I, 793-811).[38] Hier finden sich denn auch alle übrigen anthropologischen Leitvokabeln, die den Anschluß an Platner, von Schirach, wie überhaupt die Bewegung der philosophischen Ärzte gewährleistet. Unermüdlich werden »Beobachtungen und Erfahrungen« (I, 794) gegen »leere Spekulazionen« (I, 798) stark gemacht und ihr »Beitrag zur innern Geschichte des Menschen« (I, 796) im Wechselspiel mit der Literatur hervorgehoben. Die letzte Wendung, mit der Friedrich von Blanckenburg bereits 1774 den anthropologischen Entwicklungsroman begründete,[39] taucht in der Vorrede zum *Anton Reiser* wieder auf (I, 86) und schließt so den Kreis zu unseren Überlegungen über die Form der *Beiträge*.

Denn die Vorrede zu den *Beiträgen* wie dann die Programmschrift zum psychologischen *Magazin* stellen ausdrücklich einen engen Konnex zwischen der neuen empirischen Menschenkunde und der Literatur her. Hier wie dort wird das »Tagebuch« (9) – neben der »Lebensbeschreibung«, den »Memoiren« oder dem »Briefwechsel« (I, 796f.)[40] – besonders hervorgehoben, wenn es darum geht, ein »getreue[s] Gemälde der Seele« (9) zu entwerfen und auf diesem Wege dem Psychologen empirisch wertvolles Material an die Hand zu geben. In der Vorrede zur ersten Auflage der *Beiträge* ist zur genaueren Charakterisierung der Tagebuchpassagen von »Betrachtungen«, »Selbstgesprächen, Entschliessungen und Gebeten« die Rede. Hier wird die in Hinblick auf das spätere *Magazin zur Erfahrungsseelenkunde* bemerkenswerte Vision formuliert, daß »aus einer Sammlung solcher Beiträge, von mehreren Personen, [...] dereinst ein zusammenhängendes System werden« (4) könnte.[41] Dem ebenfalls um »Fakta und Realitäten« bemühten Anthropologen

Herder schwebte so etwas schon 1769 mit dem Plan zu einem »Journal [...] der Menschkänntniß« vor.[42]

Entscheidend in Moritz' beiden Vorreden ist die Herausgeberfiktion. Denn nur so ist zu erklären, wie kraft kompositorischen Eingriffs »mehrere Bruchstücke aus dem Tagebuche des Verfassers [...] gewissermaßen ein Ganzes« (9) werden konnten. Diese Instanz von großer Autorität arrangiert ein eigentlich chronologisch organisiertes, offenbar aber nur fragmentarisch überliefertes Tagebuch zu einem neuen Ganzen. So werden die ausdrücklich als authentisch gepriesenen,[43] angeblich sehr spontan entstandenen autobiographischen Dokumente[44] von ihrem ursprünglichen Autorsubjekt distanziert und zu einem Sachbuch umgeschmolzen. Es soll dem in der Vorrede geforderten »kalten Beobachter«, hier also dem Leser, nur noch Material in Gestalt von Fallgeschichten und exemplarischen Reflexionen präsentieren. Dieses Modell entspricht dem des späteren *Magazins*, für das Moritz oder Pockels Einsendungen von Lesern für den Druck bearbeiten müssen. Ein zweites, auf den psychologischen Roman vorausweisendes Modell erprobt Moritz in der etwa gleichzeitig mit den *Beiträgen* entstandenen Erzählung *Aus K...s Papieren*. Hier ordnet ein Herausgeber Tagebuchfragmente, die mutmaßlich aus Moritz' Studienzeit stammen, gegen die Chronologie zu einer kausal motivierten psychologischen Geschichte, die ihrerseits von Reflexionen im Stile der *Beiträge* durchsetzt ist.

Die Übergänge zwischen den beiden Modellen und damit zwischen Dokumentation und Fiktion, *Historia* und *Fabula*, sind in diesen Beispielen wie im Literaturverständnis der Zeit überhaupt äußerst fließend.[45] Birgit Nübel hat bereits mit einigem Scharfsinn die *Beiträge* unter dem Aspekt der Autorschaftspositionen als komplexes Spiel zwischen dem empirischen Verfasser Moritz, dem fiktiven Herausgeber, dem Diaristen und schließlich der impliziten Autorfunktion analysiert.[46] Hier soll hingegen die daraus folgende psychologische Distanzierung des »kalten Beobachters« profiliert werden, die zur Voraussetzung zugleich für den Erfahrungsseelenkundler wie für den Romancier wird. Moritz macht seine eigenen Tagebuchaufzeichnungen und die hinzugefügten Reflexionen durch die literarische Darstellung zum exemplarischen Objekt, um sie mit dem nötigen Abstand präsentieren zu können. Die Frage der Authentizität wird dadurch nachrangig. Moritz' Mitbewohner und erster Biograph Klischnig berichtet: »›Wie man sich doch betrügen kann!‹, sagte er oft, wenn die Rede auf diese Beiträge kam. ›Ich glaubte damals alles zu empfinden, was ich niederschrieb; jetzt aber, seh ich ein, daß es nichts als Heuchelei war! –‹ Das Publikum hat indessen diesen Selbstbetrug gut aufgenommen, wie die drei Auflagen beweisen.«[47] Moritz distanziert sich also erstens in der Rolle des Herausgebers vom »Verfasser der folgenden Aufsätze« (9), der in der ersten Fassung – dem Untertitel *aus dem Tagebuche eines Freimäurers* entsprechend – als ein »Freund« in noch größere Entfernung gerückt wird; und zweitens gesteht er Klischnig nach Erscheinen des Buches die Fremdheit gegenüber dem eigenen früheren Empfinden.

Dieses seltsame Abrücken von sich selbst läßt sich mit Nübels Überlegungen zum raffinierten Spiel mit Autorschaftsmodellen nur zum Teil erklären. Viel wichtiger scheint die dahinterstehende Ideenbiographie von Moritz. Der in der Vorrede geforderte kalte Beobachter seiner selbst soll diese Rolle »spielen, ohne sich im mindesten für sich selber zu interessieren.« (8) Diese »Aufgabe des Selbstinteresses« führt schon Peter Rau auf das »pietistische Ritual der Selbstauslöschung« zurück.[48] Anhand der Quellenstudie von Christof Wingertszahn läßt sich das nun weiter präzisieren: Die inzwischen aus Dokumenten nachweisbare quietistische Erziehungsdiktatur des Hutmachers Lobenstein in Braunschweig zielte auf die gänzliche Vernichtung des Eigenwillens, auf fanatische Ausrottung von Sinnlichkeit und Individualität sowie auf das strikte Verbot jeder Form von Selbstreflexion.[49] Mit knapper Not entkommt Moritz dieser Schule der Demütigungen, wobei die Flucht ins diarische Selbstgespräch – wie im *Anton Reiser* erläutert – von entscheidender Bedeutung ist. Die *Beiträge zur Philosophie des Lebens* stellen den frühesten Versuch dar, das intuitiv selbsttherapeutisch gegen den Quietismus aufgebotene geheime Tagebuch nun öffentlich in literarischer Form zu überwinden. Diese Auflehnung gegen die quietistische Denkfeindschaft vor der Leserwelt erfolgt freilich unter dem Schutz der distanzierenden Herausgeberfiktion.

Frappierend dabei ist, daß Moritz das erlittene Verbot des Selbstinteresses nun aufgreift und methodisch kontrolliert gegen sich selbst wendet, um zum »kalten Beobachter« werden zu können. Man müsse

– fordert er – »sich gleichsam in Gedanken von sich absondern, und sein Schicksal wie das Schicksal eines Fremden betrachten« (8).[50] Jahre später wird diese Denkfigur zur Grundlage von Hegels Selbstbewußtseinstheorie in der *Phänomenologie des Geistes*: Die in der Konfrontation von Herr und Knecht bildlich illustrierte Gegenüberstellung des reflektierenden und reflektierten Ich, von Subjekt und Objekt, läuft auf das paradoxe »Unterscheiden des Ununterschiedenen«[51] hinaus. Durch ähnliche Überlegungen kommt Moritz' qualvolle Schulung in der quietistischen Kunst der Selbstverleugnung zu einer neuen, säkularisierten Anwendung: Als Auslöser und Movens radikaler Selbstreflexion, in der er sich selbst zum Objekt der Beobachtung macht, mit dem Ziel einer lebensphilosophischen Menschenkunde. Insgesamt bestätigt das die alte These Robert Minders, Moritz habe in den *Beiträgen* seinen intimsten Aufzeichnungen »unter dem Einfluß des Berliner Rationalismus einen moralphilosophischen Zuschnitt gegeben«. Dabei »verwertete er« – fährt Minder fort – »Aufzeichnungen aus diesen frühen Tagebüchern: die zunächst ganz privaten Feststellungen, Klagen und Aufmunterungen sind so in einem ersten Säkularisationsvorgang zu einem moralphilosophischen Traktat geworden.«[52]

III. Kleine literarische Formen in den ›Beiträgen‹

Minders Rede von einem »Traktat« läßt mehr Stringenz und Ordnung erwarten, als tatsächlich vorhanden. Vielmehr ist das Buch ähnlich disparat wie die oben eingeführten lebensphilosophischen Textsammlungen. Solchen Vorbildern folgend, deuten Zwischenüberschriften wie »Selbstbeobachtung« (15 / *fehlt*), »Gedanke an die Zukunft, Hoffnung und Furcht« (19 / 12), »Trägheit« (24 / 22), »Unzufriedenheit« (31 / 33), »Freiheit und Entschließung« (46 / 66), »Religion« (57 / 89), »Ruhmsucht« (60 / *fehlt*), »Trennung« (61 / 103), »Vom Selbstgefühl« (68 / 113), »Gesellschaftlicher Umgang« (70 / 100), »Einsamkeit« (75 / 97) oder »Pflicht und Vergnügen« (77 / *fehlt*) thematische Rubriken der Lebensphilosophie an. In der kürzeren ersten Auflage fehlen ganze Segmente davon, und die Reihenfolge ist zudem eine andere. Von einer wirklich »systematische[n]

Gliederung«, die Günter Niggl konstatiert,[53] kann höchstens in einem sehr entfernten Sinne die Rede sein. Viel eher verbinden sich die psychologischen Introspektionen und lebenspraktischen Maximen zu einer Einheit, die zusätzlich durch den vorherrschend melancholisch-resignativen Ton dieser »Diätetik für Hypochonder«[54] hergestellt wird. Statt auf die thematische Vielfalt, die bereits Peter Rau einläßlich rekapituliert hat,[55] soll hier noch etwas weiter auf die literarischen Formen eingegangen werden. Daß in der Berliner Aufklärung, die Minder wegen ihres säkularisierenden Einflusses auf Moritz ausdrücklich hervorhebt, das experimentierende Spiel mit unsystematischen Darstellungsformen nach europäischen Vorbildern besonders beliebt war, betont schon Heinrich Heine.[56] Das »Justemilieu zwischen Philosophie und Belletristik« im Umfeld Nicolais charakterisiert er in seinem Panorama *Zur Geschichte der Religion und Philosophie in Deutschland* wie folgt:

> Sie hatten kein bestimmtes System, sondern nur eine bestimmte Tendenz. Sie gleichen den englischen Moralisten in ihrem Stil und in ihren letzten Gründen. Sie schreiben ohne wissenschaftlich strenge Form und das sittliche Bewußtsein ist die einzige Quelle ihrer Erkenntnis. Ihre Tendenz ist ganz dieselbe, die wir bei den französischen Philanthropen finden. In der Religion sind sie Rationalisten. In der Politik sind sie Weltbürger. In der Moral sind sie Menschen, edle, tugendhafte Menschen, streng gegen sich selbst, milde gegen andere. Was Talent betrifft, so mögen wohl Mendelssohn, Sulzer, Abbt, Moritz, Garve, Engel und Biester als die ausgezeichnetsten genannt werden. Moritz ist mir der liebste.
>
> (I, 1294f.)

1. *Tagebuch* – davon ist in beiden Vorreden zu den *Beiträgen* an erster Stelle die Rede. Deutlich unterscheiden sich die Einträge von der so gern berufenen Form des pietistischen Tagebuchs.[57] Die diarischen Aufzeichnungen von Nikolaus Ludwig v. Zinzendorf (1716-19) oder Hermann August Francke (1691/92; 1714-27) sind nämlich bloße Tagesregister des äußeren Lebens und keine geheimsten Erlösungs- und Bekehrungsgeschichten. Persönliche Reflexionen beschränken sich hier auf die ritualisierte Form des Gebets. Viel eher

einem Buch des Gewissens, einem Sündenregister oder einem Religionsbekenntnis entsprechen die späteren Tagebücher von Christian Fürchtegott Gellert (1761), Philipp Matthäus Hahn (1772-77) oder Albrecht von Haller (1736-47; 1772-77). In diesen Fällen werden Tagebücher protestantischer Verfasser zum Ort eines kontinuierlich verschriftlichten Sündenbekenntnisses. Was Katholiken durch die Beichte mündlich erledigen, wird im Tagebuch in Form dialogischer Gebete simuliert. Auf Spuren dieser – gegenüber der pietistischen Tageschronik – bereits subjektiveren Form in Moritz *Beiträgen* ist noch zurückzukommen.

Zunächst fällt auf, daß die Tagebuchfragmente in den *Beiträgen* schon weit von der pietistischen Tradition abrücken. Diesen Modernisierungsprozeß im Zeichen einer Subjektkonstitution durchläuft auch Anton Reiser alias Moritz. Anton beginnt sein Schreiben mit Protokollen des äußeren Lebens, die entsprechend »kahl und abgeschmackt, und ohne alles Interesse« erscheinen. Doch dann heißt es weiter:

> Indes verbesserte sich doch sein Tagebuch mit der Zeit, indem er anfing, nicht nur seine Begebenheiten, sondern auch seine Vorsätze und Entschließungen, darin aufzuzeichnen, um nach einiger Zeit zu sehen, was er davon in Erfüllung gebracht hatte. – Er machte sich schon damals selber *Gesetze*, die er in seinem Tagebuche aufschrieb, um sie in Erfüllung zu bringen. – Auch tat er sich selbst zuweilen feierliche Gelübde, z.B. früh aufzustehen, den Tag seine Stunden ordentlich einzuteilen, und dergleichen mehr. (I, 294)

Solche »Gesetze« und »Gelübde«, meist in Gestalt von Maximen, finden sich in den *Beiträgen* zuhauf. »Ich will es mir zum Gesetze machen,« – heißt es beispielsweise gleich zu Beginn – »den Tag nie gleich mit Geschäften, sondern erstlich mit guten und zweckmäßigen Gedanken anzufangen« (11 / 60). Oder als appellative Maxime: »Suche jede gute Stimmung deiner Seele zu nutzen! sei alsdann ja keinen Augenblick untätig, denn auch Augenblicke sind gefährlich!« (29 / 31). Offenbar haben sich Teile des im Roman erwähnten Tagebuchs in Gestalt der *Beiträge* erhalten. Besonders deutlich wird dieser Zusammenhang durch eine längere Passage aus dem *Anton Reiser*, die wie ein Entstehungsprotokoll der Aufsatzsammlung wirkt.

Wichtige Themen der Beiträge wie »*Ichheit* und *Selbstbewußtsein*«, »Begriff des *Individuums*« oder »Dasein« als »*bloße Täuschung*« (I, 313f.) werden darin hervorgehoben.

> Das Bedürfnis, seine Gedanken und Empfindungen mitzuteilen, brachte ihn auf den Einfall, sich wieder eine Art von Tagebuch zu machen, worin er aber nicht sowohl seine äußern geringfügigen Begebenheiten, wie ehemals, sondern die innere Geschichte seines Geistes aufzeichnen [...] wollte. [...] – Diese Übung bildete Anton Reisern zuerst zum Schriftsteller; er fing an, ein unbeschreibliches Vergnügen daran zu empfinden, Gedanken, die er für sich gedacht hatte, nun in anpassende Worte einzukleiden [...] – so entstanden ihm unter den Händen eine Anzahl kleiner Aufsätze, deren er sich zum Teil auch in reifern Jahren nicht hätte schämen dürfen. – (I, 312f.)

Was in der ersten Phase des Tagebuch-Schreibens nur in Ansätzen gelang, wird jetzt zum – schon in den *Beiträgen* und dem Roman-Vorwort angekündigten – Programm: »die innere Geschichte seines Geistes auf[zu]zeichnen«. Anton Reisers schriftstellerische Entwicklung von der äußeren zur inneren Geschichte entspricht der oben skizzierten Gattungstradition. Zwischenresultate dieses Prozesses finden sich im siebten Band des *Magazins* (1789) als Fragmente *Aus dem Tagebuche eines Selbstbeobachters*. Stärker als in den *Beiträgen* changiert der Verfasser hier zwischen dem Vorsatz, ständig »Rechenschaft« abzulegen, also »ein genaues Register über [s]eine Handlungen zu halten«,[58] und dem Bemühen um Introspektion und Reflexion. Die zweite Intention führt zu einem ersten Entwurf *Über Selbsttäuschung* (I, 902-905), der zum Essay ausgearbeitet 1791 die einzige Ergänzung der dritten gegenüber der zweiten Auflage der *Beiträge* von 1781 bilden wird. Der schriftlich simulierte Dialog als Kompensation für die mündlich nicht praktizierte Beichte, der einen gattungsgeschichtlichen Wendepunkt auf dem Weg zur Subjektkonstitution markiert, ist in den diarischen Passagen des *Magazins* indes nicht enthalten.

2. *Selbstgespräch / Gebet / Dialogsimulation* – Von »Selbstgesprächen, Entschliessungen und Gebeten« handelt schon die Vorrede zur

ersten Auflage der *Beiträge* (4). In den Selbstgesprächen – Titel eigener Rubriken (17-19 / 8-12; 37f. / 43f.; 50-55 / 74-85) – tritt das Subjekt sich als einem Du gegenüber, als einem Anderen, worauf meist eine Antwort in wörtlicher Rede erfolgt – oder in umgekehrter Reihenfolge, beispielsweise:

> Blicke in die Jahre deiner Kindheit zurück [...]. »Wunderbare Empfindungen durchströmen mein Herz, wenn ich mich in die Jahre meiner Kindheit zurückdenke.« (18f. / 10f.)
>
> »Ein gegründeter Kummer ruht doch schwer auf dem Herzen, und man kann ihn mit aller Macht nicht herabwälzen.« O murre nicht! hast du nicht wieder eine angenehme Hoffnung, die dich für allen Kummer, den du erlitten hast, schadlos halten kann? (37 / 43)

An den simulierten Dialog zwischen einem mit sich identischen Ich und Du schließt häufig eine Anrede an Gott an: Die innere Zwiesprache wird um einen weiteren Adressaten erweitert, dessen Antwort freilich nur eine weitere Imagination sein kann. Im zweiten Beispiel mündet das Selbstgespräch in eine solche Wendung an Gott im Gestus von Gebet oder Fürbitte: »Sende deinen Frieden in meine Seele, Allgütiger, laß die Stürme in meiner Brust sich legen, und komm zu mir im sanften Säuseln, daß mein gequälter Geist sich wieder von seinem Schmerz erhole!« (37 / 43). In einer anderen Version wird Gott als Muse des Selbstgesprächs gepriesen: »Ich danke dir Gott, daß wieder ein guter Gedanke in meiner Seele aufstieg!« (50f. / 75)

Sicher tritt die eigentliche Gebetsform »bei Moritz stark zurück«,[59] doch sie verschwindet nicht völlig. Trotz aller religionskritischen Impulse[60] gibt es in den Beiträgen durchaus Passagen, die sich wie pietistische Gelübde oder Beichtbekenntnisse lesen: »Höre mich! höre mich! Gott, Schöpfer! Dein Donner brüllet in den Wolken, deine Blitze schlängeln sich herab. – Du Allliebender – ich, dein Geschöpf, habe mich gegen dich aufgelehnt – o fließt ihr Tränen! – Du willst, du kannst nicht auf mich zürnen, Allgütiger! Du hörest mein Gebet, du hörst mein feierlich Gelübde.« (48 / 71) Nicht alle Dialoge sind aber Selbstgespräche, die dann in einen religiösen Kontext gestellt werden. Der folgende, auf den ersten Blick völlig säkulare Wortwechsel muß z.B. nicht notwendig als imaginäre Zwiesprache *eines* Subjekts gelten.

> »Warum fließt der Strom meines Lebens nicht auch so sanft dahin, wie bei manchen Menschen?«
>
> Weine nicht! Siehe, dir ist dein bescheiden Teil gegeben. Jetzt hast du viel Kummer, und viel Mühe, aber viele Freuden warten dein!
>
> »Warten mein? und wo?«
>
> Hier und dort! Kümmre dich deswegen nicht. Sie warten dein. Lange lag in seiner Hülle der Schmetterling; aber seine Zeit kam, daß er sich freuen sollte, und er hob seine Flügel auf, und schwang sich in den Äther empor.
>
> »Ein Schmetterling schlief auch in seiner Hülle, und ein Bube zertrat ihn. –« (39 / 48)

Diese kleine philosophische Szene zwischen einem melancholischen Skeptiker und einem aufgeklärten Optimisten könnte man in einem Werk wie Humes *Dialogues Concerning Natural Religion* (1779) finden. Die Aussicht auf eine harmonische Lebenskontinuität, die in der Metamorphose des Schmetterlings etwa von Herder 1784 als – bereits im griechischen Wort Psyche angelegtes[61] – »bekanntes Sinnbild« für die Wiedergeburt herangezogen wird,[62] vermag den Skeptiker nicht zu überzeugen. Er verweist auf die Möglichkeit der Kontingenz, die das Ausschlüpfen des Schmetterlings durch vorzeitige Vernichtung der Raupe verhindern könnte. Der positiven Interpretation des Sinnbilds durch die Aufklärer könnte der Skeptiker mit gleichem Recht auch dessen negative, religionskritische Auslegung entgegenhalten. So beruft sich der Materialist La Mettrie wie später Herder auf »Erfahrung«,[63] wenn er aus der unerwarteten Verwandlung der Raupe in den Schmetterling keine Analogie auf ein mögliches Weiterleben nach dem Tode ableitet, sondern die völlige Gleichheit zwischen Tier und Mensch: »Ich berufe mich auf die Glaubwürdigkeit unserer Beobachter. Sie sollen uns sagen, ob es etwa nicht stimmt, daß der Mensch in seinem Ursprung nur ein Wurm ist, und daß aus dem Wurm der Mensch entsteht wie aus der Raupe der Schmetterling.«[64] Wie bei Hume entfaltet in diesem Beispiel der Dialog – ebendeshalb von den Aufklärern so hoch geschätzt – seine ganze Wirksamkeit: Der Disput wird nämlich keineswegs entschieden, wie das Albert Meier anzunehmen scheint,[65] sondern These und Antithese treten sich schroff gegenüber, ohne daß ein Erzähler Partei für eine der beiden Positionen ergreifen würde.

3. *Aphoristik* – Zedlers *Universal-Lexicon* definiert 1732 Aphorismen als »kurtze Sätze, dadurch die Wahrheiten einer Wissenschaft gründlich und nervös vorgetragen werden.«[66] Und 1778 bestimmt die *Deutsche Encyclopädie* den Aphorismus leicht variierend als »eine kurze und abgebrochene Schreibart, in welcher die meisten Gedanken nur halb gezeigt, und oft ohne in die Augen fallende Ordnung hingeworfen werden.«[67] Moritz begnügt sich in seinem *Grammatischen Wörterbuch* (1793) mit der knappen Übersetzung als »Lehrspruch«, erklärt aber zugleich, man behalte »lieber das fremde Wort, als einen wissenschaftlichen Ausdruck, bei.«[68] Bemerkenswert ist, daß Moritz mit seiner Definition in der *Encyclopädie* von Ersch und Gruber ausdrücklich im Anschluß an die Lehrbuchaphoristiker Hippokrates und Platner genannt wird.[69] Daß Moritz hier in die von Cantarutti materialreich rekonstruierte Nähe von Medizinern und Anthropologen als den Begründern der Aphoristik gerückt wird,[70] sollte ein Grund mehr sein, die ausgesprochen erfahrungsseelenkundlichen *Beiträge* erstmals auch auf diese Gattung hin zu befragen.

Knappe, lebensphilosophische Lehrsprüche, die vielleicht nicht gerade »nervös«, wohl aber ohne feste »Ordnung hingeworfen« sind, enthalten die *Beiträge* zweifellos. Daß einzelne prägnante Wendungen daraus von zeitgenössischen Aphorismen-Sammlern aufgegriffen wurden, bestätigt diese Wahrnehmung. Emilie Gleim nimmt beispielsweise nicht nur einen Ausschnitt aus dem zuvor besprochenen Schmetterlings-Dialog in ihre *Stammbuch-Aufsätze* auf, sondern auch die folgende Einsicht:[71] »Freude preßt uns Wehmut aus über die Kürze des Lebens – Traurigkeit macht, daß seine Länge uns überdrüssig wird. Mühe und Arbeit allein macht uns das Leben – erträglich.« (67 / *fehlt*) Dieser Gedanke an die subjektiv verkürzte Zeitwahrnehmung bei Freude und entsprechend verlängerte bei Traurigkeit würde unter anerkannten Aphorismen – etwa in den Sudelbüchern Lichtenbergs – niemandem als Fremdkörper erscheinen. Lediglich der Zusatz über die Vorzüge von Mühe und Arbeit, die allein die Lebenskontinuität sichern, verweist auf ein preußisch-pietistisches, »an Rigorosität und Purismus kaum überbietbares Arbeitsethos«[72] des Lehrers Moritz und literarisch eher in Richtung Stammbuch. Hinzu kommt die verwandte Wertewelt der Freimaurer, die Moritz seit November 1779 als Mitglied der – stark pietistisch geprägten – Berliner St. Johannisloge zur Beständigkeit kennenlernte.[73] Die aphoristische Qualität bleibt davon indes völlig unberührt. Sie gewinnt sogar noch, wenn man weiß, daß Moritz hier mit verbreiteten Redensarten spielt. Er konterkariert ein klagendes lateinisches Proverbium »Vita vitae nomen habet, sed re ipsa labor est«, das in Andreas Sutors *Latinum Chaos* (Augsburg 1716) verzeichnet ist und das Wanders *Lexikon* wie folgt wiedergibt: »Das Leben dauert kurze Zeit und ist nichts als Mühe und Arbeit«.[74] Moritz' preußisch-pietistischer Kontrapunkt im Zeichen der Tätigkeit ähnelt viel eher einem anderen Sprichwort, das Wander ebenfalls anführt: »Das Leben ist Mühe und Arbeit, klagt der Träge; der Thätige spricht freudigen Muthes: Mühe und Arbeit ist Leben.«[75]

Von einer ähnlich protestantischen Leistungsethik zeugen auch andere Einfälle. Ziel der selbst auferlegten Gesetze und Maximen ist offensichtlich ein »Plan zu meinem künftigen Leben« (17 / 6), der insgesamt nicht weniger bemüht wirkt als jener »Lebensplan«,[76] um den später der freiwillig aus dem preußischen Dienst ausgeschiedene Offizier Heinrich von Kleist mit enervierender Ausdauer ringt und an dem er schließlich zerbricht. Moritz' aus anderen Quellen gespeiste innere Disziplin sorgt für eine sprachliche Bestimmtheit und Knappheit dieser mit Absolutheitsanspruch vorgenommenen Einträge, für die keine Bezeichnung passender zu sein scheint als die des Aphorismus. Hier zwei weitere Beispiele:

> Das Glück und die Freude lassen sich nicht erzwingen, und entwischen uns immer am leichtesten, wenn wir sie am begierigsten verfolgen. (26 / 25)
>
> Wie töricht wählen wir uns doch oft unsre Freuden, scheuen alle Arbeit, und jagen nur dem Vergnügen nach, ohne daran zu denken, daß ein Werk, das uns wohlgelingt, ohngeachtet der Mühe, die es uns macht, uns allein das reinste und edelste Vergnügen gewähren kann! (78 / 116f.)

Das Glück ist besonders flüchtig, wenn man es zu erzwingen sucht. Unübersehbar ist die feine Anspielung auf die emblematische Tradition der Fortuna, die schwankend auf einer Kugel balanciert und mit einem Segel den Winden ausgesetzt ist, sowie auf Occasio, die Göttin der Gelegenheit, die mit ihrem glatt rasierten Hinterkopf nicht am Schopfe zu packen ist. Letztlich finden kann man das Glück nach Moritz aber nur im gelungenen Werk. Programmatischer und schlüssiger könnte der Lebensplan eines angehenden Schriftstellers kaum auf eine Formel gebracht werden. Die Treffsicherheit solcher Lebensweisheiten fügt sie bruchlos in die Tradition von den französischen Moralisten bis zu Schopenhauer ein. Sie sind wahr und einleuchtend, weil sie schlicht und weltnah sind. Das gilt auch für die beiden folgenden Beispiele:

> Mancher hat nicht Witz genug, die Spöttereien derer, die ihn verachten, sogleich zu beantworten. Einige Zeit nachher findet er alles, was er ihnen hätte sagen können, aber dann ists zu spät.
> (70 / 101)
>
> Für jede Freude, und sogar für jede angenehme Vorstellung, für jeden süßen Traum muß man doch so schmerzhaft büßen, wenn man denn siehet, daß es weiter nichts wie ein Traum war.
> (40 / 50)

Ohne Aufwand und Prätention gewinnen diese Sentenzen einer Alltagssituation, die jeder schon einmal erlebt hat, eine nicht jederzeit bedachte Pointe ab. Wer hätte nicht schon irgendwann die Verwechslung von Fiktion und Realität zu bedauern gehabt? Oder wem wäre nicht schon einmal eine treffendere Replik erst nach einer Gesprächsniederlage eingefallen? Das Französische hält dafür zumindest die Wendung »l'esprit de l'escalier« bereit. Moritz gelingt es also in einigen der *Beiträge*, solche genauen Beobachtungen sprachlich auf den Punkt zu bringen. Seine aphoristische Imagination ist dabei sicher nicht besonders originell und auch kein Dauerfeuerwerk wie bei Lichtenberg oder Jean Paul, gleichwohl aber vorhanden.

Als experimentalpoetisches Spiel mit literarischen Formen, als Übungslaboratorium für das *Magazin* und den *Anton Reiser*, nicht zuletzt auch als Medium der lebensphilosophischen Selbstbewußtwerdung, sind die *Beiträge* von einigem Interesse. Als ungetrübtes Lesevergnügen wird man sie aber kaum beurteilen. Dem Rezensenten der *Allgemeinen Deutschen Bibliothek* ist es nicht zu verübeln, wenn er diese »flüchtig hingeworfene[n] Ideen« nicht schätzte,[77] ihr eigentlicher Pfiff erschließt sich nämlich erst aus dem Lebens- und Werkkontext. Dann hat man es aber mit einem Initialdokument zu tun, das die quietistischen Reflexionsverbote auf der einen mit der schriftstellerischen Selbstbefreiung auf der anderen Seite verbindet. Diese These spricht den *Beiträgen* eine Vermittlungsrolle zu, die Stücke aus einem privaten Tagebuch durch literarische Mittel öffentlich so aufbereitet, daß damit ein Erfolg beim Publikum erzielt wird. In die entgegengesetzte Richtung weist der zuerst von Hugo Eybisch gemachte Vorschlag, die *Beiträge* als »Nachwirkung des ›Werther‹« zu lesen und damit eher zu einem Stück der Rezeptionskunst als der inneren Entwicklungsgeschichte zu erklären.[78] Im gleichen Sinne betont Albert Meier den »Kunstwille[n], der das Werk weit mehr in die Nähe von Goethes *Leiden des jungen Werther* rückt als in die des *Anton Reiser*.«[79]

Die *Beiträge* sind aber nicht nur eine Art von Initiationsurkunde des Schriftstellers Moritz, sondern auch ein bislang übersehener Beitrag zur Lebensphilosophie. Moritz nimmt bereits 1780 in etwa das vorweg, was der Kant-Nachfolger Wilhelm Traugott Krug im Jahre 1800 fordert und für sich reklamiert. Lange bevor er den Begriff ›Lebensphilosophie‹ erstmals in ein Fachwörterbuch bringt,[80] verteidigt Krug in seinen zweibändigen – beim Geistesverwandten Friedrich Nicolai erschienenen – *Bruchstücken aus meiner Lebensphilosophie* (1800/1801) den »schlichte[n] Menschenverstand« gegen den »hohen Standpunkt« der Transzendentalphilosophie.[81] In Aufsätzen, Briefen, Gesprächen und abschließenden Aphorismen handelt er u.a. über Orthodoxie und Heterodoxie, Humanität, Wahrhaftigkeit, Genuß, physische und moralische Übel, den Staat, den ewigen Frieden, Freiheit und Gerechtigkeit, Geheimgesellschaften, Gelehrsamkeit, Freundschaft und Liebe, Unparteilichkeit, Toleranz, Aberglauben, Traum, Selbstmord, Menschenhaß, das Idealisieren und menschliche Größe. Die Eingangsfrage »Was ist Lebensphilosophie?« beantwortet Krug durch Profilierung der »*Philosophie für die Welt*« gegenüber der »*Schulphilosophie*«. Dabei geht er ausdrücklich auf die gedankliche und darstellerische Form ein: »sie baut kein wissenschaftliches Ganzes, sondern reflektirt auf die Gegenstände, wie sie sich der Reflexion darbieten, verfährt also nicht systematisch, sondern *rhapsodisch* oder *fragmentarisch*«. Krug schließt mit einer Definition: »Diese *Philosophie für die Welt* nun ist es eben, was wir *Lebensphilosophie* nennen; denn sie philosophirt über Gegenstände des gemeinen Lebens aus dem Gesichtspunkte des gemeinen Lebens für den Gebrauch des gemeinen Lebens.«[82] Moritz hat dieses Programm in wesentlichen Zügen bereits zwei Jahrzehnte früher verwirklicht.

2. Malende Poesie:

Sechs deutsche Gedichte, dem Könige von Preußen gewidmet

Das Experiment mit kleinen literarischen Formen in den *Beiträgen zur Philosophie des Lebens* spart Lyrik gänzlich aus. Epigramme, Fabeln oder kurze Lehrgedichte hätten aber durchaus in Moritz' Konzept gepaßt. Poetische Versuche finden gleichwohl ausgiebig statt, die meisten seiner Gedichte erscheinen in den beiden Berliner Zeitungen, der *Haude- und Spenerschen* sowie der *Vossischen.*[1] Zu großer Poesie hat es Moritz dabei nicht gebracht. Doch überspringen kann man diese Station auf dem Weg zum Schriftsteller nicht, immerhin enthalten noch die Romane *Anton Reiser* und *Andreas Hartknopf* sowie das Dramenfragment *Blunt oder der Gast* etliche Verstexte.

Moritz' zweite eigenständig publizierte Lyriksammlung trägt den Titel *Sechs deutsche Gedichte, dem Könige von Preußen gewidmet* (1781). Was auf den ersten Blick wie konventionelle Panegyrik aussieht,[2] offenbart auf den zweiten eine eigene kompositorische Logik. Zunächst begibt sich Moritz mit der Verneigung vor Friedrich dem Großen in gute Gesellschaft. Wenig später beantwortet nämlich kein geringerer als Immanuel Kant die selbst in der *Berlinischen Monatsschrift* gestellte Frage: »Leben wir jetzt in einem *aufgeklärten* Zeitalter?« wie folgt: »Nein, aber wohl in einem Zeitalter der *Aufklärung*«, dem »Jahrhundert *Friederichs.*«[3] Und nochmals zwei Jahre später macht Friedrich Schulz nicht nur Berlin zum Ausgangspunkt seiner *Litterarische Reise durch Deutschland*, sondern die damit fast gleichbedeutende »Regierung des jetzigen Königs«. Bereits im ersten der vierzig literarhistorischen Reisebriefe aus deutschen und österreichischen Städten wird die ungewöhnliche »Freyheit des Denkens und Schreibens« in Preußen hervorgehoben und mit dieser Annahme auf die Residenzstadt geblickt: »Außer London giebt es keine Stadt in der Welt, wo man öffentlich so frey spricht und schreibt als in Berlin, und sprechen und schreiben darf.«[4]

Außerhalb Preußens beurteilt man das weitaus kritischer, zumal unter Literaten, die Friedrich seine haltlose Schelte auf die deutsche Dichtung in *De la littérature allemande* nicht vergeben.[5] Bereits vor

Erscheinen dieser Kampfansage 1780 fehlt es nicht an spitzen Infragestellungen der »berlinischen Freiheit« in jener schon im Begriff liegenden Paradoxie eines ›aufgeklärten Absolutismus‹. Für Lessing reduziert sie sich »einzig und allein auf die Freyheit, gegen die Religion so viel Sottisen zu Markte zu bringen, als man will.« Man versuche doch einmal, fährt er fort, sie auch gegen den »vornehmen Hofpöbel« oder »gegen Aussaugung und Despotismus« in Anspruch zu nehmen, dann werde sich schon zeigen, »welches Land bis auf den heutigen Tag das sklavischste Land von Europa ist.«[6] Natürlich ist die religiöse Toleranz nicht gering zu schätzen: Selbst wenn sie nicht zur völligen Aufhebung der Zensur führt, macht sie doch das stärkste Gängelband überflüssig, wogegen Kant das Horazische »Sapere aude« wendet. In Berlin sind von diesem Fortschritt viele überzeugt, die sich auch nicht scheuen, das in panegyrischen Texten zum Ausdruck zu bringen.

Von Fall zu Fall mögen sich damit freilich auch Hoffnungen auf persönliche Vorteile verbunden haben. Wie schon Schulz zu Recht bemerkt, schreiben in Berlin »nur wenige Schriftsteller [...] ums Brod, die übrigen haben meist öffentliche Aemter«,[7] sind also mehr oder weniger von der königlichen Huld abhängig. Wenn also ein Mann wie Johann Jakob Engel 1781 als Lehrer am Joachimsthalschen Gymnasium eine *Lobrede auf den König* hält, so wird das seiner weiteren Karriere als Theaterdirektor und Mitglied beider Akademien zumindest nicht abträglich gewesen sein. Aber es gibt auch nahezu mittellose Dichter wie die hochbegabte Stegreifpoetin Anna Louisa Karsch, deren Audienz bei Friedrich am 11. August 1763 vielleicht den Höhepunkt ihres Lebens darstellte. Am liebsten wollte sich »friedrichs Sängerrin« da ein »Sabinisches Landgütchen von Ihm außbitten«,[8] beantwortete dann aber doch nur bescheiden alle Fragen und ging mit einem erst von Friedrich Wilhelm II. eingelösten Versprechen nach Hause. Die schönste Frage und Antwort in dem Gespräch, das sich natürlich auch auf die deutsche Sprache und Grammatik bezieht, lautet: »Durch wen aber ward sie eine Poetin? / Durch die Natur, und durch die Siege Ew. Majestät!«[9] Trotz der von Friedrich nicht erfüllten Aussicht, für sie zu sorgen, ist es die Karschin, die für sich und ihre Freunde den Gebrauch verlogener Panegyrik dementiert – in einem Vierzeiler mit dem Titel *Als von Lob-*

gedichten gesprochen wurde: »Oft loben uns Dichter, die täuschen. / Es lebe mein Ramler! Er spricht: / Wenn es Verdienste nicht heischen, / Lob' ich selbst Könige nicht!«[10]

Moritz, dem ambitionierten Junglehrer am Grauen Kloster, unterstellte niemand solche Ehrlichkeit, als er 1781 *Sechs deutsche Gedichte* dem König widmete. Der bemerkenswerten Karriere dieses Außenseiters waren sie vermutlich sogar förderlich.[11] Schon am 21. Januar 1781 versichert Friedrich in einem Handschreiben seinen »völligen Beifall« und erklärt: »Mahlten alle Deutsche Dichter, wie Ihr, in Euren mir zugefertigten Gedichten mit so viel Geschmak, und herrschte in ihren Schriften eben der Verstand und Geist, welcher aus den beigelegten zwei kleinen Briefsammlungen hervorblikt: so würde ich bald meine landesväterliche Wünsche erfüllet, und die deutschen Schriftsteller an Würde und Glanz, den auswärtigen den Rang streitig machen sehen.« (I, 916) Moritz ist das Lob wohl zu Kopf gestiegen, denn wenig später erbat er sich einen Professorentitel, der ihm aber erst 1784 mit der Bestallung als Gymnasiallehrer verliehen wurde.[12] Die allerhöchste Anerkennung seiner zweiten Lyrikanthologie ließ er sogleich in den größten Blättern hervorheben. In den *Berlinischen Nachrichten von Staats- und Gelehrten Sachen (= Haude- und Spenersche Zeitung*) wurde der »aufmunterndste[] Beyfall« des Königs bereits vier Tage später, am 25. Januar 1781, kolportiert. Und auch die *Litteratur- und Theater-Zeitung* würdigte am übernächsten Tag das »außerordentlich gnädige[] Kabinetsschreiben« als »Beweis, wie sehr dieses gekrönte Haupt gegenwärtig die deutschen Schriftsteller aufmuntert und den Eifer für unsre vaterländische Litteratur zu erhalten und zu befördern sucht.« (I, 916) Offensichtlich war die Berichterstattung eifrig bemüht, Balsam auf die gerade erst durch Friedrichs Attacke gegen die deutsche Dichtung geschlagene Wunde zu streichen.

Neben dem Herrscherlob ging es Moritz um eine Ehrenrettung der Literatur. Diese Doppelstrategie gegenüber König und Publikum erfüllte sich. Seine an Friedrich adressierte *captatio benevolentiae* ist schon vor der Lektüre zu erkennen: Die – genau wie die *Abhandlungen* der Berliner Akademie – in französischer Antiqua statt deutscher Fraktur erscheinenden Gedichte kommen der königlichen Auffassung von literarischer Modernität entgegen. Zu den patriotischen

Inhalten muß das keineswegs im Widerspruch stehen. Schließlich verkörpert Friedrich die glückliche Verbindung preußischer Tugenden mit französischer Kultur. Madame de Staël, die das Studium von Friedrichs Charakter als Voraussetzung für jedes Verständnis von Preußen fordert, nennt ihn einen »Deutsche[n] von Natur, ein[en] Franzose[n] von Erziehung«.[13] Moritz scheint ihm auf seinem Weg von Hannover und Braunschweig über Erfurt und Wittenberg nach Potsdam und Berlin regelrecht entgegenzustreben. Sein *Alter ego* Anton Reiser liest auf diesem Weg in Ermangelung anderer Bücher gleich mehrfach »die Werke des Philosophen von Sanssouci« (I, 280) durch.[14] Und wie der Romanheld mit Theaterprologen, Gelegenheitsgedichten nebst einer Lobrede auf König und Königin erstmals an die Öffentlichkeit treten will, versucht Moritz seit seiner Berufung nach Berlin im November 1778 um jeden Preis bei Hofe poetisch aufzufallen.

Seine *Rede am Geburtstage des Königs bei einer Gesellschaft patriotischer Freunde gehalten* am 24sten Januar 1781 gilt als verschollen.[15] Publizistisch erfolgreicher waren hingegen die *Beiträge zur Philosophie des Lebens* (1780 / 1781 / 1791), die bis 1825 sieben Mal aufgelegte Abhandlung *Vom Unterschiede des Akkusativ's und Dativ's* (1780), das Lyrikbändchen *Weihnachtsgeschenk für meine Freunde* (1779) sowie die *Sechs deutschen Gedichte*, die bereits im Erscheinungsjahr 1781 eine zweite Auflage erfordern. Insgesamt ist das kein schlechter Start für einen bis dahin Unbekannten. In solchem Sinne registriert der oben angeführte Chronist Friedrich Schulz schon 1782 diesen neu aufsteigenden Stern: »Durch seine *Gedichte dem König von Preußen gewidmet*, hat er sich rühmlich bekant gemacht, und seine kleinen Schriften *über die Teutsche Sprache* zeigen, daß er seine Sprache liebt und sie so volkommen, als möglich, zu sehn wünscht.«[16]

Von den sechs Gedichten ist nur das letzte mit dem Titel *Friedrich* neu. Alle anderen wurden zwischen März 1779 und Dezember 1780 bereits in der *Haude- und Spenerschen Zeitung* gedruckt, einzelne auch schon in der ersten Gedichtsammlung oder in Almanachen. Der kompositorische Witz der kleinen Sammlung besteht in der Prägnanz, mit der Moritz die These von Berlin als einer führenden Aufklärungsmetropole Deutschlands unter Friedrich dem Großen vorträgt. Genau diese Überzeugung wiederholt später Madame de Staël in *De l'Allemagne* (1813), wo sie Berlin zum Spiegel Preußens und zum »Brennpunkt der Aufklärung und des Lichts« erklärt, nicht ohne dabei kritisch auf den »Januskopf [...] mit einem militärischen und einem philosophischen Gesichte« sowie Friedrichs Ignoranz gegenüber der deutschen Literatur zu verweisen.[17] Moritz versucht all diese Themen nach Maßgabe panegyrischer Lizenzen in seine sechs Gedichte aufzunehmen. Mit seiner malenden Poesie, für die im folgenden Entsprechungen aus der bildenden Kunst gesucht werden, gelingt ihm eine optische Engführung auf repräsentative Insignien der Macht.

Im ersten Gedicht, dem *Gemälde von Sanssouci*, läßt der Dichter seinen Blick aus der erhabenen Perspektive des Herrschers über den zu barocker Repräsentationskunst gestalteten Landschaftsgarten schweifen. Im letzten Stück wird hingegen »FRIEDRICHS Bild« (I, 20) selbst besungen. In diese Rahmung – Schloß und Garten als Majestätssymbole zu Beginn und Friedrichs imaginiertes Porträt zum Beschluß – sind vier weitere lyrische Texte eingefügt. Die ersten beiden, *An den May* sowie *Das Manöwer*, behandeln die Seite der militärischen Macht. Der *Sonnenaufgang über Berlin* zeigt hingegen das eindrucksvolle Panorama der »Königsstadt« (I, 16) als Emblem urbaner Kunst und Kultur, wenn nicht der Aufklärung überhaupt. Das schon in diesem letzten Begriff sich ankündigende Licht verschafft sich aber nicht nur optisch oder malerisch Geltung, sondern wesentlich durch *Die Sprache*, der Moritz einen eigenen »Lobgesang« (I, 19) widmet. Was auf den ersten Blick wie eine disparate Sammlung von Gelegenheitsgedichten erscheint, erweist sich bei genauerem Hinsehen als sorgfältig austarierte Komposition über das Thema eines engen Bündnisses von Geist und Macht, das Friedrich dem Großen als *roi philosophe* ein so unverwechselbares Profil verleiht. Ohne großen theoretischen oder historischen Aufwand gelingt es Moritz mit Leichtigkeit und Prägnanz, in nur sechs Gedichten das militärisch-philosophische Doppelgesicht des Königs (Madame de Staël) zu porträtieren und sogar mit Anliegen der Kritik zu verbinden. Friedrich erscheint so zugleich als energischer Feldherr und souveräner Staatslenker wie als Freund und Förderer der Gartenkunst, Architektur, Musik und Sprache.

Die lyrische Beschreibung von Friedrichs Sommerresidenz, dem 1745/46 von Georg Wenzeslaus von Knobelsdorff erbauten Schloß Sanssouci gibt sich schon im Titel programmatisch als »Gemälde« aus. Im Verlauf des Gedichtes erkennt man, daß hier tatsächlich die Grenzen der Poesie in Richtung Malerei überschritten werden, gesteuert durch die Optik von »Auge« (V. 27, 39, 51), »Blick« (V. 6, 43, 58) und »Bild« (V. 39) sowie die Verben ›blicken‹, ›sehen‹ und ›schauen‹ (V. 3, 16, 43, 45, 52). Der jüngst vom »ersten Kuß« (V. 2) der Musen beflügelte Dichter beobachtet aus der Perspektive des Königs, von eben jenem erhöhten »Ort« aus, »Wo oft sein Fuß gewandelt hat« (V. 21, 23). Für eine genaue Bestimmung des Standorts gibt der Text nicht genügend topographische Details preis: In Frage kommt der von Friedrich Wilhelm Dieterichs als Weinberg angelegte Hügel mit der Südterrasse des Schlosses ebenso wie ein direkt östlich vor dem Garten in Richtung Stadt gelegener »Berg mit einer schönen Aussicht«. Nicolai berichtet darüber weiter, daß man dort ebenfalls Wein und Feigen anbaute und in »Terrassen gemauerte Treibhäuser für Melonen und Spargel« errichtet hatte.[18] Die Frage des genauen Standpunktes ist in diesem Fall indes weniger wichtig, da der Sprecher zwischen den verschiedenen Blickrichtungen des abwesenden Königs hin und her zu wechseln scheint. Dieser imaginäre Perspektivismus nimmt den Garten im Westen des Sonnenuntergangs ebenso wie die »Stadt« (V. 38) im Südosten oder die »Berg'« (V. 48) – gemeint wohl der Ruinenberg auf der Nordseite des Schlosses – ins Visier, zudem das »weite Tal« (V. 5) unterhalb des Standpunktes und auch den »Himmel« (V. 15) darüber. So wird – wie ein *Grundriß* aus dem Jahre 1786 verdeutlicht – ein der zeitgenössischen Mode des Panoramas entsprechender Rundumblick gewährt, der allumfassend ist.[19]

Dieses Spiel mit Perspektiven macht den eigentlichen Reiz aus, der die Konventionalität der Panegyrik etwas in den Hintergrund treten läßt. Erst aus der optischen Herleitung gewinnt Friedrichs nahezu universaler »Götterblick« auf »Seine Schöpfung« (V. 43f.) an Tiefe, nur so werden »Natur und Kunst auf Seinen Ruf / Zum Paradiese« (V. 35f.). Er tritt an die Stelle des Schöpfergottes, der einen

›Grundriß der Königlichen Residenzstadt Potsdam 1786‹ (Ausschnitt)

»Tempel« (V. 16) statt eines Schlosses bewohnt und den Garten mit gestaltet. Oberbaudirektor Dieterichs, der in und um Berlin neben Gebäuden auch zahlreiche Ingenieurbauten entwarf, konnte ein Lied von den ständigen Einmischungen und unvorhersehbaren Konzeptionsänderungen des Königs singen. Auch deshalb quittierte er 1752 den Staatsdienst und entzog sich so dem rigorosen Regime, um seine eigenen Vorstellungen als freier Architekt verwirklichen zu können.[20] Friedrich gefiel sich in der Rolle des obersten Bauherrn, die gelegentlich stark stilisiert wurde: Eine lange als eigenhändiger Entwurf Friedrichs geltende Skizze zum Schloß Sanssouci konnte beispielsweise durch Details inzwischen als nachträgliche Zeichnung identifiziert werden.[21] Der fast mythischen Idealisierung des Gedichtes tun solche Korrekturen keinen Abbruch. Friedrich erscheint nicht nur als schöpfender Prometheus, sondern läßt sich auch von der Rolle »Aurorens« (V. 49), der Göttin der Morgenröte, beflügeln; sie wird auf die »Abendröte« (V. 30) und die hereinbrechende Nacht folgen: »Bald ist der Himmel aufgeklärt, / Dann lacht mit heiterm Blick / Die ganze Flur, denn FRIEDRICH kehrt / In ihren Schoß zurück.« (V. 57-60) Mit dieser Schlußstrophe wird aber nicht nur ein neuer, aufgeklärter Tag im Zeitalter Friedrichs angekündigt, sondern die baldige Rückkehr des Königs aus dem Bayerischen Erbfolgekrieg Preußens gegen Österreich (›Kartoffelkrieg‹), der am 13. Mai 1779 mit dem Friedensschluß von Teschen beendet wurde. Das Gedicht erschien erstmals am 18. März in der *Haude- und Spenerschen Zeitung*.

II. »An den Mai«. 1779 (I, 13f.)

Das zweite Gedicht *An den Mai*, am 8. des Monats im gleichen Blatt erschienen, knüpft an ebendieses Ereignis an. Die Sonne – Zentralgestirn der Aufklärung und zugleich Symbol für Versailles und Ludwig XIV. – beweist hier aufs neue ihre Strahlkraft. Damit wird zugleich das prominenteste Bild für absolutistisches Herrscherlob aus der Emblematik und Panegyrik des Barock und der Frühaufklärung aufgegriffen.[22] Wiederum bestätigt sich die von Madame de Staël später hellsichtig festgehaltene Dialektik des aufgeklärten Absolutismus in Preußen. Sie ermöglicht jene heute empörend wirkende Nonchalance, mit der hier Opfer des Krieges zu Helden stilisiert werden. Der vom lyrischen Ich als Person adressierte Mai solle nicht länger weinen und sein Antlitz schamvoll in Wolken hüllen, sondern der »Sonne« (V. 9) freie Bahn lassen, um die »Redlichen« (V. 5) und »Edlen« (V. 21, 27) sowie ihre »glänzenden Trophäen« (V. 23) und den verdienten »Lorbeer« (V. 26) ins rechte Licht zu rücken. Gespendet wird es von dem Popularphilosophen Thomas Abbt, einem engen Verbündeten der Berliner Aufklärung. Als er 1760 nach Frankfurt an der Oder berufen wird, tritt er die außerordentliche Professur mit einer *Oratio de rege Philosopho*, einer Huldigung an Friedrich über die politische Nützlichkeit der Weltweisheit an. Mit Nicolai und Mendelssohn gibt er – als Nachfolger Lessings – von 1761 bis zu seinem Tod 1766 die *Briefe, die neueste Litteratur betreffend* heraus, nachdem man in Berlin auf sein spektakuläres Werk *Vom Tode für das Vaterland* (1761) aufmerksam geworden ist. Diese während des Siebenjährigen Krieges verfaßte politische Schrift befeuerte den neu erwachten Patriotismus. Sie wurde sogar von Soldaten ins Feld mitgenommen, denn der Beweis, »daß die Liebe fürs Vaterland […] am leichtesten die Furcht vor dem Tod bezwinge«,[23] wirkte als moralischer Beistand. Mit den letzten beiden Versen spielt Moritz – wie vor ihm schon Gleim, die Karschin, Kleist und Klopstock sowie später natürlich Arndt und Hölderlin[24] – unverkennbar darauf an: »Beklage nicht die Edlen, denn sie sterben / Den Tod fürs Vaterland!« (V. 27f.)

III. »Das Manöwer« (I, 14-16)

Mit dem dritten Gedicht *Das Manöwer* sind »die trübe Stirne« und die »schwarzen Wolken« (V. 17f.) des Mailiedes endgültig überwunden, der melancholische Sonnenuntergang des ersten Stücks wird betont durch die »Morgenröte« (V. 2) und den Sonnenaufgang ersetzt. Nur vorübergehend verhüllt der »schwarze Dampf« (V. 20) der »donnernden Geschosse« (V. 19) die Sonne. Bei diesem »prächtig Schauspiel« (V. 37) der Armee ist alles auf »Glanz« (V. 7) und Glorie eingestellt, »majestätisch glänzt die Silberflut« (V. 16) der »Waffen« (V. 1), ähnlich wie auf Daniel Chodowieckis Gemälde *Friedrichs Wachtparade* (1777; 1778 auch als Kupferstich). Doch dann kommt Bewegung in die statische Aufstellung der »mächtgen Legionen Friedrichs« (V. 12). Das Manöver beginnt: Die »stampfen[den …] Rosse« (V. 17); der brüllende »Sturm« (V. 18); Geschoßeinschläge, lauter als »Wenn hohe Tannen splittern, Eichen fallen« (V. 43); die jede Sicht behindernden »trüben Nebel […] der dickbewölkten Luft«

›König Friedrichs II. Wachtparade in Potsdam‹
Kupferstich von Daniel Chodowiecki, 1778

(V. 25f.) – all das und noch mehr beansprucht sämtliche sinnlichen Wahrnehmungen bis hin zur Überreizung, bis »jeder Sinn dem Hörenden vergeht« (V. 40).

Freilich ist das alles nur eine Inszenierung, ein Schauspiel (V. 37, 48, 52), wie immer wieder betont wird, eben ›nur‹ ein Manöver. Worin besteht aber dessen Reiz? Offensichtlich in der Imagination tatsächlicher Größe, Macht und Gefahr. In der Ästhetik des 18. Jahrhunderts wird das mit dem gemischten Gefühl des Erhabenen in Verbindung gebracht. Es stellt sich ein, wenn man dem für die menschlichen Sinne scheinbar Unfaßbaren selbstbewußt begegnet, also vor der gewaltigen Größe (etwa der Unendlichkeit des Horizonts) nicht kapituliert und bedrohlichen Gefahren (etwa jähen Schluchten oder den Schlangen des Laokoon) trotzt. Kant versieht die beiden Spielarten mit den Begriffen des mathematisch und des dynamisch Erhabenen. Krieg bezeichnet er ausdrücklich als einen möglichen Auslöser für das Gefühl des dynamisch Erhabenen: Für »die Denkungsart des

›Eigentliche Abbildung der Königl. Preuß. Gens d'Armes Revue in Berlin‹, Kupferstich von Christian Wolffgang, um 1730

Volks«, erklärt er, sei der Krieg »nur um desto erhabener, je mehreren Gefahren es ausgesetzt war«.[25]

Indem Moritz in seinem Gedicht nicht den Krieg, sondern ein Manöver beschreibt, spielt er fast im Sinne von Schillers späterer Ästhetik des Erhabenen mit der Potentialität oder Virtualität. Bei Schiller wird der Theaterzuschauer einem imaginären Katastrophentraining angesichts der auf der Bühne dargestellten Leiden und Gefahren ausgesetzt, um ihn so seiner freien, intelligiblen Widerstandskraft für den Ernstfall zu versichern. Ähnlich erlebt der Manöverbeobachter bei Moritz eine Demonstration von Größe und Macht des preußischen Heeres, das hier lediglich für die häufig geführten Kriege übt. Ein Kupferstich von Christian Wolffgang zeigt eine solche Truppenaufstellung in der Berliner Hasenheide, auf der auch der Kronprinz Friedrich (siehe Markierung) links vorne vor der Front reitet. Moritz verbindet – Kants Kategorien vorwegnehmend – die überwältigende Größe der »mächtgen Legionen«, die da in endlosen »Reihn, so fest wie eine Mauer« stehen (V. 11f.) und zu »Zehntausend« (V. 29) durch jeden einzelnen Befehl ihres »Führer[s]« (V. 30) gelenkt werden, mit dem dynamisch inszenierten Kampfgetümmel. Zusammen vermittelt das immerhin eine Vorstellung von den wahren »Schrecken« (V. 45) und wirklichen »Leichen« (V. 47) des Krieges.

Wie immer ist dabei das Gefühl des Erhabenen gemischt aus der Furcht vor der möglichen Katastrophe und dem Bewußtsein eigener Sicherheit und Überlegenheit. Hans Blumenberg hat diese besondere Situation grandios als *Schiffbruch mit Zuschauer* gefaßt. Im Text ist sie bis in einzelne Formulierungen präsent: Vom »wunderbaren Schauer, / Mit Lust vermischt« (V. 9f.) ist beispielsweise angesichts des stehenden Heeres die Rede, bevor die »bange Stille« (V. 13) durch den losbrechenden »Sturm« (V. 18) des Manövers aufgelöst wird. Tatsächlich gelingt es Moritz mit diesem Gedicht, wie Peter Rau meint, »eine imaginäre Phänomenologie der Macht mitsamt einer Beschreibung des Wohlgefallens an ihren Symbolen« zu entwerfen, möglicherweise sogar erstmals in der deutschen Lyrik.[26] Doch die Faszination geht darüber noch hinaus. Der Außenseiter Anton Reiser genießt das entindividualisierende Gefühl, »in Reihe und Glied mit den übrigen stehen« zu dürfen (I, 258, 297), also nicht mehr »einer der letzten in der Ordnung« (I, 297) zu sein. Diesen Gedanken führt Moritz in seinem *Versuch einer kleinen praktischen Kinderlogik* (1786) weiter aus. Viele Menschen schließen sich zu einem neuen Körper, dem Staat zusammen, dessen Kopf die Regierung und dessen verteidigende Arme das Heer sind:

> Nichts gibt einen auffallendern Beweis, wieviel vereinigte menschliche Kräfte vermögen, als ein Kriegsheer.
>
> Daß viele tausend Menschen auf den Wink eines einzigen Hand und Fuß mit eben der Leichtigkeit bewegen, wie ein einzelner Mensch –
>
> Daß diese ungeheure Maschine gleichsam wie an einem Draht aufgezogen, alle die Bewegungen machen muß, die ein einzelner Mensch, der diese Maschine regiert, für gut befindet –
>
> Daß auf einen ungeheuern Wurf dieser in Bewegung gesetzten Maschine auf einmal tausende fallen, und Tod und Verderben rund umher, wohin man sieht, verbreitet wird. – (II, 160)

Im Gedicht sind es die – selbst im Gefechtsnebel noch sichtbaren – »Fahnen« (V. 25) sowie die – unberührt »vom donnernden Geschosse« (V. 19) – unüberhörbare »Stimme« (V. 30) und das »flügelschnelle

Wort« (V. 34) des höchsten Feldherrn Friedrich, womit er diese riesige Maschine regiert. Er ist der universale Maschinist und Marionettenspieler, der blitzartig »zehntausend Mann« (V. 35) vom völligen Stillstand in größte Bewegung und von dort wiederum »auf die Knie nieder« (V. 29) zwingen kann, »Zehntausend« (V. 29) – so die Pointe – »stehen wie ein einzger Mann« (V. 36). Prägnanter ist die Macht des Absolutismus gar nicht zu fassen: Ein Wink genügt, und der gesamte Staatskörper pariert wie ein beherrschbares Individuum. Die abschließende Frage des Gedichtes: »Sagt, welches unter allen Völkern ahmet, / Wohl ganz dies wunderbare Schauspiel nach?« (V. 51f.), bleibt indes ambivalent, zumal wenn man sie mit der Fortsetzung in der *Kinderlogik* verknüpft. Das Huldigungsgedicht legt natürlich die Unvergleichlichkeit des preußischen Heeres und damit von »FRIEDRICHS Volk« (V. 50) nahe. In der *Kinderlogik* diskutiert Moritz hingegen kritischer die Gefahren des Wettrüstens und die damit drohende finanzielle Auszehrung des Staates, »weil alle seine Kraft und Stärke, statt gleichmäßig verteilt zu werden, sich in die Arme, die er zu seiner Verteidigung braucht, zusammen ziehen muß.« (II, 162) Solche Züge der Distanz gegenüber dem preußischen Absolutismus finden sich bereits in der Englandreise von 1782. Im liberalen London beobachtet Moritz, wie sich die Aufklärungsformel ›der Mensch als Mensch‹ selbst bei einfachen Leuten im selbstbewußten und natürlichen Verhalten zeigt. Da wird es ihm »doch ganz anders zu Mute, als wenn wir bei uns in Berlin die Soldaten exercieren sehen« (II, 283). Auf eine Formel gebracht, lautet der Unterschied: »Hier führt doch ein jeder, bis auf den Geringsten, den Namen Vaterland im Munde, den man bei uns nur von Dichtern nennen hört.« (II, 284)

IV. »Sonnenaufgang über Berlin« (I, 16f.)

Auch das nächste Gedicht *Sonnenaufgang über Berlin* schließt thematisch und motivisch an die vorangehenden an. Doch der »Januskopf« des aufgeklärten Absolutismus, von dem Madame de Staël spricht, kehrt uns jetzt seine freundliche, aufgeklärte Seite zu: die Metropole Berlin als Symbol des Zeitalters Friedrichs des Großen. An das mathematisch Erhabene des aufgereihten Heeres erinnert die schiere Größe der Stadt, das Panorama von »ungeheurer Länge« (V. 11) mit der beinahe endlosen Folge von »Palästen« (V. 17), die »wie an einer graden Schnur, in festen, / Geschloßnen Reihn, gleich unsern Kriegern, stehn.« (V. 19f.). Die Morgenröte Aurora und die sie ablösende Sonne, die schon das *Gemälde von Sanssouci* ebenso wie *Das Manöwer* königlich illuminierten, führen auch über Berlin die Lichtregie. Alle drei poetischen Ansichten inszenieren übrigens den Blick aus der Vogelperspektive, den Moritz dann in den *Reisen eines Deutschen in Italien* (1792/93) bevorzugt und auch ästhetisch begründet.[27] Hier läßt der vergoldende Glanz des Lichtes die »Königsstadt« (V. 4) »majestätisch« (V. 8) aus der »Dämmrung« (V. 5) aufsteigen und wie ein Juwel in der Morgensonne funkeln. Moritz setzt natürlich wieder auf die Zentralmetapher der Aufklärung, auf die »Morgendämmerung des reinen Denkens«, die nicht nur in den Augen von Andreas Hartknopf die »Nebel der Vorurteile« (I, 597) auflöst.

Für den Betrachter »Auf dem Tempelhoffschen Berge« konkretisiert sich dieser Gedanke im Anblick Berlins, »Der Städte Königin« (V. 32). Der Zufall will, daß der Berliner Künstler Johann Friedrich Fechhelm (1746-1794) 1781 auf dem gleichen beliebten Aussichtspunkt östlich von Götzens Weinberg (des heutigen Kreuzberges) und der Landstraße über Tempelhof nach Halle (heute: Mehringdamm) das vielleicht früheste Stadtpanorama malte (Kupferstiche gab es schon weit früher).[28] Viele Details des Bildes finden sich in Moritz' Poesie wieder und lassen so das Ganze wie eine Illustration des Horazschen Topos ›Ut pictura poesis‹ erscheinen. Das Stadtpanorama bei Fechhelm reicht vom Potsdamer Platz und der Dorotheenstädter Kirche im Westen bis zum Stralauer Tor und der Parochial- und Waisenhauskirche im Osten. Zwischen den vielen weiteren, einzeln benennbaren »Türme[n]« liegen »in weiter Ferne« (V. 37), »beinah dem Aug' entrückt« (V. 38), unzählige »Häuser und Palläste« (V. 9) unter des »blaugewölbten Tages Glanz« (V. 7). Auch »des Waldes Grün« (V. 14) vom nahen Tiergarten ganz links auf dem Gemälde sowie »die Wiesen« (V. 15), die zusammen mit der pittoresken ländlichen Hütte im rechten Vordergrund den Kontrast zwischen Stadt und Kulturlandschaft hervorheben sollen, geraten für beide Künstler in den Blick. Auf den seit knapp zwei Jahren in Berlin lebenden Moritz hinterläßt die fast »unübersehbar« »weite Fläche der Stadt«

›Der Tempelhofer Berg mit Blick auf Berlin, 1781‹,
Ölgemälde von Johann Friedrich Fechhelm

(V. 35f.), die Silhouette von »ungeheurer Länge« (V. 11), einen starken Eindruck. Erst die Kulisse Londons übertrifft zwei Jahre später diese Wahrnehmung, die in Moritz' Erinnerung sofort zum Vergleich bereitsteht: »Wie groß kam mir Berlin vor, als ich es zum erstenmal vom Marienturm, und vom Tempelhoffschen Berge übersah: wie verschwindet es jetzt in meiner Vorstellung gegen London!« (II, 302f.)

Aber nicht nur die scheinbar unermeßliche Größe der Metropole fasziniert beide Künstler. Da sie die Szenerie aus annähernd gleichem Blickwinkel betrachten, rückt für beide der »Königssitz« (V. 22) ins Zentrum der Aufmerksamkeit. Bei Fechhelm ist das Stadtschloß durch den dahinter liegenden Dom leicht zu erkennen. Die gesamte Komposition, vor allem der von Alleebäumen gesäumte Fahrdamm (der heutige Mehringdamm), lenkt den Blick unwillkürlich in die Bildmitte. Einige Spaziergänger auf dem südöstlichen Pfad sowie die beiden Reiter im linken Vordergrund streben diesem Punkt zu. Der auf dem Braunen vorausreitende Mann dürfte nicht nur aufgrund der charakteristisch schrägen Körperhaltung Friedrich der Große sein. Dafür spricht auch die tiefe Verbeugung, die der erste vor der Kutsche schreitende dunkel gekleidete Mann mit gezogenem Hut vollführt, während der zweite im Begriff ist, sich ihm anzuschließen. Die beiden kommen womöglich von dem nahen Exerzierplatz im Tempelhofer Sandschilf[29] (heute Gelände des bald stillgelegten Flughafens), wo auch das Manöver des vorangehenden Gedichtes stattgefunden haben könnte. Auch ohne ordnende Bildachsen wie bei Fechhelm ist für Moritz die »hohe Königsburg« (V. 25) die logische »Mitte« (V. 21) des »majestätisch« (V. 8) vor ihm liegenden Berlin. Friedrich ist damit im Gedicht auch ohne namentliche Erwähnung so präsent wie auf dem Bild. In den beiden Schlußstrophen wird dieser Eindruck nochmals gesteigert: Das aus Moritz' quietistischer Erziehung stammende Prinzip der Tätigkeit prägt nicht nur seine Pädagogik und Lebensphilosophie, sondern es bildet eine Essenz der aus dem Halleschen Pietismus hervorgehenden preußischen Tugenden, die Friedrich der Große ideal verkörpert.[30] Frühaufsteher nach seinem Vorbild haben »Lust«, »Heiterkeit« und »Friede« (V. 41f.) auf ihrer Seite, während die »träge[n] Schlummrer« (V. 45) den »Tag« (V. 44), die »besten Stunden« des Lebens (V. 48) und letztlich auch die Aufklärung verschlafen. Die barocken Motive von ›vanitas‹ und ›carpe diem‹ kehren so unerwartet wieder.

V. »Die Sprache« (I, 18f.)

Während der Rezensent im *Hamburgischen unpartheyischen Correspondenten* an den beiden vorausgehenden Gedichten die »Stärke des Verfassers in der mahlenden Poesie« hervorhebt, hält er das »Gedicht über die Sprache, und das letzte mit der Ueberschrift *Friedrich*« für die ausgezeichnetsten der Sammlung überhaupt.[31] Tatsächlich gehen die Schlußtexte über die mit eindringlicher Bildlichkeit gezeichneten Topographien der Sommerresidenz Sanssouci, der Manöverszenerie oder der Metropole mit Stadtschloß hinaus. Die Sprache als Gestaltungsmittel jener poetischen Gemälde wird im gleichnamigen Gedicht selbst zum Gegenstand der Reflexion. Mittel und Zweck werden eins, der Lobpreis der Sprache erfüllt sich in deren möglichst brillanter Anwendung. Die Bildungs- und Gestaltungskraft durch Worte wird als höchstes Glück, aber auch schwer durchdringliches Wunder beschrieben, wobei wiederum das Licht als Zentralmetapher der Aufklärung Regie führt.

»Wunderkraft« (V. 20) ist entsprechend der theoretische Dreh- und Angelpunkt des Textes. Diese Kategorie wird auf die metaphysisch wie anthropologisch aktuell diskutierte Frage angewendet, wie die »Gedanken« aus dem »Dunkeln« (V. 5) vorbewußter Zustände ins Licht des Bewußtseins treten und damit aussprechbar werden. Das im Schematismus der *rhetorices partes* ausgesparte Problem, wie der Weg vom Finden und Erfinden des Stoffes, also von der Idee (*inventio*) über die Ordnung der Gedanken (*dispositio*) zur sprachlichen Fassung (*elocutio*) zu denken ist, wird in der Spätaufklärung zunehmend an die Vermögenspsychologie delegiert. Kleists Denkübung *Über die allmähliche Verfertigung der Gedanken beim Reden* steht am Ende einer historischen Linie, die mit Leibniz' erkenntnistheoretischer Frage beginnt, wie eine *cognitio obscura* bzw. *confusa* in eine *cognitio clara* bzw. *distincta* übergeht. Zwar bedarf dieser Läuterungsprozeß insgesamt der Zeit und vollzieht sich damit allmählich, wie Kleist meint. Doch von Stufe zu Stufe schreitet das Bewußtsein durch schlagartige Einsichten voran.[32] Wie »Gottes Ruf« plötzlich »Welten, aus dem Dunkeln, schafft« (V. 17f.), werden dunkle Seeleninhalte durch Versprachlichung aus der unteren *cognitio sensitiva*, dem *fundus animae* in »einem Augenblick« (V. 28) ins Bewußtsein heraufgeholt: »Wenn Nächte den Gedanken noch umhüllen, / Und deine Zauberstimme spricht, / So muß er, wie ein Blitzstrahl, sich enthüllen, / Und in der Seele wird es Licht« (V. 21-24).

Mit diesem von Moritz klar erkannten psychologischen Gesetz erklärt das Gedicht die Universalität der Sprache. Sie taugt zur Artikulation jeglicher Seelenregung, durch sie klagt der »Schwerbetrübte« (V. 10), jauchzt der »Fromme« (V. 11), stammelt der »Säugling« (V. 12) oder gestehen die Liebenden einander die sympathetische Anziehung der »Fibern ihrer Herzen« (V. 15). Doch die Sprache ist – analog zum Gesetz der psychophysischen Wechselwirkung – nicht nur ein Bote von Innen nach Außen, sondern auch umgekehrt. Von außen kann sie sich »in des Freundes Busen schleichen, / Und allen Kummer, den er fühlt, / [...] verscheuchen« (V. 29-31) und dem »Betrübten Trost« (V. 36) spenden. Dabei verfügt sie über unterschiedlichste Qualitäten und Modulationen, sie vermag zu »schwellen« (V. 38) oder gar zu stürmen wie *Jupiter tonans* (V. 41f.) oder »sanft« und »still« zu rieseln, »wie auf einem Sommersee«

(V. 43f.). Stets ist sie dabei voll der »holden Phantasie« (V. 46), die alte rhetorische Auffassung einer recht mechanischen Ausstattung der Rede mit »Schmuck« (V. 45) – also *ornatus* und Topoi – mag damit in den Hintergrund treten. Gleichwohl huldigt das unmittelbar folgende Bild von den aufgereihten »Perlen« (V. 47) – wie Moritz' Lyrik insgesamt – einem traditionellen Dichtungsverständnis, das mit den geniezeitlichen Experimenten des Sturm und Drang überhaupt nichts zu schaffen hat.

Die letzte Strophe enthält freilich noch eine Pointe: Die dem Sprecher vertraute und liebgewonnene Sprache ist die deutsche. Ihr gilt sein gesamtes Lied, was man zu Recht als »eine diskrete Mahnung an Friedrich II.«,[33] den frankophilen Kritiker, verstanden hat. Wie ein *quod erat demonstrandum* steht sie da, diese letzte Strophe, und wem dieses raffiniert selbstreferentielle Gedicht gefällt, der hat es schwer, die französische Sprache länger dagegen auszuspielen. Die Strophe lautet: »Bist du's, zu welcher sich mein Ohr gewöhnte, / Und war es reiner Silberklang, / Der jetzt durch deine vollen Saiten tönte, / So sei mein Lied dein Lobgesang!« (V. 49-52)

VI. »Friedrich« (I, 19f.)

Das letzte Gedicht präsentiert sich als Apotheose des Königs und zugleich als Zusammenfassung des Zyklus'. Der patriotische Sänger, der gerade noch seinen »Lobgesang« an die deutsche Sprache adressierte, kniet am »Altar« der »Göttin der Unsterblichkeit« (V. 1f.). Besungen wird eine imaginäre Epiphanie Friedrichs, der – das Leitmotiv der sechs Gedichte resümierend – wie »die Morgensonne« (V. 9) hervortritt und sich so allmählich als »Bild« vor den »Blicken« des Dichters (V. 5) manifestiert. Diese Imago in Gestalt eines Herrscherporträts entsteigt wundersam »wie ein Phönix« (V. 14) der Asche und verkündet »die Zukunft« (V. 13). Differenziertere Züge erhält das entstehende Bild nach dem alten rhetorischen Modell der *vita et res gestae*. Die Heldentaten des Kriegsherrn, mit denen er »die Welt erschüttert, / Bis die im Gleichgewichte stand« (V. 17f.), sind so ehrfurchtgebietend, daß dem in die Rolle des Malers geschlüpften Sänger sein »kühner Pinsel« in der Hand erzittert (V. 19f.). Tatsächlich sind diese Taten großartig, weil sie das »Schicksal« wie eine entsprechend belastete Waagschale schlagartig zum Guten wenden und so zuweilen an einem einzigen »Königstage« ganze »Jahrhunderte der Vorwelt« in den Schatten stellen können (V. 21-24). Dieses Prinzip jäher Tatkraft wird in der nächsten Strophe mit dem Gegenmodell der kontinuierlichen Zeit konfrontiert. Der Ablauf von Friedrichs Lebenszeit wird mit jener Überraschung verglichen, die ein allmählich vor den Augen des gespannten Publikums entrolltes Gemälde auslöst, bis es ganz sichtbar ist.[34] Dieses Gedankenspiel führt zu der Überlegung, daß der König selbst als Betrachter dieser Präsentation bescheiden »vor Seiner eignen Größe« zurückbeben könnte, nicht ohne dabei über seine Taten in Erstaunen versetzt zu werden (V. 31f.).

Zuletzt löst der singende Maler oder malende Sänger seine Imagination in die klassische Figur der Gelegenheitsdichtung auf, nicht weiter schreiben zu können, weil die Gefühle oder der Gegenstand den Dichter überwältigen.[35] Der Glut seiner inneren »Seele« wird auch ein noch so perfektes äußeres »Bildnis« niemals genügen können (V. 33f.), an die göttliche Herrlichkeit des zu porträtierenden Friedrich reichen die irdischen Darstellungsmittel nicht heran. Im Unterschied zu dieser durch den Unsagbarkeitstopos noch gesteigerten Heroisierung betont Moritz in den folgenden Jahren in seinen regelmäßig zum Geburtstag des Königs am 24. Januar publizierten Glückwunschgedichten stärker die menschliche Seite des Herrschers. Besonders in seinem Carmen von 1783 wird das Menschsein zum *tertium comparationis* zwischen Friedrich und seinem Volk, dessen Wohlergehen und Liebe ihm wichtiger seien als alle Würde und Siege. »Schmeichelei« und »falschen Weihrauch« hätten deshalb seine »treuen Unterthanen« gar nicht nötig – sie würden »freiwillig Blut und Leben« geben, weil Friedrich sie nicht wie »feige Sklaven« behandelt und so zu »einer edlern Menschenart« gebildet habe.[36]

Statt im Spiegel des Gartens, des Heeres, der Königsstadt oder der Sprache tritt Friedrich in diesem letzten, kaum weniger konventionellen Beispiel inmitten seines zufriedenen Volkes auf, gleichsam *inter pares*, wenngleich als Primus. Moritz verweist damit auf jene eigentümliche Loyalität zwischen dem preußischen Königshaus und der Öffentlichkeit, die auch seine *sechs Gedichte* grundiert und zum Bekenntnis macht. Dem Wahl-Berliner Heinrich Heine erscheint diese schon unter Friedrich II. entstehende identitätsstiftende Verbundenheit später unter Friedrich Wilhelm III. als Selbstverständlichkeit, wenn nicht als besonderes Charakteristikum: »Es ist einer der schönsten Züge im Charakter der Berliner,« – erklärt er in seinen *Briefen aus Berlin* (1822) – »daß sie den König und das königliche Haus ganz unbeschreiblich lieben.«[37] Solche – nicht zuletzt durch Huldigungsgedichte à la Moritz beförderte und durch eine später ›verbürgerlichte‹ Wahrnehmung der Herrscher hervorgerufene – Nähe zu seinem Volk hat auch Friedrich den Großen in Kunst und Literatur unsterblich gemacht.

3. Sensationelles Kriminalstück: *Blunt oder der Gast*

Im *Vorschlag zu einem Magazin einer Erfahrungs-Seelenkunde* (1782) stellt Moritz bemerkenswerte Verbindungen zum Genre der juristischen Fallgeschichte oder *Species facti* her. Aus dieser Art Fachprosa entwickelt sich just zu dieser Zeit die neue literarische Gattung der Kriminalerzählung. Sie baut in ähnlicher Weise auf die *Histoires tragiques* des 17. Jahrhunderts und die Fallsammlungen des französischen Juristen François Gayot de Pitaval wie die neue psychologische Erzählung auf Kollektionen à la Moritz' *Magazin*. Beide Traditionen sind sogar eng miteinander verflochten. Schon Pitaval distanziert sich mit Blick auf das Interesse und Unterhaltungsbedürfnis des Publikums von der »rauhen juristischen Schreibart«[1] und beginnt die spröden Fakten durch psychologische und erzählerische Motivierung sprechend und anziehend zu machen (*arranger les faits*). Und August Gottlieb Meißner, der psychologisch interessierte Begründer und Titelstifter der neuen Kriminalgeschichte, führt diesen Grenzgang zwischen Faktum und Fiktion, *Historia* und *Fabula*, seit 1778 mit einiger Virtuosität an.[2]

Moritz hebt in seinem *Vorschlag* »Meißners Skizzen« als einen wichtigen Beitrag zu seiner Erfahrungsseelenlehre hervor (I, 798). Überhaupt erscheint ihm »die Geschichte der Missetäter und der Selbstmörder« (I, 796) für sein Projekt einer empirischen Psychologie auf Grundlage von Fallsammlungen als besonders fruchtbar. Denn die Schicksale hingerichteter Krimineller sind allenthalben ein »wichtiger Gegenstand für den moralischen Arzt und für den nachdenkenden Philosophen, als für den Richter« (I, 793). Psychologie, Ethik und Jurisprudenz vereinigen sich so zu einer grundlegenden Erforschung des menschlichen Herzens von seinen Extremzuständen her. Entsprechend finden sich im *Magazin* zahlreiche Fälle von Selbstmördern, Kindsmördern und anderen Kapitalverbrechern.[3] Schiller fordert fast gleichlautend für die »Seelenlehre, die Moral, die gesetzgebende Gewalt« ähnliche Anregungen, wie »Leichenöffnungen, Hospitäler und Narrenhäuser« sie der Physiologie an die Hand geben. Zu beziehen seien sie besonders aus »Gefängnissen, Gerichtshöfen und Kriminalakten – den Sektionsberichten des Lasters«.[4] Solche Eindrücke von den Abgründen der menschlichen Existenz macht Schiller zur Grundlage seiner Kriminalpoetik, die Prosatexte ebenso wie Dramen und Balladen durchdringt.[5]

Die Parallelen zu Moritz gehen über das stoffliche und psychologische Interesse aber noch hinaus. Beide Autoren spekulieren als Herausgeber und Redakteure von Zeitschriften und Zeitungen auf das Interesse des Publikums. Nur allzugut kennen sie den »allgemeinen Hang der Menschen zu leidenschaftlichen und verwickelten Situationen«; beide entdecken dabei die Chance, »Samen nützlicher Kenntnisse« in die »Unterhaltung« einzustreuen, um »das Nachdenken des Lesers auf würdige Zwecke zu richten« und ihn so psychologisch wie juristisch aufzuklären.[6] Ganz ähnlich wie hier Schiller, empfiehlt Moritz im *Ideal einer vollkommnen Zeitung* (1784) Berichte über die *»öffentliche Handhabung der Gerechtigkeit«* als »einen reichen Stoff zu wichtigen Beobachtungen«. Und er fährt fort: »Die kurze *Geschichte der Verbrecher* aus den Kriminalakten gezogen, wie belehrend müßte sie seyn, wenn die allmäligen Uebergänge von kleinen Vergehen, bis zum höchsten Grade der moralischen Verderbtheit, mit einigen treffenden, allgemein auffallenden Zügen darin gezeichnet wären.«[7]

Es ist mehr als erstaunlich, daß Moritz selbst eigentlich keine Kriminalgeschichten geschrieben hat. Mit einer Ausnahme, die bisher aber nicht als solche wahrgenommen wurde: Das in zwei Versionen vorliegende Theaterstück *Blunt oder der Gast* (1780 und 1781) dramatisiert den Mord bzw. Mordversuch des Titelhelden an einem reichen »Fremden«, der sich auf fatale Weise als sein eigener Sohn erweist. Das nicht seltene Motiv des verloren geglaubten und unerkannt zu seiner in Not geratenen Familie zurückkehrenden Sohnes, der von den Eltern aus Habgier ermordet wird, gestaltet am prominentesten George Lillo in seiner Tragödie *The Fatal Curiosity* (1736). Moritz' folgende Bemerkung in der Vorrede zur zweiten Auflage des *Blunt* hat indes zu einer intensiven Debatte über die Wahrscheinlichkeit einer bloßen Nachahmung geführt: »Ohne zu wissen, daß *Lillo* den Stoff zu diesem Stück schon bearbeitet hat, und ohne einmal die Ballade zu kennen, woraus derselbe genommen ist, veranlaßte mich eine dunkle Erinnerung aus den Jahren meiner Kindheit, wo ich diese Geschichte hatte erzählen hören, sie dramatisch zu bearbeiten.« (I, 54)

Für eine Reihe von Forschern sind die Übereinstimmungen zwischen beiden Dramen derart schlagend, daß sie Moritz' Aussage schlichtweg in Zweifel ziehen und den Einfluß von Lillos Stück auf den *Blunt* für eine ausgemachte Tatsache halten. Die Abhängigkeit von *The Fatal Curiosity* sei nur in der ebenfalls 1780 erschienenen Bearbeitung *Stolz und Verzweiflung* von Wilhelm Heinrich Brömel noch größer. Gerettet wird damit die These einer lückenlosen Genealogie des deutschen Schicksalsdramas, in der Moritz dann eine wichtige Rolle spielt. Gegner dieser Auffassung nehmen Moritz' Erklärung hingegen ernst und geben mit Hinweis auf die weite Verbreitung des Motivs zu bedenken, daß die exklusive Quelle sich nicht eindeutig nachweisen lasse.[8] Jakob Minor hat dafür mit überwältigendem Fleiß eine Quellenbasis geschaffen, die in mehr als einhundert Jahren kaum Ergänzungen zuließ.[9]

Das Motiv der Mordeltern taucht seit 1618 in allen möglichen Varianten auf. Der in mehreren Beispielen ins Wirtshaus der Familie heimkehrende Sohn gibt sich meist nur der Schwester zu erkennen, zuvor überläßt er den Eltern einen mit Geld (engl. umgangssprachl.: ›Blunt‹; I, 931) gefüllten Sack zur Verwahrung und wird später vom Vater, oft aber auch von der Mutter getötet. Nach der tragischen Einsicht nehmen sich in vielen Versionen die Täter das Leben, sie springen in den Brunnen, erhängen sich oder erstechen sich mit dem Mordmesser. Die Schwester stirbt häufig vor Schreck. In Deutschland findet sich die Geschichte in Chroniken und Erbauungsbüchern. Die Schauplätze wechseln, Abraham a Sancta Clara verlagert den Fall etwa von Leipzig nach Polen, in Italien adaptiert ihn Vincenzo Rota als Novelle mit dem Titel *Der Gastwirt von Maderno* (1794), in Frankreich gibt es eine *Histoire admirable et prodigieuse*, und auch in einem korsischen Volkslied kehrt die Fabel wieder. Den parallelen oder sogar ursprünglich englischen Überlieferungsstrang, der direkt zu Lillo hinführt, kennt Minor indes nur aus zweiter Hand.

Auch hier ist das Jahr 1618 das Stichdatum. Eine kurz nach dem spektakulären Verwandtenmord von Perin (Cornwall) in einem Druckbogen erscheinende illustrierte Schrift führt die ganze *Species facti* bereits im Titel: *Newes from Perin in Cornwall: of a most Bloody and vn-exampled Murther very lately committed by a Father on his owne Sonne (who was lately returned from the Indyes) at the Instigation of a mercilesse Step-mother. Together with their seuerall most wretched endes, being all performed in the Month of September last Anno 1618* (London 1618). Drei Holzschnitte illustrieren die Seefahrt des Sohnes, die Übergabe seines Vermögens zur treuen Verwahrung an die Eltern, schließlich die schreckliche Tat des Vaters unter Beisein seiner (zweiten) Frau und Tochter. Die Mordszene erscheint nicht nur auf der vorletzten Seite, sondern – als sensationeller ›eye-catcher‹ – zusätzlich auf dem Titelblatt. Trotz der in groben Linien stilisierten Darstellung sind Vater und Sohn durch gleiche Haar- und Barttracht sowie ein ähnliches Aussehen eng miteinander verknüpft. Der prägnante Augenblick kurz nach den tödlichen Stichen wird durch das herumspritzende Blut dramatisch ins Bild gesetzt, flankiert von der bösen Stiefmutter (ganz in Schwarz) und der vor Schreck erstarrten Schwester, die als einzige um die Identität des Opfers weiß. Den Mörder, dem die Stiefmutter das Messer reicht und ihn an der Nase verletzt, zeichnet der Text wie folgt kurz vor und im Moment der Tat: »[...] and on he goes the third time to attempt this deede of darknesse, she entred the chamber, so deadly was her intent, she thrust the knife in his hand, and fled hastning him on at the nose, comming to the bed side, found him fast a sleepe, and looking stedfastly vpon him, a drop of blood fell from his nose vpon the young mans breast, and seemed to blush and looke red, as if it had in dumbe signe disswaded him from that divellish intent. To conclude the bloodie diede is done, an innocent sonne slaine by a guilty Father«.[10]

Bemerkenswert an der Stelle ist der Augenblick des Zögerns, der dann in späteren Kriminalgeschichten so ausgiebig dramatisiert wird. In Schillers *Verbrecher aus Infamie* werden beispielsweise die Sekundenbruchteile, als ein Hirsch und der Nebenbuhler gleichzeitig vor Christian Wolfs Flinte geraten und er zwischen beiden Zielen schwankt, in einem Zeitraffer zur ausführlichen Darstellung des inneren Kampfes ausgedehnt, der dann zum tödlichen Schuß führt.[11] Solche raffinierten Erzähltechniken sind im frühen 17. Jahrhundert freilich noch nicht zu erwarten, gleichwohl weicht der englische Text an dieser Stelle von dem sonst eher nüchtern aufzählenden Chronikstil ab. Ein von der verletzten Nase – im Bild vor allem auf den Bauch – herabfallender Bluttropfen manifestiert sich auf der Brust des Sohnes zu einem stummen Zeichen (»dumb sign«), das

›Newes from Perin in Cornwall: of a most Bloody and vn-exampled Murther‹ (1618)

sich – mit einem geradezu Kleistschen »als ob« (»seemed [...] as if«) so auszuwirken scheint, daß der Mörder um ein Haar von seiner teuflischen Tat abrückt. Doch dann – zwischen »intent.« und »To conclude«, gleichsam über einem hinzuzudenkenden Gedankenstrich – geschieht der Mord, ohne weitere Details oder Kommentare.

Moritz verlagert die Bluttat hinter den geschlossenen Vorhang bzw. zwischen die Szenen. Kurz davor sieht man im Fragment eine – nur von den Zwischenrufen und dem Klopfen seiner Frau Gertrude unterbrochene – stumme Szene, in der Blunt das Messer zwei Mal erhebt und wieder sinken läßt. Sein inneres Ringen ist also auf die Körpersprache beschränkt und bedarf einer Deutung durch den Zuschauer. Der Auftritt endet mit folgender Regieanweisung: »(*Läßt noch einmal das Messer sinken – schnell aber zückt er es zum drittenmale – seine Hand zittert noch –*) (Der Vorhang fällt zu)« (I, 35). Die folgende Szene beginnt mit einer Revision des Geschehens, Blunt macht Gertrude Vorwürfe, ihn nicht von der schrecklichen Tat abgehalten zu haben: »Ja ich hab's getan – – Ach er schlief so sanft – Sieh, ich könnte wohl sagen, ich wäre vom bösen Geist dazu getrieben worden – denn zweimal ließ ich die Hand sinken – aber warum hast Du beim drittenmal nicht stärker geklopft? – Ach, da war es Zeit, da war es Zeit! – Da faßt' es meine Hand, und stieß ihm das Messer tief in die Gurgel – Weißt du wohl, wie die unschuldigen Kinder sagen, das hab' ich nicht getan, das hat meine Hand getan – –« (I, 36). Blunt bekennt zwar seine Tat, zieht zugleich aber seine Frau für die mangelnde Abhaltung sowie einen »bösen Geist« als das eigentlich verursachende Prinzip zur Verantwortung. Dieses wird kindlich naiv, dabei jedoch höchst modern mit dem grammatikalisch aktiven »Es« umschrieben (»faßt' es meine Hand«), ganz im Sinne von Lichtenbergs tiefsinnigem Aphorismus: »*Es denkt*, sollte man sagen, so wie man sagt: *es blitzt*«.[12] In der zweiten Version des Schlusses im Fragment sowie in der Schauspielfassung verhindert ein weiterer »*starke[r] Schlag an die Türe*« den Mord, der Fremde »*erwacht, und indem er seine Augen aufschlägt, sagt er mit zitternder Stimme*: Mein Vater!« (I, 45 und 70)

Der Verwandtenmord von 1618 in Cornwall ist so spektakulär, daß er Eingang in englische Chroniken findet, aus denen Lillo dann den Stoff für sein Theaterstück zusammensucht. Einen prominenten Platz erlangt der Fall etwa in Sir William Sandersons *A compleat history of [...] James the Sixth* (1656), die hier als knappere Version des gesamten Tathergangs etwas ausführlich zitiert werden soll.

> The wife tempted with the Golden Bait of what she had, and eager of enjoying all, awaked her husband with this News, and her contrivance what to do; and though with horrid apprehension he oft refused, yet her pewling fondness (*Eves* Inchantments) moved him to consent, and rise to be Master of all, and both of them to murder the man, which instantly they did; covering the corps under the Cloths till opportunity to convey it out of the way.
>
> The early Morning hastens the Sister to her Fathers house, where she with signs of Ioy, enquires for a Saylor that should lodge there the last night; the Parents slightly denyed to have seen any such, untill she told them that he was her Brother, her lost Brother; by that assured scar upon his Arm cut with a Sword in his youth she knew him, and were all resolved this morning to meet there and be merry.

> The Father hastily runs up, finds the Mark, and with horrid regret of this monstrous Murther of his own Son, with the same knife cut his own throat.
>
> The Wife went up to consult with him, where in a most strange manner, beholding them both in blood, wild and agast, with the Instrument at hand, readily rips up her own belly till the Guts tumbled out.[13]

Die aristotelische Anagnoresis mittels einer unverwechselbaren Narbe ist dramaturgisch beinahe so effektvoll wie das Selbstgericht der Mordeltern. Auch bei Lillo wird einiger Aufwand mit der Wiedererkennung getrieben, denn der junge Wilmot kehrt nach sieben Jahren sonnenverbrannt und im Habit eines Indianers zu seiner Familie zurück. Allerdings bestärkt ihn gerade diese Tarnung darin, sich unerkannt zu seinen Eltern zu begeben und so den Effekt seiner Epiphanie zu steigern. Der Mord, über den der alte Wilmot zunächst lange mit seiner Frau debattiert, kommt aber nur als Teichoskopie zur Darstellung. Agnes, die ihren Mann gegen alles Zaudern zur Tat antreibt, beobachtet das schreckliche Geschehen durch die Tür zum nächsten Zimmer:

> *Agn.* – He'll never do it – Strike, or give it o'er –
> – No, he recovers – But that trembling arm
> May miss its aim; and if he fails, we're lost –
> 'Tis done – O! no; he lives, he struggles yet.
> Y. *Wilm.* O! father! father! [*In another room.*]
> *Agn.* Quick, repeat the blow.
> What pow'r shall I invoke to aid thee, *Wilmot*!
> – Yet hold thy hand – Inconstant, wretched woman!
> What doth my heart recoil, and bleed with him
> Whose murther you contrived – O *Wilmot*! *Wilmot*![14]

Gegenüber dem »black-letter pamphlet«[15] von 1618 vertauscht Lillo offenbar die Rollen. Die Frau, die zuerst zum Mord angestiftet und diesen betrieben hat, schaudert im letzten Augenblick zurück, besser gesagt: ihr Herz, also ein so unkontrollierbares Zeichen wie das »dumb sign« des Bluttropfens und das unwillkürliche Erröten

(»seemed to blush«) in der Quelle oder die von der Intentionalität scheinbar unabhängige Hand, das »Es« bei Moritz. In Lillos höchst bizarrer Folgeszene macht der sterbende Sohn im Nebenzimmer durch wiederholtes Stöhnen auf sich aufmerksam, während die hinzugetretene Tochter die Wahrheit über den Fremdling eröffnet und die Eltern in den Selbstmord treibt. Zuerst ersticht der Vater die Mutter, deren letzte Worte von tiefer Reue und Anerkennung ihrer Mitschuld zeugen: »Had I ten thousand lives, / I'd give them all to speak my penitence / Deep, and sincere, and equal to my crime.«[16] Dann ersticht sich der alte Wilmot und stirbt – in barocker Manier – erst ein Dutzend Verse später mit den nicht weniger einsichtsvoll erhabenen und schließlich versiegenden Worten: »We brought this dreadful ruin on ourselves. / Mankind may learn – but – oh! –«[17]

Entscheidender als die in der Forschung kontrovers diskutierte Frage, welchen Einfluß Lillos Stück auf das *Blunt*-Drama gehabt haben könnte, ist Moritz' Anknüpfung an das Genre der Kriminalgeschichte, die zwischen historischer Dokumentation und poetischer Fiktion changiert. Sie geht aus der Tradition der Fallgeschichte hervor, die ihrerseits aus erläuternden Kommentaren zum Römischen Recht seit dem 13. Jahrhundert herstammt. Als *Species facti*, die möglichst knapp, prägnant und objektiv sein soll,[18] fließt diese juristische Kunstform in Sammlungen von Rechtsfällen ein, die das Bedürfnis der Leser sowohl nach praktischen juristischen Übungstexten als auch nach Sensation und Unterhaltung bedienen. Im Bereich zwischen Fachprosa und Erzählung verbindet diese Gattung das *prodesse* und *delectare* aus Horaz' *De arte poetica* (V. 333f.). Der Titel von François Rossets *Histoires tragiques* (1605) wird zum Inbegriff für solche Probebühnen des Schrecklichen, die bald überall in Europa verbreitet und mit Übersetzungen oder Adaptionen aus unterschiedlichen Sprachen bestückt werden. Der Fall aus Cornwall ist ein typisches Beispiel für eine Wandergeschichte, die an vielerlei Orten in unterschiedlichen Versionen und literarischen Gattungen wiederkehrt.[19]

Gesammelt erscheinen solche Fallgeschichten in Kollektionen, für die Georg Philipp Harsdörffers *Grosser Schau-Platz jämmerlicher Mord-Geschichte* (1649-52) oder Alexander Smith' *The History of the Most Noted Highway-men, Foot-pads, House-breakers, Shop-*

lifts, and Cheats (1714) lediglich zwei Beispiele unter vielen bieten. Keine Sammlung war dabei so einflußreich wie die vielfach aufgelegten und ergänzten *Causes célèbres et intéressantes* des französischen Juristen François Gayot de Pitaval (20 Bde., 1734-43). *Der neue Pitaval* bringt es in Deutschland bereits auf 60 Bde. (1842-90). Nicht nur Georg Büchner, E.T.A. Hoffmann oder Heinrich von Kleist bedienen sich solcher authentischer Rechtsquellen als Stofflieferanten für ihre Dichtung. Gegenüber der älteren Tradition der *Histoires tragiques* verlagert sich nun das Interesse von wahren, spektakulären Begebenheiten auf spannend, geschmeidig und vor allem psychologisch erzählte Kriminalgeschichten. Sie geben »der Divinationsgabe des Lesers eine angenehme Beschäftigung« und präsentieren »tiefere Blicke in das Menschen-Herz« des Delinquenten,[20] der nun nicht mehr als Bösewicht, sondern als »Unglücklicher« und als »Mensch wie wir« behandelt wird.[21] So verschiebt sich die Perspektive von der Tat auf den Täter, von der rechtlichen auf die psychologische und moralische Beurteilung eines Verbrechens (*imputatio juridica* vs. *moralis*). Mit Meißner dringen die meisten Autoren auf »den großen Unterschied zwischen *gesetzlicher* und *moralischer* Zurechnung; zwischen dem Richter, der nach Thaten, und demjenigen, der nach dem Blick ins Innerste des Herzens urtheilt.«[22]

Diese Strategie im Zeichen einer Humanisierung des Strafrechts wird von Moritz' *Magazin* ausdrücklich unterstützt. Im ersten Band findet sich die Zuschrift des Rechtsgelehrten Karl Christoph Nenke, der für »jeden Verbrecher ein doppeltes Verhör« fordert. Wie bei Meißner, der damit auf die Imputationslehre seit Samuel Pufendorf im späten 17. Jahrhundert zurückgreift, unterscheidet Nenke eine ausschließlich juristische von einer psychologischen Einschätzung der Tat und des Täters: »Der Verbrecher müßte angeben, wie er nach und nach darzu gekommen, daß er ein gewisses Verbrechen ausgeübt. Denn würde sichs zeigen, was derselbe thun oder unterlassen müssen, um nicht diesen Schritt zu thun, und hier ginge eigentlich das Amt des Seelenarztes an.«[23] Es liegt auf der Hand, daß der so skizzierte neue Typ des sympathetischen Verhörs den Prinzipien des pragmatischen Erzählstils entspricht: weniger als die Tat zählt deren allmähliche innere Verfertigung, also die Motivation und seelische Disposition. Entscheidend ist die eigene Stimme des Delinquenten, wie sie im Verhörprotokoll zum Ausdruck kommt und in der neuen Kriminalgeschichte durch den Einsatz von wörtlicher oder erlebter Rede bzw. personaler Erzählperspektive möglichst authentisch erhalten bleibt. Das Urteil über den Fall ist nicht mehr länger alleinige Sache eines auktorialen Erzählers bzw. Richters, sondern des Lesers bzw. der Geschworenen. Nicht nur Schiller engagiert sich also für »die republikanische Freiheit des lesenden Publikums, dem es zukömmt, selbst zu Gericht zu sitzen«.[24]

Im Kriminaldrama sind solche perspektivischen Brechungen kaum noch nötig, die *dramatis personae* sprechen ohnehin in eigener Sache. Vor allem der Monolog schafft einen Freiraum, der jede Verstellung erübrigt und in dem selbst die Scham vor einem Verhörenden entfallen kann. Man erinnere sich dafür nur an die unbelauschte Rede der verbrecherischen Intrigantin Marwood im vierten Akt der *Miß Sara Sampson*: »Bin ich allein? – Kann ich unbemerkt einmal Athem schöpfen, und die Muskeln des Gesichts in ihre natürliche Lage fahren lassen? – Ich muß geschwind einmal in allen Mienen die wahre Marwood seyn, um den Zwang der Verstellung wieder aushalten zu können.«[25] Auch wenn man Lessings verfeinerte Kunst der Charakterisierung und Motivation in *Blunt* eher vergebens suchen wird, macht Moritz doch ausgiebig Gebrauch von inneren Reflexionen in Monologszenen. Den diskontinuierlichen, stockend-gehetzten ›stream of consciousness‹, wie man das mit einem modernen Ausdruck nennen könnte, unterstützen – wie später in Büchners *Woyzeck* – die vielen Gedankenstriche. Allein im Fragment zählt man auf 28 Druckseiten mehr als 550 davon.

Diese Häufung von Pausenzeichen, das finstere Ambiente und die kantige Sturm-und-Drang-Sprache des *Blunt* lassen an die sich ebenfalls schroff von Lessings subtiler Rundung abhebenden *Zwillinge* (1776) von Klinger denken, die auf dem Theater eine so »außerordentliche Wirkung auf Reisern« machen (I, 379). Eybischs entschiedene Behauptung einer »Abstammung aus Klingers Drama«[26] hat einiges für sich. Tatsächlich drängen sich motivliche und stilistische Parallelen zwischen Klingers Psychodrama[27] und Moritz' Kriminalstück vom ersten Satz an auf. Der Brudermörder Guelfo ist den anderen Figuren von Anbeginn durch seine grimmige, furchtbare Körpersprache so unheimlich und verdächtig, wie Blunt seiner

Familie. Dem ängstlichen Appell von Guelfos Freund Grimaldi: »Ich bitt' Dich, verscheuch diesen starren in sich nagenden Blick [...]«, schließen sich auch der Bruder Grimaldi (»Sieh nicht so schrecklich!« »Dein Anblick tödtet«), die Mutter Amalia (»O mein Guelfo, sieh freundlich, sieh gut«; »Dein Auge rollt fürchterlich. Ich will mich hinter Dich verstecken!«) sowie der Vater Guelfo an (»Sieh den Drachenblick! [...] was wölkt sich die Stirne? So steht man vorm Feinde. Mann, Dein Gesicht gefällt mir nicht. [...] Fluch Dir, Guelfo!«).[28]

Bei Moritz zeichnet sich Gertrude von Anfang an als sichere Leserin der Körpersprache aus: »Was sitzest Du da, Mann, und siehest aus, als ob Deine Seele mit Mord umginge? (I, 25) »Du siehst starr aus den Augen – Deine Miene ist schrecklich – Blunt, Blunt, was willst Du tun?« (I, 34). Aber auch Tochter Adelheid fürchtet sich vor dem Anblick ihres Vaters, der »manchmal den ganzen Tag über so böse« aussieht (I, 32). Nach dem Mord versucht Blunt umgekehrt, den prüfenden Blicken seiner potentiellen Richter zu entgehen, wiederholt fleht er seine Frau an: »Sieh mir doch nicht so scharf in die Augen, Gertrude, ich bitte dich! Sage mir, was hab' ich getan, daß du mich immer so ansiehst?« (I, 36) Blunts Bruder, der Bürgermeister, mit dessen Tochter Mariane der junge Blunt verlobt ist, setzt die ausforschende Kardiognostik fort, möglicherweise hat er durch das zitternde und zagende Auftreten der ›Mordeltern‹ bereits Verdacht auf ein Verbrechen geschöpft: »Blunt, deine Farbe verwandelt sich – wo ist der Fremde?« (I, 39) Ganz ähnlich ist Guelfo von der Angst gepeinigt, physiognomisch als Mörder – mit einer Art Kainsmal – gezeichnet zu sein. Vor einem Spiegel versucht er sich vor sich selbst zu verbergen und den bösen Geist aus sich auszutreiben: »Rächer! Rächer mit flammendem Schwerdt! Hast du eingegraben auf meine Stirne den Mord? [...] Ha! ich kann mich nicht ansehen! Reiß dich aus dir, Guelfo! (*zerschlägt den Spiegel*) zerschlage dich, Guelfo! – Guelfo! Guelfo! geh aus dir!«[29] Die Frage, die er an seinen Freund Grimaldi richtet, »Was steht auf meiner Stirne, Unglücklicher?«, wird von diesem eindeutig beantwortet: »Brudermord«.[30]

Guelfo und Blunt finden keinen ruhigen Schlaf, beide werden von Dämonen und geradezu Goyaschen Nachtgestalten verfolgt. Zu Beginn des dritten Aufzuges, in der schicksalhaften Sturmnacht, geistert Guelfo umher und beneidet seinen Freund Grimaldi um dessen gesunden Schlaf: »Ha! verfolgt mich alles? Alle Dämonen und alle Gespenster der Nacht? Mein böser Geist hängt mir auf dem Nacken, er läßt mich nicht, stiert mich aus allen Winkeln an. [...] Wer schläft um mich, und ich will ihm den Schlaf von den Augen stehlen? He, Grimaldi! Kannst Du so süß schlafen? Grimaldi! Grimaldi! gib mir auch Schlaf!«[31] Blunt wird ganz ähnlich von einem bösen Geist getrieben, der ihn in einer Art Tagtraum heimsucht und ihm die Tat wie in einem Orakel vorzeichnet: »Mein Dämon, wie Du weißt, der mich oft des Nachts aus dem Schlafe schüttelt, und mir zuruft: Blunt, Blunt, du sollst noch einmal reich werden, reicher wie zuvor! – der führte mich eben itzt, da ich hier sitze und träume, auf eine steile Anhöhe, und zeigte mir unsägliche Schätze, und einen Palast, der von Golde flimmerte, daß mir die Augen dunkel wurden, – und dies alles soll dein sein, sagte er, wenn du mir das Blut eines Mannes opferst, den ich dir senden will! – Und ich schwur, die Haut schauderte mir, aber ich schwur: Sende mir den Mann, und ich will ihn opfern! bei allen Teufeln, ich will ihn opfern!« (I, 27) Blunt versinkt kurz darauf wieder in seinen Tagtraum. Als er das nächste Mal erwacht, wiederholt er mit Bestimmtheit: »Bei allen Teufeln, ich will ihn opfern!« (I, 29)

Nach der Tat überkommt Guelfo wie Blunt eine grenzenlose Begierde nach Schlaf, eine weitere naheliegende Strategie der Flucht und Verbergung vor sich selbst. Die für das Psychodrama *Die Zwillinge* so starke Spiegel-Szene endet mit Guelfos Verlangen nach Schlaf, das noch Anton Reiser als einen Höhepunkt psychologischer Wahrheit hervorhebt (I, 380): »Jetzt will ich schlafen! O jetzt will ich sanft schlafen! Ferdinando ließ mich lange nicht schlafen, jetzt wird er mich schlafen lassen. Ich will schlafen, Blutiger! und wenn tausend brennende Dolche durch meine Seele gingen.«[32] Blunt antwortet auf die Frage nach seiner Frau, ob er keine Reue empfinde: »Nein, Gertrude! – Noch nicht! – aber eine entsetzliche Begierde hab' ich zum Schlafen – [...] bitte Gott für mich, daß er mich einschlafen läßt!« (I, 37)

Gegenüber Klinger gewinnt bei Moritz die Idee des dämonischen Traums die Oberhand. *Blunt* erlangt dadurch als Kriminalstück an Profil, denn unweigerlich drängt sich hier die juristische und kriminalpsychologische Frage nach der Imputation, also nach der strafrechtlichen Schuldfähigkeit auf. Von »Zwangsvorstellungen«,[33] »dämonischer Obsession«[34] oder »Unzurechnungsfähigkeit«[35] ist in der Forschung zwar gelegentlich schon beiläufig die Rede, vertieft wurde dieser Zusammenhang bisher aber nicht. Das mag erstaunen, ist doch das Thema (pathologisch) verminderter Zurechnungsfähigkeit seit den 1780er Jahren äußerst präsent und inzwischen auch zunehmend erschlossen.[36] Blunts Fall scheint dafür prädestiniert zu sein, denn von Anfang an erscheint er in jener tragischen Vollmondnacht somnambul und geistig abwesend zu sein. »Er schläft und träumt mit offnen Augen« (I, 25), kommentiert Gertrude gleich zu Beginn. Sie kennt sein Leiden,[37] das sich übrigens auch an die Tochter Adelheid vererbt hat. Bei ihrem ersten Auftritt nachtwandelt sie auf die Bühne und visioniert: »Den Mann mit dem blanken Schwert und mit den glühenden Augen – wie er auf mich zukömmt! – O hülle mich in deine Decke!« Auch hier ist die Mutter im Bilde: »Das ist ein Leiden mit dir, daß du immer Gesichte siehst!« (I, 28)

Blunt ist – so die These – weder im Vorfeld noch zum Zeitpunkt seiner Tat völlig Herr seiner selbst. Einige Jahre später hätten bei diesem Fall nach dem *Preußischen Landrecht* von 1794 strafmildernde Umstände geltend gemacht werden können. Dort heißt es: »Wer frey zu handeln unvermögend ist, bey dem findet kein Verbrechen, also auch keine Strafe statt.«[38] In der ersten Szene träumt Blunt die meiste Zeit vor sich hin, als er einmal kurzzeitig *»erwacht«* – wie die Regieanweisung verfügt –, wiederholt er seine Drohung: »Bei allen Teufeln, ich will ihn opfern!« (I, 29) Kurz vor dem Mord spricht er wieder von dem Schatz, »wovon ich schon so lange geträumt« habe, zugleich »ist seine Miene so fürchterlich«, daß seine Frau sich ängstigt und zu dem Schluß kommt: »Seine Sinne sind zerrüttet« (I, 35). Offenbar ist es dem fragmentarischen Charakter des Stückes geschuldet, daß diese Indizien nicht weiter verdichtet wurden.

Drei Jahrzehnte später erfahren ähnliche Anhaltspunkte in Kleists *Prinz Friedrich von Homburg* eine grandiose Ausarbeitung: Von seinem somnambulen Traum vom Sieg und Glück im Schloßgarten über die Befehlsausgabe, die völlig an ihm vorbeigeht, bis zum Beginn der Schlacht ist der Prinz nie ganz bei sich. Er ist sich keiner Insubordination bewußt, als er verfrüht in das Kampfgeschehen eingreift, und deshalb auch nicht oder nur in einem äußerst eingeschränkten Sinne für seine Tat verantwortlich zu machen.[39] Justus Christian Hennings Abhandlung *Von den Träumen und Nachtwandlern* (1784) ist nur eine Stimme, die zu Homburgs, aber auch zu Blunts Entlastung herangezogen werden könnte: »Da nun die Nachtwandler sich zu ihren Verrichtungen durch die Träume bestimmen [...,] so sind auch ihre Handlungen an und für sich nicht von der Freyheit abhänglich. Folglich können ihnen auch die Unternehmungen weder zu einer Belohnung noch zu einer Bestrafung zugerechnet werden.«[40]

Moritz' Stück skizziert die Geburt eines Verbrechens aus der visionären Sphäre des Traums, spielt daran anschließend aber mit der Möglichkeit, die schreckliche Wirklichkeit wenigstens im Reich der Phantasie wieder rückgängig zu machen. Den aus einer Traumrealität begangenen Mord hebt der zweite Teil des Fragments in einem weiteren Traum auf, indem die auf einer *Historia* beruhende *Fabula* erneut fiktionalisiert wird.[41] Die Vorstellung, Gertrude hätte – wie im Märchen beim dritten Mal – laut genug geklopft, der Fremde sei dadurch erwacht und der Mord so verhindert worden, bildet den Ausgangspunkt für den zweiten Durchlauf der Geschichte. Dieses Verfahren ist für die Spätaufklärung höchst ungewöhnlich, in der Moderne und Postmoderne hingegen äußerst beliebt. Peter Stein verdoppelt etwa den Prinzen im letzten Bild seiner Inszenierung des *Homburg* an der Berliner Schaubühne (1972): Der verdatterte Traumwandler bleibt auf der Bühne zurück, während sein Double als Puppe in die Schlacht getragen wird. Oder Tom Tykwers *Lola rennt* (1998) thematisiert die Kontingenz des Erzählens, indem die gleiche Geschichte drei Mal bei leicht variiertem Ausgangspunkt zu radikal unterschiedlichen Schlüssen führt.

Während man sich im 20. Jahrhundert vor allem durch das Medium des Films an harsche Schnitte, Rückblenden und diskontinuierliches Erzählen gewöhnt hat, stellt Moritz' Versuch für die ästhetischen Standards des 18. Jahrhunderts eine kühne Herausforderung dar. Entscheidend ist die Frage, wie der Übergang – oder sollte man besser sagen: der Sprung? – von der ersten zur zweiten Version gestaltet ist.[42] Blunts Wunsch: »Könnt' ich das Geschehene ungeschehen machen – [...] – O daß doch dies alles ein Traum wäre!« (I, 44) entzündet sich wie Gertrudes Verstörung zu Beginn an einem Körperausdruck. Blunt glaubt auf dem Gesicht seines toten Sohnes eine »sanfte, lächelnde Miene, diesen verzeihenden Blick« (I, 44) erkennen zu können, was ihn zur Reue bewegt. Darauf folgt ein Gedicht, das die beiden Realitätsebenen – die fiktive Realität und die kontrafaktisch imaginierte Gegenwelt – trennt. Der Verstext ist an die Phantasie adressiert und kann, obgleich keine ausdrückliche Figurenrede, wohl nur als eine Variante zum inneren Monolog Blunts (in der er selbst zum distanziert betrachteten Objekt der Reflexion wird) verstanden werden.[43] Die Phantasie wird von dem Sprecher als Transportmedium in »andre Welten« (I, 45) angerufen, von ihr wünscht er sich die Rückkehr zu dem Augenblick kurz vor dem Mord. Von da ausgehend soll sie die Handlung neu und positiv fassen und damit »jene Schreckensnacht« in einen flüchtigen Traum verwandeln: »Dann knüpfe du den Faden an, / Da, wo ich ihn zerriß! / Es brech' ein heitrer Morgen an, / Statt jener Finsternis!« (I, 45)

Die so besungene Phantasie leistet gute Dienste. Vor allem liefern Blunts Geständnisse und Reflexionen kurz nach dem nun durch Gertrudes Intervention gerade noch abgewendeten Mord weitere wertvolle Hinweise für die These der Unzurechnungsfähigkeit. Der prägnante Augenblick der beinahe verübten Tat – »(*nach einem kurzen Kampf*). Hinweg, verfluchtes Messer! ich hab' überwunden! (*wirft das Messer weit weg*)« (I, 46) –, der im ersten Durchgang von der Bluttat ausgefüllt wird, gehört nach Blunts Aussage einem Traum an: »Ich bin aus einem schweren Traume aufgewacht, aus einem schweren Traume« (I, 46). Für die zweite Version unter Federführung der Phantasie bedeutet das ein Erwachen aus einem Traum im Traum.[44] Überträgt man Blunts Behauptung aber auf die ursprüngliche Geschichte, dann folgt daraus, daß er zum Tatzeitpunkt geistig nicht wach und gegenwärtig war. Ein weiteres stützendes Argument für diese These ergibt sich aus seiner folgenden psychogenetischen Erklärung: »Als ich gestern Abend den Fremden sahe, und sein Gold erblickte, da wurde der Gedanke in meiner Seel' erzeugt: gottlose, verführerische Träume nährten ihn, wie ich schlief, und die Mitternacht brütete ihn aus, daß er zum gräßlichsten Vorsatze reifte« (I, 49).

Sicher sind solche Erklärungen eines Täters mit Vorsicht zu genießen. Gerade sie bieten aber den Stoff für die Kriminalliteratur im oben bezeichneten Sinne, basiert das Genre doch auf der Umschmelzung von Vernehmungsprotokollen, Geständnissen, Prozeßberichten, Chroniken, Steckbriefen, kriminalpsychologischen Gutachten usw. zu – fiktiven – ›wahren Geschichten‹. Die frühe Fassung von Moritz' *Blunt* liefert dazu einen originellen Beitrag. Denn die historisch überlieferten Varianten des Originalfalls entwickeln sich nicht einfach zu einer neuen Geschichte, sondern das Problem der Falldarstellung selbst wird zum Thema. Wie sich in der juristischen Praxis eine große Diskrepanz zwischen einer aus belegbaren Tatsachen zusammengefügten *Species facti* und der subjektiven Erinnerung des Täters ergeben kann, so steht die dramatische ›Geschichtserzählung‹ im Gegensatz zur darauf folgenden konstruierenden Phantasie nach dem Muster ›Was wäre gewesen, wenn?‹

Bedenkt man diese Struktur, verliert der doppelte Schluß an Anstößigkeit. Moritz ist es gelungen, mit erfahrungsseelenkundlichem Weitblick das überaus menschliche Verlangen des Täters nachzuzeichnen, in der Phantasie zur tragischen Peripetie zurückzukehren und von dort eine nicht mehr strafwürdige alternative Handlung zu entwerfen. Darin liegt die eigentliche Pointe dieses Kriminalstücks, das damit sehr viel näher als andere Texte der Zeit an das tatsächliche Rechtsgeschehen heranreicht. Noch die systematische Befragung von Gefangenen unserer Tage bestätigt den natürlichen Hang zur Stilisierung. Die meisten Häftlinge aus Tegel, deren Geschichten Hans-Joachim Neubauer zu einer großartigen Collage vereinigte,[45] räumen zwar ihre Schuld ein. Doch fast alle neigen dazu, am entscheidenden Wendepunkt, der ihr Unglück bedeutet, das Pech, den Zufall, die mißlichen Umstände, den psychischen Ausnahmezustand, den Einfluß bewußtseinstrübender Faktoren usw. ins Spiel zu bringen. Vielleicht ist es nicht zu hoch gegriffen, in diesem geradezu intuitiven Darstellungstalent der eigenen ›inneren Geschichte‹ eine Art anthropologischer Konstante zu entdecken. In der deutschen Literatur ist Moritz' *Blunt* jedenfalls das erste Beispiel für die konsequente Gegenüberstellung einer Verbrechensdarstellung und deren phantastischer Umdeutung aus Sicht und Wunschdenken des Delinquenten.

4. Poetisches ›genus pedestre‹:

Reisen eines Deutschen in England im Jahr 1782

Den experimentellen Weg zum *Anton Reiser* (1785) setzt Moritz mit den *Reisen eines Deutschen in England im Jahr 1782* (1783) zu Fuß fort. Auf das Spiel mit kleinen literarischen Formen in den *Beiträgen zur Philosophie des Lebens* (1780) folgt 1781 das panegyrische Porträt der Berliner Aufklärung in einem Gedichtzyklus. Dazu fügte sich mit dem Fragment *Blunt oder der Gast* (1780) das populäre Genre der dramatischen »Histoire tragique«. 1782 kommen dann die *Unterhaltungen mit meinen Schülern* hinzu, die in acht Stücken eine Art sokratischer Lehrgespräche versammeln. Vier von ihnen werden im Titel ausdrücklich auf »Spaziergänge« zurückgeführt, die »nicht erdichtet, sondern wirklich in verschiedne Gegenden um Berlin, von mir und meinen Schülern, gemacht« worden sind.[1] Moritz' Freund Klischnig bestätigt den pädagogischen Erfolg dieses wandelnden Lehrens: Die Schüler »lernten mehr beim Spazierengehen mit ihm, als wochenlang in der Schule, denn er führte sie zum Selbstdenken an«.[2]

Moritz leistet damit einer neuen Bewegung Vorschub, die den Spaziergang und die Reise als Mittel zur Selbsterkundung und persönlichen Welterschließung entdeckt. Im Zeitalter der Aufklärung galt es vielen Reisenden hingegen als größte Erfüllung, wenn sie vor Ort die Übereinstimmung der Wirklichkeit mit den zuvor oder unterwegs konsultierten Reiseführern feststellen konnten. Es »freuet [...] ungemein, gedruckte Sachen nachher als wirkliche vor sich zu sehen«, läßt Jean Paul seinen *Rektor Florian Fälbel* auf der *Reise nach dem Fichtelberg* (1791) resümieren, nachdem er sogar »im Finstern« wußte, »daß die Brücke, worüber wir gingen, auf sechs Bogen liegen mußte – nach Büsching«.[3] Fälbels Kollege Moritz, der 25jährige Konrektor am Berliner Gymnasium zum Grauen Kloster, weicht von diesem – hier freilich karikierten – faktographischen Reisestil in der Frühphase des Tourismus entschieden ab. Statt mit konventionellem Bücherwissen ausgestattet im Dunkeln zu tappen wie Fälbel, läßt er sich auf seiner siebenwöchigen Tour durch England von einem möglichst unvoreingenommenen, weltoffenen, neugierigen Blick leiten.

Das kommt beim Publikum sehr gut an: Das Buch – »fresh, extroverted and largely sensible«, wie es ist[4] – erlebt schon 1785 eine zweite Auflage, und auch die englische Übersetzung von 1795 wird zum Erfolg.

Für den von Moritz praktizierten innovativen Reisestil hat man allerlei Formeln geprägt: Die Rede ist etwa von der Darstellung eines neuen Typs von Spaziergänger als »Subjekt der Landschaft«,[5] von einer »ganz subjektive[n] Reisebeschreibung im Stile von Sternes *Sentimental Journey*«,[6] von einer »empfindsamen Schilderung [...], die für Deutschland ein literarisches Novum bedeutete« (II, 1118), von »Konzentration auf das Charakteristische und Individuelle«,[7] von »ideal presence« oder »immediacy of description«,[8] von »objectivity based on a recognition of the subjectivity of all experience.«[9] Prägnant bündeln lassen sich diese Thesen vielleicht unter dem Begriff einer »Erfahrungsseelenreise«, den Benedikt Erenz in *Die Zeit* mit journalistischer Verve aufgebracht hat.[10] Die These ist freilich alles andere als neu, schon Klischnig bezeichnete diesen ersten Bucherfolg als »eine Episode seines psychologischen Romans *Anton Reiser*, worin nur der veränderte Gegenstand eine kleine Änderung im Ton hervorgebracht hat.«[11] Tatsächlich fügt sich die Englandreise nahtlos in die ersten literarischen Gehversuche des jungen Moritz, der an verschiedenen Fronten an der Transformation von Gebrauchsformen wie Brief, Tagebuch, Gebet, Dialog oder Essay zur Poesie laboriert.

Seine gleichsam flanierenden Versuche in sehr unterschiedlichen literarischen Genres werden von der Englandreise flankiert. Für diesen Bericht – bestehend aus vierzehn Briefen, neun aus London und fünf von der Wanderung über Land, – ist der Titel einer Erfahrungsseelenreise so treffend, weil die für das psychologische *Magazin* entworfenen Methoden durchaus darauf übertragbar sind. Im *Vorschlag zu einem Magazin einer Erfahrungs-Seelenkunde* (1782) entwirft Moritz kurz vor seiner Abreise ins Stammland des Empirismus ein Programm für anthropologische Feldforschung im doppelten Sinne, tauglich für die Erkundung des Innenlebens wie der äußeren sozialen, kulturellen, nationalen und geistigen Lebensbedingungen des Menschen. »Beobachtungen aus der wirklichen Welt, deren eine einzige oft mehr praktischen Wert hat, als tausend aus Büchern geschöpfte« (I, 796), lautet die Devise, die sich noch prägnanter auf die Formel: »wichtige Reflexionen und wichtige Fakta« statt »leere Spekulazionen« (I, 798) bringen läßt.

Entscheidend für diese Perspektive des Feldforschers ist die »Aufmerksamkeit aufs Kleinscheinende« (I, 801) ebenso wie der Blick für »das Auffallende« unter den »tägliche[n] Beobachtungen«, die Konzentration auf feinste »Nüancen bis in die kleinsten körperlichen Bewegungen« (I, 806f.). Von diesem Plädoyer für die rhetorische Stillage des *genus pedestre* führt eine beinahe gerade Linie zu Georg Büchners Realismus. »Dieser Idealismus« – läßt er seinen Dichter Lenz in der gleichnamigen Erzählung dozieren – »ist die schmählichste Verachtung der menschlichen Natur. Man versuche es einmal und senke sich in das Leben des Geringsten und gebe es wieder, in den Zuckungen, den Andeutungen, dem ganzen feinen, kaum bemerkten Mienenspiel«.[12] Und in einem Brief an die Familie fügt Büchner hinzu: »Was noch die sogenannten Idealdichter anbetrifft, so finde ich, daß sie [...] nicht Menschen von Fleisch und Blut gegeben haben, deren Leid und Freude mich mitempfinden macht, und deren Tun und Handeln mir Abscheu oder Bewunderung einflößt.«[13]

Ein Reisender, der sich diese Methode aneignet, muß nahe genug an seine Gegenstände herantreten und ausreichend Zeit mitbringen, sie eingehend zu studieren. Daß Moritz solche Fragen der Akkommodation des Blicks und der Angemessenheit seiner Beobachtungsperspektive reflektiert, geht bereits aus dem ersten Satz in der Vorrede zur Englandreise hervor: »Da ein jeder seinen eignen Maßstab hat, wornach er die Dinge außer sich abmißt, und seinen eignen Gesichtspunkt, woraus er die Gegenstände betrachtet, so folgt sehr natürlich, daß dies denn auch bei mir der Fall ist.« (II, 250) Moritz verdeutlicht in dem gesamten Buch, daß dieser eigene Maßstab und Gesichtspunkt sich nur aus einer Fortbewegung zu Fuß ergeben könne.[14] Ausdrücklich erklärt er, eine solche Art des Reisens gewählt zu haben, »um Sitten und Menschen kennen zu lernen.« (II, 334) Alles andere mag er »keine Reise, sondern nur eine Bewegung von einem Orte zum andern in einem zugemachten Kasten« (II, 381), einem »rollenden Kerker« (II, 309), nennen. Das in Moritz' Werk auch sonst metaphorisch reich besetzte Gehen[15] ist in diesem Buch kein Motiv, sondern wird zum grundlegenden Modus, was die erste englische

Übersetzung sogar im Titel zum Ausdruck bringt: *Travels, chiefly on foot, through several parts of England […]. By Charles P. Moritz, a literary gentleman of Berlin* (London 1795). Tatsächlich legt Moritz über den Text verteilt in Grundzügen schon so etwas wie jene »kleine Abhandlung über den Vorteil und die beste Methode des Fußwandelns« vor, die Johann Gottfried Seume später in *Mein Sommer 1805* (1806) vorschwebte. Seume fühlt sich zu einer solchen Schrift nach seinem einleitenden apologetischen Vergleich des Gehens mit dem Fahren bemüßigt: »Wer geht, sieht im Durchschnitt anthropologisch und kosmisch mehr, als wer fährt. […] Wo alles zu viel fährt, geht alles sehr schlecht […]. Fahren zeigt Ohnmacht, Gehen Kraft.«[16]

Moritz könnte darin kaum deutlicher mit Seume übereinstimmen. Das zeichnet sich bereits bei der Ankunft auf der Insel ab, als er einige Meilen vor London seinen Weg »lieber zu Lande« (II, 252) fortsetzt, um dem regen Schiffsverkehr auf der Themse zu entgehen. Zunächst bewegt sich die ihn begleitende kleine Gesellschaft zu Fuß fort, die ersten Dörfer, die »fetten und fruchtbaren Äcker«, »einige Leute, die uns begegneten«, »ein Trupp Zigeuner« werden aufmerksam gemustert, und als die Reisenden so »fortwanderten, ward die Gegend immer schöner und schöner.« Moritz resümiert diesen ersten glücklichen Eindruck wie folgt: »mit jedem Schritte fühlte ich, daß ich auf Englischen Boden trat.« (II, 253) Weiter geht es in einer »Postchaise«, die zunächst noch als »nett und leicht gebaut[er]« Wagen beschrieben wird. Angesichts der rasanten Geschwindigkeit[17] erweist sich das Fahrzeug aber rasch als ein Störfaktor für die Wahrnehmung, was durch atemlose Parataxe auch sprachlich zum Ausdruck kommt: »Und nun flogen die herrlichsten Landschaften, worauf mein Auge so gern verweilt hätte, mit Pfeilschnelle vor uns vorbei; gemeiniglich ging es abwechselnd Berg auf, Berg ab, Wald ein, Wald aus, in wenigen Minuten. Dann kam einmal zur rechten Seite die Themse wieder zum Vorschein mit allen ihren Masten; denn ging es wieder durch reizende Städte und Dörfer. […] So kamen wir bei dieser schnellen Abwechslung höchst mannigfaltiger Gegenstände beinahe in einer Art von Betäubung bis nahe vor Greenwich« (II, 253f.).

Moritz erholt sich von dieser durch Rasanz ausgelösten Betäubung[18] erst nach der Ankunft in der Stadt, die selbst noch mit »großer Schnelligkeit« erfolgt (II, 254). Aus den verkehrsreichen Vierteln mit dem »Gewühl von Menschen, Wagen und Pferden« (II, 256) gelangt er nach und nach auch in die geradezu arkardischen Gartenanlagen, beispielsweise den St.-James-Park, wo er neben weidenden Kühen eine erstaunliche Menge von Spaziergängern antrifft. Schon eine Woche nach seiner Ankunft in England erklärt er stolz, daß er das »Fahren«, ungeachtet der im Vergleich zu Berlin viel günstigeren Preise und trotz der gewaltigen Entfernungen, schon »ziemlich eingestellt« habe. Schließlich »erspart man sehr viel, wenn man zu Fuße geht« (II, 264), gewinnt aber – so darf man aus dem Kontext ergänzen – viel an Beobachtungen. Die Programmatik eines tieferen anthropologischen Einblicks aus der Perspektive des Fußgängers nimmt Moritz dem Spaziergänger nach Syrakus also bereits um ein Vierteljahrhundert vorweg. In der Stadt London schnappt er überall charakteristische Kleinigkeiten aus dem täglichen Leben auf: Die »Antworten und Ausdrücke der gemeinen Leute [...] wegen ihrer Kürze und Präcision« (II, 260), die »Englischen Särge«, die so ökonomisch zugeschnitten sind »wie ein Violinkasten« (II, 262) oder die Zubereitung eines »*Toast*« am Kaminfeuer (II, 264) registriert Moritz ebenso neugierig wie er eine Abendgesellschaft mustert, auf der er »das Alter, und die Jugend, die Hoheit und den simpeln Mittelstand im bunten Gewimmel sich einander durchkreuzen sahe« (II, 274).

Besonders sinnfällig wird die Idee einer Erfahrungsseelenreise beim Besuch des englischen Parlaments. Statt um Politik geht es Moritz um eine Aufzeichnung der rhetorischen und habituellen Rituale. Er beschreibt die Sitz- und Kleiderordnung, das Kommen und Gehen, die Art, wie die Abgeordneten Nüsse knacken und Apfelsinen essen und ihr (für Außenstehende bis heute eher befremdliches) »Lärmen und Gelächter« (II, 278), ihre »offenbaren Beleidigungen und Grobheiten« (II, 280). Daß der Berliner Junglehrer daneben die Erziehung besonders aufmerksam beobachtet, versteht sich fast von selbst. Er mokiert sich beispielsweise über die unbeirrbar falsche Aussprache im Griechischen und Lateinischen (»*weirei*« statt »viri«; II, 292) oder berichtet, daß man in England »die Kinder sehr gütig und nachsichtsvoll« behandle und nicht »wie bei uns der Pöbel« versuche, »mit Schlägen und Scheltworten, ihren Geist zu unterdrükken« (II, 294). Moritz spricht hier natürlich aus eigener Erfahrung:

Inzwischen weiß man durch neue Brieffunde des Hutmachers Lobenstein an den quietistischen Seelenführer Johann Friedrich von Fleischbein, daß die Leiden des kleinen Anton Reiser mit denen des Verfassers sehr eng korrespondieren.[19]

Mit dem nach drei Wochen gefaßten »Entschluß, aufs Land zu gehen« (II, 300), erhält das Projekt einer Erfahrungsseelenreise frische Nahrung. Gegenüber dem Aufenthalt in der Stadt ergeben sich nun weitaus mehr Möglichkeiten, über das strukturbildende Prinzip des ›Fußwandelns‹ nachzudenken. Während Moritz nach der Schifffahrt über die Weiten der Nordsee die bergende Enge der Themse-Mündung im ersten Brief als Moment der Sicherheit erlebt – wie überhaupt »dem Menschen nach der Ausbreitung die Einschränkung so lieb« ist (II, 251) –, verläßt er nun London als »jenen großen Kerker [...], um mich in einem Paradiese zu verweilen« (II, 310). Anklänge an die ersten Briefe des *Werther* mit ihrem leitmotivischen Changieren zwischen Expansion und Konzentration[20] sind unüberhörbar. Wie Werther dringt Moritz aber keineswegs ausschließlich in paradiesische Landschaften vor, vielmehr sind die beträchtlichen Entfernungen, die er von Richmond bis Oxford und von Birmingham über den nördlichsten Punkt Castleton zurück über Nottingham bis Leicester zu Fuß zurücklegt,[21] von unterschiedlichsten Unbillen und Abenteuern begleitet.

Die Spaziergänge in London, die vom Quartier in verschiedene Stadtlandschaften und wieder zurück zum Ausgangspunkt führen, werden nun vom Wandern ins grundsätzlich Unabsehbare und Unbegrenzte abgelöst.[22] Diese Art der Fußreise, die im Unterschied zu der eines Pilgers oder Handwerksgesellen an keinen äußeren Zweck gebunden ist, sondern lediglich der Welterfahrung und Selbstfindung dient, kommt erst in Moritz' Zeiten auf.[23] Am prominentesten verkündet das Rousseau,[24] vor allem im Imaginationsraum der literarischen Darstellung: »Nie habe ich so viel nachgedacht,« – heißt es in seinen *Bekenntnissen* – »nie war ich mir meines Daseins, meines Lebens so bewußt, nie war ich sozusagen mehr ich selbst als auf den Reisen, die ich allein und zu Fuß gemacht habe.«[25] Ehe Moritz sich diesem hehren Ziel der Selbsterkundung widmen kann, hat er mit eklatanten Vorbehalten der englischen Landbevölkerung gegenüber der jungen und hier noch unbekannten Mode des Fußwanderns zu kämpfen. Im Text spricht er einmal ausdrücklich von der »Kühnheit zu Fuß zu gehen« (II, 339), Boulby nennt es »this eccentricity«.[26] Regelmäßig setzt Moritz sich dem gängigen Vorurteil aus, ein armer Landstreicher und verdächtiger Geselle zu sein. Allen »sonderbaren Schicksalen und Abenteuern« zum Trotz, denen »ein Fußgänger in diesem Lande der Pferde und Karossen ausgesetzt« (II, 321) ist, versucht Moritz unbeirrt seinen bei der Abreise aus London gefaßten Plan zu verfolgen, der da lautet: ich werde »mich gewiß nicht länger in eine Postkutsche einpacken lassen, sondern meinen Stab ergreifen, und meinen Weg zu Fuße fortsetzen.« (II, 300)

Das fällt alles andere als leicht. Schon auf der ersten Etappe von Richmond nach Windsor überkommen Moritz Zweifel angesichts des »Ungemach[s] als Fußgänger«, ob er seine »Reise so fortsetzen soll«: »Ein Fußgänger« – klagt er bitterlich – »scheint hier ein Wundertier zu sein, das von jedermann, der ihm begegnet, angestaunt, bedauert, in Verdacht gehalten und geflohen wird« (II, 312). Das gilt aber nicht nur für die Engländer. Ein paar deutsche »Kerls«, die Moritz unterwegs trifft, würdigen ihn keines Gespräches – »weil ich ein Fußgänger bin«, ruft er empört aus und fügt schockiert hinzu: »Ich glaube es sind Hannoveraner!« (II, 321) Auch auf seiner Italienreise stößt er später auf ähnliches »Erstaunen«, denn auch hier war es kaum vorstellbar, daß »wohlgekleidete Leute zu Fuße reisen« (II, 438f.). Doch in England schlagen Unverständnis und Verwunderung in offene Feindschaft und Grobheit um, hier wird ein Fußgänger »für einen Bettler oder Spitzbuben gehalten« (II, 340). Wenn der Wanderer am Rande der »öffentlichen Landstraße« in seinem Milton liest – den er gegen Werthers Homer eingetauscht hat –, gaffen ihn die Vorbeikommenden an, »als ob sie mich für einen Verrückten hielten« (II, 313).

Moritz' Einschätzung wiederholt Gebhard Friedrich August von Wendeborn, der als Prediger und ›Hamburgischer Correspondent‹ lange in England zubrachte. Nach seinen großen landeskundlichen Werken von 1780 und 1784-88 legt er im Sommer 1791 eine Reise durch Südengland vor. Möglicherweise übernimmt Wendeborn, der an keiner Stelle von eigenen Wanderungen berichtet und statt dessen ständig die Geschwindigkeit des Verkehrs in England rühmt, einfach Moritz' negative Erlebnisse in seinen Bericht: »In meinen Augen ließe sich kein Land leichter und angenemer zu Fuß bereisen, als England; allein, es ist nicht Mode. Wer nicht zu Pferde, oder im Wagen, vor die Wirthshäuser, geritten oder gefahren, komt, wird sich weder von den Wirthen noch den Aufwärtern, eine günstige und höfliche Aufnahme versprechen dürfen.«[27]

Genau so ergeht es Moritz, besonders schlimm ist die Situation in den Gasthöfen. Hier schlägt ihm »Verachtung, wie einem Bettler« und »erbärmlichen Menschen, der zu Fuße ginge«, entgegen, den man gleichwohl »wie einen Gentleman bezahlen« läßt (II, 316). Häufig wird ihm gar ein Zimmer verweigert – »we have got no Beds, and you can't stay here to night!« (II, 326) – oder der Zutritt zur Gaststube, wenn man dem »*armen* Wandrer« für sein Geld gar »einen Bissen Brot versagt« (II, 334)! Den Gipfel der Ablehnung erfährt er auf dem Rückweg, als er die Höhle von Castleton bereits hinter sich gelassen hat. In einem Dorf versucht er am Wirtstisch zu schlafen, weil man ihm nicht einmal eine kleine Kammer geben will. In der Küche hört er zwei Frauen debattieren: »I dare say, he is a well bred Gentleman«, meint die eine, darauf die andere: »he is a poor travelling Creature!« – und Moritz kommentiert: »Von diesem poor travelling Creature gellen mir noch die Ohren, [...] denn es scheint mir alles Elend eines Menschen, der nirgends eine Heimat hat, und die Verachtung der er ausgesetzt ist, in kurzen Worten auszudrücken.« (II, 375)

Solche soziale Ausgrenzung bietet Moritz indes die Chance, das fremde Land von unten, aus einer – im Sinne Erich Auerbachs – realistischen Perspektive zu entdecken. Die Stilmischung zwischen dem *genus humile* oder *genus pedestre* und dem *genus sublime*, kunsthistorisch gesprochen zwischen der holländischen und italienischen Schule, findet sich besonders schön ausgemalt in einer kleinen Herberge vor Oxford. Der Wanderer wird zu »den Soldaten und Hausknechten in die Küche« geschickt, die er aus »den Englischen Romanen des Fielding« (II, 326) bereits als den interessantesten Handlungsort kennt. Während Moritz noch ein detailliertes Bild des Souterrains im Stile William Hogarths entwirft, »gerät das ganze Haus in Bewegung«, weil gerade einige vornehme Gäste die Unterkunft erreichen: »Man begegnete Ihnen mit allem möglichen Respekt, denn sie kamen in einer Postchaise gefahren« (II, 326f.). Die

Pointe der kleinen Genreszene ist, daß Moritz sich am folgenden Morgen besonders fein herausputzt und entsprechend statt in die Küche »in das Parlour oder Fremdenzimmer« geführt und mit »Sir« statt mit »Master« wie am Vorabend angesprochen wird (II, 327). Kleider machten eben auch schon lange vor Gottfried Keller Leute.

Episoden wie diese beweisen, daß Moritz England entgegen konventioneller Sehgewohnheiten wahrnimmt und erlebt: »Menschen und Sitten zeichnet er so eigentümlich und intensiv, daß er in der Gattung der Reisebeschreibung Epoche macht«,[28] resümiert Horst Günther im Nachwort zu seiner Ausgabe. Einige Reiseschriftsteller der Zeit, die auf Moritz' Spuren wandelten, zeigten demgegenüber weit weniger Verständnis für den einläßlichen Blick dieses Fußgängers, weil sie an andere Arten von Berichten gewöhnt waren. Johann Georg Büsch wirft Moritz vor, daß er »bei einer solchen Art zu reisen die Nation nicht kennen lernen« konnte, da er sich durch sein Verhalten dem gesellschaftlichen Umgang der Leute entzogen habe; und auch Johann Wilhelm von Archenholtz unterstellt dem wandernden Berliner »eine Methode, wodurch er alle seine Endzwecke verfehlte«.[29] Diese Kritik von Verfassern eher faktographischer Reiseführer – wie der Vorwurf in Nicolais *Allgemeiner deutscher Bibliothek*, die Beschreibung sei »oft zu dichterisch« geraten (II, 1120) – verkennt Moritz' »freiwillige Deklassierung«[30] zum Fußgänger mit dem Ziel einer Erfahrungsseelenreise. Solch ›moderne‹ Argumente zugunsten von Moritz' Selbstverständnis als Feldforscher bringen einzelne seiner Zeitgenossen gleichwohl schon vor. Anders als Archenholtz preisen etwa die *Hallischen Gelehrten Zeitungen* im Januar 1784 die Vorteile seines Verfahrens, »fremde Nationalsitten, Geist des Volks, zumal in den geringern Ständen«, besser kennenzulernen.[31]

Moritz ist es freilich nicht allein um das *genus humile* der »geringen Stände« zu tun. Immer wieder durchwirkt er die Froschperspektive des verachteten Fußgängers mit den Möglichkeiten eines Aufstiegs zum *genus sublime*, Auerbachs Stilmischung damit aufs schönste bestätigend. Auf die mit Erreichen der Themse-Mündung erfolgte »Einschränkung« des erhabenen Seeblicks folgt nun die »Ausbreitung« durch Panoramaaussichten von erhöhten Standpunkten, die Moritz auch in Berlin und Italien stets sucht.[32] Auf der

Englandreise scheint ein »Hügel bei Richmond, der unter dem Namen Richmondhill bekannt ist« (II, 311), die erste Gelegenheit zu einem solchen Aufstieg zu bieten. Doch fast in ironischer Umkehrung dieser Aussicht auf das Erhabene, die in der englischen Ästhetik mit dem Begriff des ›Bathos‹ bezeichnet wird,[33] scheitert sein Versuch – das Hohe stürzt ins Niedere ab. Denn als Moritz sich um drei Uhr morgens auf den Weg machen will, um den Sonnenaufgang zu erleben, wird er durch den »üblen Mißbrauch des späten Aufstehens in England gehindert«; er findet die Tür versperrt, muß »bis um sechs Uhr die entsetzlichste Langeweile« ertragen, während inzwischen Bewölkung aufgezogen ist, die zwar nicht die Wanderung, wohl aber den guten Ausblick vereitelt (II, 311). Harmlos ist das noch im Vergleich zu anderen Orten, an denen gar »Steeltraps and Springguns« (II, 320) den Zugang zum Gipfel versperren.

Bei Windsor hat Moritz mehr Glück. Diesmal gelingt es, das in den Niederungen erlittenen Ungemach durch den mit einem Aufstieg verbundenen ästhetischen Genuß zu überwinden und sich als »literarischer ›Landschaftsmaler‹«[34] zu erweisen:

> Ich stieg nun durch die Straßen von Windsor einen Hügel hinauf, und ein steiler Weg führte mich endlich ganz auf den Gipfel desselben, bis dicht an die Mauer des Kastells, wo ich einmal eine so weite, schöne, herzerhebende Aussicht vor mir hatte, daß ich in dem Augenblick jeden Gedanken an Beleidigung und Unrecht von Menschen vergaß. Denn hier lag nun die ganze reiche, üppige Natur, eine der schönsten Landschaften in der Welt, der herrlichste Stoff, den Popens Muse wählte, zu meinen Füßen, und vor meinen Blicken majestätisch ausgebreitet. Was hätt' ich in dem Augenblick mehr wünschen können! (II, 316f.)

Moritz genießt die »herzerhebende Aussicht« durch die Weite des panoramatischen Blicks, wohl aber auch durch die ästhetische Qualität, die schon Alexander Pope zum Vorwurf für sein Gedicht *Windsor Forest* (1713) nutzte. Pope hebt zu Beginn seiner großen Lobpreisung der Natur den lebendigen Widerstreit der Elemente bei gleichzeitiger Ordnung in der Mannigfaltigkeit hervor, die durchaus Anklänge an das dynamisch Erhabene enthalten: »Here Hills and Vales, the Woodland and the Plain, / Here Earth and Water seem to strive again, /

Not *Chaos*-like together crush'd and bruis'd, / But as the World, harmoniously confus'd: / Where Order in Variety we see, / And where, tho' all things differ, all agree.«[35] »Order in Variety« – das ist genau der Begriff von Mannigfaltigkeit, den Moritz in einer kurzen theoretischen Reflexion der Vielfältigkeit entgegensetzt. Im ersten Fall ist »ein Hauptgesichtspunkt für das Ganze« gegeben, im zweiten hingegen ist alles »ohne Plan und Zweck zusammengedrängt« (II, 789), »*Chaos*-like«, wie Pope sagt.

Sulzer postuliert in seiner Kunst-Enzyklopädie unter dem Stichwort ›Landschaft‹ entsprechend ein »Ganzes«, in dem »tausend verschiedene, unendlich durch einander gemischte Formen« sich zu einer »unbeschreiblichen Mannichfaltigkeit« vereinigen. Dazu gehören Gegenden von unterschiedlichster affektiver Qualität, neben solchen, die etwa Andacht oder Traurigkeit erwecken, auch jene, die für »Furcht und Schauder« sorgen und so »der Würkung des Erhabenen ganz nahe kommen«. Sulzers Repertoire – »Massen überhangender Felsen«, »Rauschen eines gewaltigen Wasserfalles«, »Stürmen des Windes«, »Heranrauschen großer Ungewitter« – speist sich aus der Kunst des jüngeren Poussin oder Salvator Rosas,[36] ist aber auch literarisch höchst beliebt. Hinzu kommt hier die präromantische ästhetische Kategorie des Pittoresken, die sich gerade in Englandberichten der Zeit als eine Alternative zur alten Opposition des Schönen und Erhabenen entwickelt.[37] Auch wenn der Begriff sich bei William Gilpin oder Thomas Newte zunächst als Reaktion auf die Eigentümlichkeiten der englischen Landschaft entwickelt und theoretisch noch schwankend ist, erhält man durch Bildbetrachtungen und Textlektüren einen guten Eindruck von dieser neuen Mode. Im Kern geht es um eine Ablehnung jeglichen Rationalismus wie Klassizismus, die ›realistische‹ Aufmerksamkeit gilt Außenseitern, primitiven Lebensverhältnissen und Landschaften von charakteristischer Ursprünglichkeit. »In der englischen Landschaft war das Sublime in seiner Schrecklichkeit gemildert und in die Sphäre des Schönen gehoben. Ein an sich sublimer Wasserfall erhält durch das bewachsene Ufer und die ihn umgebende romantische Landschaft pittoreske Züge. [...] Das Sublime und Schöne werden sozusagen auf den Boden der englischen Realität zurückgeholt und nehmen die Eigenschaft der *roughness* an. [...] Das Sublime hat [...] seine

Kupferstich von ›Richmond Hill‹ aus A. Robertsons ›The great road from London to Bath‹ (1792)

vastness verloren und statt dessen abwechslungsreiche Vielfalt erhalten und das Schöne hat seine monotone Regelmäßigkeit und Glätte aufgegeben und ist statt dessen geprägt von Unebenheit und Schattierungen.«[38]

Bis Oxford folgt Moritz der berühmten Straße von London nach Bath und Bristol, die zehn Jahre später Archibald Robertson in einem reich illustrierten zweibändigen Werk beschreibt.[39] Die Übereinstimmung der bei Robertson hervorgehobenen und abgebildeten Sehenswürdigkeiten mit Moritz' Text ist frappierend. Augenscheinlich verfügte Moritz doch über allerlei englischsprachige Reiseführer, die ihm touristische Attraktionen auswiesen. Die Behauptung von Hollmer und Meier in der Klassikerausgabe, daß sich die »Verwendung von Quellen im strengen Sinn [...] nicht nachweisen« lasse (II, 1117), bedürfte also einer Überprüfung. Doch darum soll es hier nicht gehen. Vielmehr ist die Beschreibung von Landschaften bei Moritz mit korrespondierenden Darstellungen auf Kupfern bei Robertson an zwei Beispielen zu verdeutlichen. In Richmond überquert Moritz »eine Brücke, die über die Themse geht [...]. Die

Kupferstich von ›Windsor Castle‹ aus A. Robertsons ›The great road from London to Bath‹ (1792)

Brücke war sehr hoch und bogenförmig gebaut, und von ihr stieg ich sogleich in ein reizendes Tal, am Ufer der Themse, hinunter. Es war Abend, die Sonne schoß ihre letzten Strahlen das Tal hinunter. Aber diesen Abend und dieses Tal werde ich nie vergessen! Dies war in seiner Art der reinste Anblick der schönsten Natur, den ich in meinem Leben gehabt habe. Was ich dabei empfand, wird kein Federstrich schildern können.« (II, 309) Was sich der Poesie zu entziehen scheint, was hier mit dem klassischen Unsagbarkeitstopos betont wird, ist der Malerei durchaus zugänglich.[40]

Bei Robertson taucht die besagte Brücke gleich zwei Mal auf, einmal aus der Nähe, inmitten rahmender idyllischer Ufervegetation mit bebauten Hügeln im Hintergrund. Im zweiten Fall ist die Distanz größer, die liebliche Flußlandschaft mit einigen tätigen Fischern dominiert den Vordergrund.[41] Im Text heißt es dazu: »In the center of the landscape a handsome bridge presents itself; beyond this, at some distance, a high hill finely hung with wood rises stately on the south, forming a noble back-ground to the whole; which may be deemed a picturesque and elegant composition.«[42] Wahrscheinlich hat man eher eine Reihe unvergleichlich vollkommenerer, pittoresker Landschaften von Joseph Mallord William Turner im Gedächtnis, die aber ein aus der Reiseliteratur vertrautes Motiv lediglich wieder aufgreifen. Richmod Hill und Windsor Castle hat Turner vielfach und in unterschiedlichen Techniken dargestellt[43] und damit eine unvergeßliche Markierung auf diesem Reiseweg geschaffen. Wie auf der Ansicht bei Robertson nähert Moritz sich Windsor über Slough: »Die Heide hatte sich verloren, und es eröffnete sich wieder eine paradiesische Gegend vor mir bis nach *Slough*, das [...] auf dem Wege nach Oxford liegt, und wovon zur linken Seite eine Straße nach Windsor geht, dessen hohes weißes Kastell man schon in der Ferne sieht.« (II, 315) Robertsons auffällig übereinstimmender Begleittext greift wieder das Modewort vom Pittoresken auf: »From the fields below [...] the Castle appears to advantage; having the town and college of Eaton in the valley on the right, and the distance closed by the royal forests on the south; forming a pleasing and picturesque scene.«[44] Bei weiterer Annäherung folgt bei Moritz der oben zitierte Lobpreis über die »üppige Natur, eine der schönsten Landschaften in der Welt«, aus der sich »das ehrwürdige Kastell, dies Königliche Gebäude« erhebt »wie die frohe Stirn des Greises, den die Freude verjüngt hat.« (II, 317)

Aus dieser harmonischen Landschaft Südenglands macht Moritz sich nun in die »romantischen Gegenden« (II, 305f.) von Derbyshire auf. Die Reise auf der Postkutsche von Oxford über Birmingham in den Norden wird entsprechend rasch erzählt. Je näher er an sein Ziel, die Höhle von Castleton, kommt, desto rauher wird die Gegend, die nun als »gebirgigt und romantisch« (II, 355) beschrieben wird. »Ich kam auf eine große Anhöhe, und sahe auf einmal eine ganze Perspektive von Bergen vor mir« (II, 352), heißt es in der Heide von Derby. Am nächsten Tag bei Matlock befindet er sich bereits zwischen »hohen«, »jähe[n]«, »ungeheure[n]« Felsen und tiefen Flußschluchten (II, 355). Die Lektüre »in Miltons verlornem Paradies« (II, 355) begleitet und verstärkt diese Eindrücke einer Region von »wilde[m] Ansehen« (II, 356). Immer häufiger kommen gemischte Gefühle auf, die sich dann sprachlich in den typischen Wendungen des Erhabenen manifestieren, etwa »eine fürchterlich schöne Aussicht auf lauter nackte Gebirge«, die »einen schaudervollen Anblick gaben« (II,

›Die Höhle von Castleton‹, Titelkupfer zu den ›Reisen eines Deutschen in England im Jahre 1782‹

360f.). Damit ist ästhetisch alles für jenes Abenteuer vorbereitet, das Klischnig mit guten Gründen »unstreitig das Interessanteste in seiner Reise nach und in England« nennt.[45] Noch Henriette Herz erinnert die »Schilderung der Peak-Höhle in Derbyshire« als unvergeßlich, die Moritz »gleich nach seiner Rückkunft« in ihrem Haus zum besten gab.[46]

Mit dem Abstieg zum Portal der Höhle, das auf der Titelvignette des Bandes zu sehen ist, setzt sich die Reihe gemischter Gefühle fort. Von außen bestaunt Moritz die »entsetzliche Höhe der steilen Felsen« und an deren Fuß »die ungeheure Öffnung zum Eingange in die Höhle« (II, 361). Die Empfindungen changieren zwischen Bewunderung schierer Größe und banger Ungewißheit angesichts der numinosen Finsternis der Unterwelt. Verknüpft werden sie mit mythologischen Anspielungen auf eine Hadesfahrt:[47] Am Eingang bietet ein Mann von »wildem und rauhem Ansehen« seine Dienste als Führer an. Mit »seinem schwarzen struppigten Haar, und schmutzigem zerrißnen Anzuge« (II, 361) ist er überaus qualifiziert für das Pittoreske. Moritz assoziiert sogleich den Fährmann Charon; und beim weiteren Abstieg spürt er – auch ohne Beihilfe der Parzen – zunehmend seinen »Lebensfaden abgeschnitten« (II, 362). Was in scheinbar einmaliger Dramatik folgt, ist übrigens die Standardtour in die »celebrated cavern called the Devil's A—se«. Thomas Newte – als Leitfigur des Pittoresken – beschreibt »this extraordinary subterraneous place«[48] vergleichsweise nüchtern, aber mit exakt den gleichen Stationen. Indes übertrifft er Moritz' Unterweltbeschreibung mit der Imagination, dieses Naturtheater in eine romantische Kunstbühne zu verwandeln: »If this tremendous cave were properly lighted up, and music placed in different parts, with the witches in Macbeth and their cauldron, and other infernal agents and machines, such as are introduced on the stage, a more wonderful effect might thereby be produced, than has ever resulted from any mimic or natural scene.«[49]

Moritz dringt immer tiefer in das geheimnisvolle Labyrinth vor, ein unterirdisches Dorf läßt er hinter sich; er durchwandert Gewölbe und Hallen von »entsetzliche[r] Länge, Höhe und Breite« (II, 363); passiert flach in einem Kahn liegend – »wie in einem beklommenen Sarge« – eine »fürchterliche Enge« (II, 364) unter einem fast bis zum Wasserspiegel herabreichenden Felsen; er wird auf den Schultern seines Führers über einen zweiten Fluß getragen; erreicht einen »majestätischen Tempel« tief unter der Erde, der »an Regelmäßigkeit, Pracht und Schönheit, die herrlichsten Gebäude zu übertreffen« scheint (II, 365); er kriecht durch die engsten Öffnungen und besteigt glitschige Hügel entlang schwindelnder Abgründe. Die Rückkehr aus der unterirdischen Nacht an die Erdoberfläche erlebt Moritz – ungeachtet des kurz bevorstehenden Sonnenuntergangs – als Tagesanbruch und Eintritt ins »Elysium« (II, 367). Das in der zeitgenössischen Literatur von Jean Paul bis Hölderlin beliebte analoge Erweckungserlebnis zum Licht ergibt sich im Zusammenhang ophthalmologischer Fortschritte, vor allem des Starstichs.[50]

Man muß nicht psychoanalytische Spekulationen über eine Regression ins Innere bemühen, um zu erkennen, daß Moritz' Höhlenabenteuer von existentieller Dimension ist. Mannigfaltige Bedrohungen, Anspielungen auf Sarg und Lebensfaden, die Furcht vor dem Verlöschen der mitgeführten Lichter in der ewigen Finsternis, versprechen große Dramatik und eine ganz besondere Selbsterfahrung. Die Überwältigung durch den betrachteten Gegenstand, die Moritz in Dorchester fast mit Werthers Worten überkam – »Ich erlag fast unter der Betrachtung aller dieser reizenden Gegenstände« (II, 332)[51] –, wiederholt sich in der Höhle von Castleton, mit dem entscheidenden Unterschied freilich, daß die Fassungskraft nun nicht mehr durch das Reizende, sondern das Bedrohliche überschritten wird. Dieses Erlebnis einer Vermischung extremer Gefühle verdichtet den Gedanken einer Erfahrungsseelenreise und Selbstentdeckung des eigenen Inneren; der Abstieg in die Höhle von Castleton spiegelt so gleichsam nochmals den mit der ganzen Englandreise abgeschrittenen Erfahrungshorizont.

Während Moritz sich hier weitgehend auf die Darstellung und Protokollierung von Beobachtungen und Regungen im Zusammenhang mit dem Wandern beschränkt, beginnt er dies im *Anton Reiser* stärker zu reflektieren. Im dritten Teil des »psychologischen Romans« entdeckt er die Qualität einsamer Spaziergänge, die nicht nur eine Flucht vor dem »*Nichtbemerktwerden*« durch seine Mitschüler versprechen, sondern »auf einmal mehr Empfindungen in seiner Seele« und »mehr zur eigentlichen Bildung seines Geistes« beitragen »als alle Schulstunden« (I, 320). Anton Reiser intensiviert daraufhin seine Ausflüge vor die Tore der Stadt: »Seine Spaziergänge wurden ihm nun immer interessanter, er ging mit Ideen, die er aus der Lektüre gesammlet hatte, hinaus, und kehrte mit neuen Ideen, die er aus der Betrachtung der Natur geschöpft hatte, wieder herein« (I, 338). Studium, Ingenium und Erfahrung kommen in Balance und befruchten die dichterische Produktivität, immer mehr Gedichte über die zu Fuß erschlossene Natur finden Eingang in den Text. Den Höhepunkt dieser für Anton neuen Selbstentwicklung bildet die Wanderung von Hannover nach Bremen. Im Roman, der bereits zum Experimentierfeld für literarische Gattungen wie Tagebuch, Brief, Theaterstück, Essay, Lobrede oder Gedicht wurde, erschließt sich nun die Reise als »ordentliches Journal« (I, 369). Wie dann Moritz in England muß dieser junge Reisejournalist mit seinem »tragbaren Dintenfaß« – »ein schreibender Mensch auf einem Hügel« – »freilich ein sonderbarer Anblick« für die auf der Landstraße in Kutschen vorbeifahrenden Leute sein. Doch das kümmert ihn nicht, er vermag es zu ignorieren, indem er »*seine Existenz hinwegdachte*« und sich »für diese Menschen gleichsam *tot*« stellte (I, 369).

Nimmt man noch die *Reisen eines Deutschen in Italien* (1792/93) hinzu, so erhält Anton Reisers Apologie des Spaziergangs einen Rahmen aus zwei gewichtigen Plädoyers für das Konzept einer Erfahrungsseelenreise. Auch wenn er in der italienischen Reise die bloße »Reihe von Abentheuern« der englischen durch »etwas Gründliches und dabei Unterhaltendes« ersetzen wollte,[52] steht in allen drei Fällen die besondere, subjektive Perspektive des Beobachters gegenüber den dargestellten Objekten im Vordergrund. Die »äußere Glaubwürdigkeit« der Welt, auf die es Jean Pauls Rektor Florian Fälbel beim Überschreiten einer Brücke ankam, steht nicht mehr in Frage. Entscheidend ist nun allein die »innere Glaubwürdigkeit«, die sich – so Georg Forster, berühmtester Reiseschriftsteller der Zeit – nur ergibt, »wenn man dem Verfasser durch alle Labyrinthe seines Schicksals gefolgt ist«, also seinen »Charakter [...] aus seinen Schriften entwikkeln« konnte.[53] Der Leser ist – wie in der noch jungen Tradition des pragmatischen Erzählens – zu einem eigenen Urteil berufen. Er schließt sich dem langsam voranschreitenden und detailliert beobachtenden authentischen Reisenden an, nicht um Fakten zu akkumulieren oder zu korrigieren, sondern um persönliche Meinungen und Erfahrungen kennenzulernen und zu prüfen, die ihm unerwartete Einblicke in ferne Länder und Sitten sowie die Seelenlandschaft des Reisenden ermöglichen. In einer Rezension erklärt Forster die »individuelle Handlung« zum »Hauptobjekt des Reisebeschreibers«; der Leser solle »vermittelst der Organe des Reisenden« selbst beobachten und »neue Folgerungen und neue Ideenverbindungen« herstellen.[54] Im Fall von Moritz' Englandbuch lernen wir aber nicht nur mit seinem Sensorium sehen, hören, schmecken, riechen, fühlen und die Innenwelt reflektieren, sondern erst einmal laufen.

5. Vom Epitaph zur biographischen Erfahrungsseelenkunde: *Über den Tod von Johann Georg Zierlein*

»Beobachtungen über den Menschen« (I, 806) erklärt Moritz in seinem *Vorschlag zu einem Magazin einer Erfahrungs-Seelenkunde* (1782) zum Hauptanliegen seines psychologischen Magazins. »Als ich meine Lehrstelle am grauen Kloster antrat,« fährt er fort, »machte ich mir schon einen Plan, solche Beobachtungen bei meinen Schülern anzustellen.« (I, 806) Doch nicht nur Schüler werden zum Gegenstand der neuen empirischen Lebenskunde. Vielmehr richtet sich die biographische Neugierde, die in dem programmatischen *Vorschlag* aus der immer genaueren Selbstbeobachtung abgeleitet wird, auf andere Menschen überhaupt. Moritz bleibt dem alten Diktum *Nosce te ipsum et alios* (erkenne Dich selbst und – von da ausgehend – auch andere), das dem griechischen ΓΝΩΘΙ ΣΑΥΤΟΝ entspricht, stets verbunden.[1]

Diese Form des biographischen Interesses erlebt im späten 18. Jahrhundert in Gestalt von Lebensbeschreibungen einen ungeheuren Aufschwung. Zugrunde liegen als literarische Kleinformen die Kurzbiographie oder der Nachruf.[2] Im Zeichen der neuen Psychologie und Ästhetik der Darstellung kommt es – Hand in Hand mit der poetischen Innovation der »inneren Geschichte des Menschen« bei Blanckenburg und Engel[3] – zu einer regelrechten Renaissance solcher Gelegenheitsschriften (*Occasionalliteratur*). Sie entwickeln sich von nüchternen Faktographien in der Tradition der Gelehrtengeschichte oder des Nachrufs zu lebendigen Porträts, die auch den alltäglichen Umgang, persönliche Charaktereigenschaften oder (zuweilen anekdotische) Episoden aus dem Privatleben vorstellen. Damit werden die rhetorischen Schemata des von der Antike bis zum Barock geläufigen Epitaphs, das über die Grabinschrift hinaus auch die öffentlich gehaltene Leichenrede (*laudatio funebris*) meint,[4] sowie des klassischen Nekrologs[5] durch eine moderne, das pragmatische, kausalpsychologische Erzählen vorbereitende Form ergänzt.

Mit Herder läßt sich diese Tendenz zur biographischen Individualisierung, zur Hervorhebung unverwechselbarer Leistungen und Taten einer Person, exemplarisch beschreiben. In den *Briefen, das*

Studium der Theologie betreffend (1781, ²1786) polemisiert er gegen die stereotypen rhetorischen Formen der »Elogia, Lobreden und Leichengedichte« und fordert demgegenüber aus »*Lebensbeschreibungen*« zu erfahren, wie jemand »ist und war«: »Man wohnet mit dem Manne eine Zeitlang, lernt seine Beweggründe und Triebfedern, aus *eignen Schriften* und *Handlungen*, wohl gar aus seinem *Selbstbekänntniß* kennen, studirt insonderheit an ihm die *kleinen Züge*, wo sich der Mensch, der einzelne Mensch, verräth: hieraus bildet sich allmählich ein *Bild* und *Urtheil*. Man lernt hassen oder lieben, bewundern oder verachten; allemal aber lernt man.«[6] Auf Grundlage verborgener, feiner Züge einen Charakter aus der Innenperspektive *darzustellen*, statt ihn von außen *abzuschildern*, deutet den ästhetischen Perspektivenwechsel von der nüchtern abmalenden Mimesis (*demonstratio*) zum psychologisch lebendigen, wahren Ausdruck (*significatio*) an.[7] In den *Briefen zur Beförderung der Humanität* (1793) entwickelt Herder diesen Gedanken weiter, wenn er gegen den »Trübsinn« anschreibt, der ihn angesichts von Friedrich Schlichtegrolls *Nekrologen* befällt. Er hingegen will »die Gestorbenen als Lebende betrachten«, sich mit dem Leser »ihres Lebens, ihres auch nach dem Hingange noch fortwirkenden Lebens freuen, und eben deßhalb ihr bleibendes Verdienst dankbar für die Nachwelt aufzeichnen.«[8]

In einer so homogenen und geschlossenen Aufklärungsgemeinde wie Berlin stärken solche individualisierenden Würdigungen natürlich die Identität, indem sie das gemeinsame Programm einer Gruppierung beschwören. Friedrich Nicolai als Integrationsfigur der (Berliner) Aufklärung bedient dieses Bedürfnis zunächst durch Kupferstiche, die er jedem Teilband seiner *Allgemeinen deutschen Bibliothek* (1765-1806) voranstellt, ferner durch eine systematische Reihe von Gedächtnisschriften auf Freunde und Weggefährten: Dazu gehören Ewald Christian von Kleist (1760), Thomas Abbt (1767), Moses Mendelssohn (1786), Justus Möser (1797), Christian Tobias Damm (1800), Johann Heinrich Wlömer (1802), Karl Wilhelm Ramler (1803), Johann Jakob Engel (1806), Wilhelm Abraham Teller (1807) und Johann August Eberhard (1810).[9] Ein weiteres Beispiel sind die *Bildnisse jetztlebender Berliner Gelehrten mit ihren Selbstbiographieen* (1806), die von dem Berliner Miniaturenmaler und

Kupferstecher Johann Michael Siegfried Lowe herausgegeben werden. Sie enthalten Biographien von Lazarus Bendavid, Johann Erich Biester, Johann Ehlert Bode, Philipp Buttmann, Jean Pierre Erman, Christoph Wilhelm Hufeland, Ernst Ferdinand Klein, Johannes Müller, Friedrich Nicolai und Friedrich Samuel Gottfried Sack.

Außer mit Gedichten *Auf Lessings Tod* (1781) und *Auf Ziethens Tod* (1786)[10] sowie einer Nachricht vom *Tod Johann Seiverts* (1785)[11] in der *Vossischen Zeitung* flankiert Moritz diese aktuelle Entwicklung des Genres mit einem konventionellen Nekrolog und einem stärker erfahrungsseelenkundlich motivierten Nachruf auf seinen Gymnasialkollegen und Freund Johann Georg Zierlein (20.11.1746 – 2.9.1782).[12] Bald nach der Rückkehr von der Englandreise war dieser enge Gefährte von Moritz gestorben. In seinem Brief an Johann Heinrich Campe vom 15. Oktober 1782 schreibt er: »Der Prof. Zierlein mein vertrautester Freund, den ich unter den Lehrern des gr. Klosters hatte, ist gestorben.«[13] Klischnig bestätigt in seiner Biographie, daß Zierlein »von allen Professoren des Gymnasiums und von den Lehrern der Klosterschule noch der einzige war, mit dem er [Moritz] harmonierte. Die übrigen konnten Reisers Sonderbarkeiten, deren er freilich eine große Menge hatte, nicht ertragen. Zierlein aber, bei dem sich das beste Herz mit einem sehr guten philosophischen Kopf vereinigte, fand eben in diesen Sonderbarkeiten einen Hauptgrund, Reisers nähern Umgang zu suchen, weil er ihn Anfangs als eine psychologische Aufgabe betrachtete und nach längerer Bekanntschaft seine guten Eigenschaften entdeckte.«[14]

Um Zierlein zu würdigen, publizierten Angehörige der Berliner Stadtschule und des Gymnasiums zum Grauen Kloster eine 22seitige Broschüre *Zum Gedächtniß des Herrn Professors M. Joh. Georg Zierlein* (Berlin, gedruckt mit Eisfeldischen Schriften 1782). Die Titelvignette zeigt eine trauernde, ihre Tränen trocknende junge Frau, die sich an Ruinenfragmente anlehnt. Zu erkennen ist eine von Efeu umrankte Säule und ein Totenkopf in einer muschel- oder leierartigen Formation. Der längste Text von dem Gymnasialdirektor Anton Friedrich Büsching ist eine *Kurze Lebensgeschichte des seel. Herrn Professors Joh. Georg Zierlein*, datiert auf den 4. September, also zwei Tage nach dessen Tod. Darauf folgen drei Grabschriften in reimlosen Versen, ein Epitaph in lateinischer Sprache von Johann

Friedrich Heindorf, Moritz' Nachruf *Im Namen der Lehrer beider Schulen* sowie ein *Ausdruck der Empfindungen der Zuhörer des Herrn Professors Zierlein bey seinem frühen Tode*, unterzeichnet von »Schmidt, Gymnasiast«.[15] Büsching hatte Zierlein bereits 1778 anläßlich seiner Berufung vorgestellt: In Büschings Einladungsschrift *zur feyerlichen Einführung zweyer neuer Professoren des vereinigten Berlinischen und Cölnischen Gymnasiums* findet sich ein kurzes Lebensbild, übrigens neben einem biographischen Abriß zu Moritz, der als neuer Lehrer am Grauen Kloster begrüßt wird.[16]

Im Nachruf geht Büsching mehr ins Detail. Er beschreibt Zierleins Bildungsgang, ausgehend vom väterlichen Latein- und Griechischunterricht über die Lateinschule in Meiningen bis zum Studium der Sprachen, schönen Wissenschaften sowie der Theologie in Halle. Hier beginnt nebenbei auch die Unterrichtspraxis an der Waisenhausschule in Glaucha nahe Halle. Kurz vor seinem Magisterabschluß empfiehlt ihn sein Lehrer Klotz als Rektor an die Stadtschule in Prenzlow, die er fünf Jahre leitet. Von dort geht Zierlein als Landprediger in die Uckermark nach Gerswalde, unterrichtet auch an der Dorfschule, was ihn allerdings unterfordert. Am 13. Oktober 1778 wird er dann als Professor für griechische und hebräische Sprache sowie der christlichen Lehre ans Berlinische Gymnasium berufen. Büsching hebt alle guten »Eigenschaften des Kopfes und Herzens« hervor, rühmt »die erotematische Methode« und die außerordentliche Beredsamkeit in der lateinischen Sprache (»fast stärker als in der deutschen«).[17] Zuletzt geht er auch auf den Gesundheits- und Gemütszustand ein: »Ueberhaupt war er nach seiner Leibes- und Gemüths-Beschaffenheit gar zu empfindsam, und dadurch wurde Kraft, Muth und Zufriedenheit zu stark bey ihm geschwächet.«[18] Gestorben ist er aber nach Büsching an der »rothen Ruhr« (Dysenterie, bakterielle Darmentzündung und Durchfallerkrankung). »Natürlicher Weise« – so Büsching – »erschreckte ihn der Anfang der Krankheit nicht wenig, allein er fand sich in seinen Zustand als ein Christ, und so gab er auch seinen Geist aus.«[19] Büschings Nachruf wird mit einem Verzeichnis von Zierleins Schriften abgeschlossen.

Moritz' Gedenk- und Huldigungsverse heben besonders die preußisch-pietistischen Tugenden hervor: Pflicht, Eifer, Treue, Sorgfalt, Bildung der Schüler zu nützlichen Menschen, Selbstlosigkeit, Freund-

Zum

Gedächtniß

des

Herrn Professors

M. Joh. Georg Zierlein.

Berlin, gedruckt mit Eisfeldischen Schriften 1782.

Titelblatt der anonym erschienenen Gedächtnischrift auf Zierlein

schaft, empfindsames Herz, die zusammen zu Zierleins allgemeiner Beliebtheit beitragen. Letztlich beschränkt das reimlose Prosagedicht sich auf diesen Katalog und ist insgesamt von konventioneller Schlichtheit:[20]

Im Namen der Lehrer beider Schulen.

Der uns entrissen ist,
War einer der wenigen Edlen,
Die ihre Pflicht mehr als ihr Leben lieben,
Und deshalb oftmals schon früh ein Opfer
Ihres redlichen Eifers,
Und ihrer festen Treue, werden.
Das Wohl der Jünglinge,
Die er mit unermüdeter Sorgfalt
Zu nützlichen Menschen bildete,
Lag ihm mehr am Herzen,
Als sein eignes Wohl:
Und jeder Fortschritt im Guten,
Den er an einem sah,
War ih[m] die süsseste Belohnung.
Aber das Verderben eines Jünglings
Kränkte sein gutes weiches Herz
Oft viele Tage lang,
Und was er empfand, das empfand er tief.
Er war so warm in der Freundschaft,
Als eifrig in seinem Beruf,
Und die Thränen seiner vertrauten Freunde,
Sind seinem gefühlvollen Herzen
Ein rührendes Denkmal.
Aber daß alle die ihn kannten,
Aus einem Mund sagen:
»Er war gewiß ein redlicher Mann,
Der seiner Pflicht ganz ein Gnüge that,
Und mehr noch that, als dies.«
Das ist seine rühmlichste Grabschrift.

Im Unterschied zu diesen kunstlosen Zeilen präsentiert Moritz im *Magazin zur Erfahrungsseelenkunde* einen ganz anderen Zugriff. Schon im programmatischen Vorschlag hatte er die »letzten Stunden großer Männer« (I, 796) als vorzüglichen psychologischen Stoff gepriesen und Zierlein am Schluß der Ankündigung »als Beförderer dieses Unternehmens« (I, 809) – neben Biester, Gedike, Herz, Zöllner u.a. – namentlich hervorgehoben. Nun, im biographischen Porträt *Über den Tod von Johann Georg Zierlein* (1783), versucht Moritz seine Eingangsthese, daß es etwas geben müsse, das von dem in seinem Zerfall beobachtbaren Körper verschieden sei, exemplarisch zu belegen. So beginnt er über »die letzten Stunden [s]eines unvergeßlichen Freundes, des *seeligen Herrn Professors Johann Georg Zierlein*«,[21] zu berichten. Dazu beruft er sich auf den Augenzeugen Ernst August Zierlein, den Bruder des Verstorbenen, der bis zuletzt an seinem Bett saß. Diesem Bruder, einem Lehrer an der evangelisch-reformierten Schule des Berliner Friedrich-Hospitals und Waisenhauses, schreibt Moritz einen Kondolenzbrief, den er übrigens im *Briefsteller* (1783) – natürlich anonym – wiederverwendet.[22]

Nachdem Moritz »das Nöthige von seinen Lebensumständen vorangeschickt« hat,[23] erzählt er von gemeinsamen Spaziergängen und Gesprächen »über die Seele, über Tod und Unsterblichkeit«[24] neun Tage vor Zierleins Tod. Wie schon in den *Unterhaltungen mit meinen Schülern* und auf der Englandreise unterstützt die Form des Fußwandelns die dialogische Denkübung und Selbsterfahrung. Der heitere Sonntagmorgen, das duftende Heu und die lächelnde Natur lassen den jähen Wechsel im Befinden nicht ahnen. Deutlich wird hier die Erinnerung mit literarischen Mitteln stilisiert und die plötzliche Wendung dramaturgisch inszeniert. Ganz anders als Moritz' legendäre hypochondrische Todesfurcht, die Marcus Herz im April 1784 durch die schockierende Ankündigung des unmittelbar bevorstehenden Todes heilt,[25] ist Zierlein physisch krank und seines Todes gewiß, gleichwohl aber bis zuletzt voller Zuversicht und Lebenswille.

Die Aussagen des Bruders über die Tage nach Moritz' letzter Begegnung mit Zierlein werden nahtlos in den Bericht eingefügt. Mit seinem Bruder erörterte Zierlein Fragen der Theodizee über die Bestimmung und den Sinn seines kurzen Lebens – mit den drei Posten in Prenzlow, Gerswalde und Berlin. Der Todestag, eine Woche nach dem Spaziergang, erhält sodann eine sukzessive mikroskopische Aufmerksamkeit, die geradezu an Lessings minutiöse Darstellung von Miß Sara Sampsons allmählichem Sterben denken läßt, das den gesamten fünften Akt des Trauerspiels ausfüllt. Man erfährt das letzte Aufflackern der Lebens in einer finalen Krisis, die zutreffende Diagnose des Arztes über den baldigen Tod, das Scheiden der Körperwärme aus den Extremitäten, das Versiegen der Sprache, die letzten sprechenden Blicke und Gesten, schließlich – symbolträchtig um Mitternacht – nach stundenlangem Schweigen die Worte: »*Hu, wie kalt!*«[26]

Fakta statt Spekulationen sind das allenthalben. Doch sie sind nicht einfach nur nüchtern aneinandergereiht, sondern verraten erste zaghafte Züge einer Komposition. Vergleichbare Versuche einer biographischen Erfahrungsseelenkunde kann man in den Auszügen aus Moritz' oder Salomon Maimons Autobiographien im *Magazin* erkennen oder auch in den offenbar fragmentarischen Auszügen *Aus dem Tagebuche des unglücklichen, von der Welt verkannten P....ls* (1781), die in keine neuere Ausgabe eingingen.[27] Diese Bruchstücke eines Diariums in abwechselnd prosaischer und versifizierter Rede enthalten die trübseligen Aufzeichnungen eines mutmaßlichen Selbstmörders und sind so thematisch mit einer entsprechenden Serie im *Magazin* verwandt.[28] Die Einträge datieren vom 3. Dezember 1779 bis zum 11. März 1781, konzentrieren sich aber auf die letzten Wochen vor dem Tod. Sie enden mit folgenden Versen: »Mit Lachen will ich in den Abgrund sinken, / Der mich mir selbst entreißt, / Dieß Blut aus meinem Herzen soll die Erde trinken, / Und dieser Sturm verwehe meinen Geist!«[29]

Der Herausgeber verzichtet auf jede Einleitung, erst durch Hinzufügung der abschließenden »Grabschrift« tritt er überhaupt in Erscheinung: »In ihm schlief der Keim zu großen Thaten, aber in dem angstvollen Augenblick der Entwickelung zertrat er ihn.«[30] Was dem Diaristen widerfahren ist, kann man nur ahnen. Seit Dezember 1780 sieht er seine »glänzenden Aussichten [...] auf ewig verschwunden«, fühlt sich wenig später von der »Menschen Aug« verfolgt und »nach dem Grabe sinke[n]«. Als einzige konkrete Ursache seines Unglücks führt er an, daß »an alle dem [...] ein Mensch schuld [sei], der mich in den Staub darnieder tritt«.[31] Ob diese initiale Demütigung ihm aber im Bereich seines Berufes, des öffentlichen Lebens oder einer menschlichen Beziehung zugefügt wurde, bleibt offen. Jedenfalls führt sie zur völligen Freudlosigkeit, Melancholie und Vereinsamung, schließlich zum Tod. Was hier oder im Falle Zierleins als Fragment oder Skizze erscheint, gewinnt in der Erzählung *Aus K...s Papieren* erstmals literarisch an Profil.

6. Psychopathologische Fallgeschichte: *Aus K…s Papieren*

Das Projekt einer Erfahrungsseelenkunde, das gleichsam Herders Traum von einem »Journal […] der Menschenkänntniße« verwirklicht,[1] steht und fällt mit der Präsentation geeigneter Fälle. Biogramme wie den anspruchslosen Nachruf auf Zierlein kann man als Übungen zur Schärfung des lebensgeschichtlichen Blicks verstehen, der eine notwendige Voraussetzung des *Anton Reiser* bildet. Derlei Experimente finden nicht nur im *Magazin* statt, sie begegnen etwa auch in den *Beiträgen zur Philosophie des Lebens,* in dem bereits erwähnten *Tagebuche des unglücklichen, von der Welt verkannten P….ls* oder in den wöchentlichen *Denkwürdigkeiten, aufgezeichnet zur Beförderung des Edlen und Schönen* (1786). In der zuletzt genannten Zeitschrift erschien auch die weitaus früher entstandene Erzählung *Aus K…s Papieren* in sieben Folgen. Seither ist sie praktisch vergessen, lediglich August Langen erwähnt das Werkchen ein paar Mal in seiner Motivsammlung.[2] Erst durch den Wiederabdruck im Programmbuch zu der an der Berliner Schaubühne geplanten, dann aber doch nicht realisierten *Blunt*-Inszenierung[3] ist der Text wieder wahrgenommen und jetzt auch in die Klassikerausgabe aufgenommen worden (I, 667-700).

Freilich handelt es sich dabei um keine eigentliche Entdeckung, denn schon Klischnig verweist darauf in einem Kapitel über »Studentenleben in Wittenberg«. Daraus geht hervor, daß Moritz während seines kurzen Aufenthaltes an der dortigen Universität – vom 27. Februar 1777 bis zum Frühjahr 1778 – tatsächlich Umgang mit den im Text erwähnten Kommilitonen K., F. und B. pflegte, was ein Zeugnis in seinem *Allgemeinen deutschen Briefsteller* (1783) bestätigt.[4] Nur B. ließ sich bisher als der Jurist und Dichter Traugott Benjamin Berger (1754-1810) identifizieren. K. und F., deren eigene Aufzeichnungen Moritz' dokumentarischer Erzählung offenbar zugrunde liegen, bleiben hingegen bis auf weiteres durch Initialen geschützt. Diese stehen wie in allen Fallsammlungen – von den *Causes célèbres* François Gayot de Pitavals bis zu Moritz' *Magazin* – für eine zwar leicht anonymisierte, jedoch authentische Identität. Der dargestellte Fall kann so niemanden unmittelbar kompromittieren, der diskret abgekürzte Name versichert aber eine Wirklichkeit, die sich unter Umständen auch aufdecken ließe. Noch in der Fiktionalität des Dokumentarischen, etwa in Christian Heinrich Spieß' *Biographien der Selbstmörder* (1785-88) oder *Biographien der Wahnsinnigen* (1795/96), findet dieses aus der juristischen ›Species facti‹ stammende Mittel[5] deshalb gern Anwendung.

Von Klischnig, der in diesem Zusammenhang auch auf K. und die *Denkwürdigkeiten* hinweist, erfährt man folgendes über F.:

> Zu ihnen gesellte sich noch ein gewisser F..., der schon bei dem Fürsten von A... Sekretär gewesen war und wegen seines Aufwandes damals in Wittenberg eine glänzende Rolle spielte.
>
> Reiser fand sich durch seine zuvorkommende Freundschaft sehr geehrt, und da F... wirklich Geschmack und Lektüre besaß, es ihm auch nicht an Witz und Laune fehlte, so war der Umgang mit ihm äußerst interessant, und selbst für Reisern von großem Nutzen. Eine ganze Zeit über wohnten sie sogar beide zusammen.
>
> Er ahnte nicht, daß dieser junge Mann, der wegen seines Anstandes, seiner Bildung und seines Vermögens ein Gegenstand der Bewunderung und des allgemeinen Neides war, einst ein so trauriges Ende nehmen, und er im Stande sein würde, den zu unterstützen, der ihn damals großmütig an seinem Überfluß Anteil nehmen ließ.
>
> F...s Seelenkräfte waren durch eine unglückliche Liebe gelähmt. Er hatte die Lust zu einer zweckmäßigen Tätigkeit verlohren, sank nach und nach immer tiefer, brachte sein Vermögen durch, und starb endlich als Soldat zu Berlin im Lazarette an einer schmerzhaften Krankheit![6]

Der historische Kontext läßt sich anhand dieser Hinweise einigermaßen rekonstruieren. Vermutlich zur Entstehungszeit des *Magazins* und des *Anton Reiser* fügt Moritz offenbar aus Zeugnissen seiner Wittenberger Studiengefährten K. und F. eine kleine psychologische Fallgeschichte zusammen, die zwischen Dokumentation und literarischer Gestaltung changiert. Während Hugo Eybisch im Jahre 1909 noch davon ausging, daß Moritz die »Aufzeichnungen« nur als gänzlich zurückhaltender Redaktor in den *Denkwürdigkeiten* »mitteilt«,[7] sprechen Heide Hollmer und Kirsten Erwentraut im Kommentar zur Neuausgabe von Klischnigs ›Biographie‹ bereits selbstverständlich von »Prosaerzählungen«,[8] die in der Ausgabe des Klassikerverlages dann konsequent in dieser Rubrik zum Abdruck gelangen.

Einiges spricht für diese Ansicht. Im Unterschied zu dem *Tagebuche* meldet sich der Herausgeber im Gewand eines philosophischen Arztes mit einer kleinen Vorrede, später erneut mit einer überleitenden »*Erzählung*« des teilnehmenden Berichterstatters (I, 674-676) und weiteren Kommentaren zu Wort. Er tritt nicht bloß – wie im Falle des *Tagebuches* – als ein kürzender Dokumentarist in Erscheinung, sondern übernimmt die Verantwortung: Er arrangiert und deutet das Geschehen. Dieser Erzählerherausgeber trifft die maßgeblichen Entscheidungen: Aktiv schützt er K...s Identität (»in Rücksicht auf seine Familie«), entspricht aber zugleich dem Informationsbedürfnis des Publikums, indem er »an dem Schicksal des Entschlafenen einige Teilnehmung zu erwecken« verspricht, nicht zuletzt, um dadurch »andern Unglücklichen« zu helfen (I, 667). Hier agiert ein selbstbewußtes, Wirkungen kalkulierendes »Ich«, das nicht nur dienend herausgibt, sondern lenkt, abwägt, räsoniert (»was ich mitteile, [wird] hinlänglich sein, [...] Teilnehmung zu erwecken«). Auf wieviel authentisches Material dieser Akteur tatsächlich zurückgreift, ist dabei ungewiß.

Entscheidend ist der auch aus anderen pathogenetischen, ›inneren Geschichten‹ wohlbekannte Gestus. Allen voran argumentiert etwa der Erzählerherausgeber von Werthers Nachlaß ganz ähnlich wie derjenige bei Moritz: »Was ich von der Geschichte des armen Werther nur habe auffinden können, habe ich mit Fleiß gesammelt und lege es euch hier vor, und weiß, daß ihr mir's danken werdet. Ihr könnt seinem Geiste und seinem Charakter eure Bewunderung und Liebe, seinem Schicksale eure Thränen nicht versagen.«[9] Der Anthropologe Jacob Friedrich Abel folgt dieser Manier mit seinem ebenfalls pragmatischen, also auf psychologische Ursachen und Wirkungen zielenden Briefroman *Beitrag zur Geschichte der Liebe* (1778). Wenn auch ungleich spröder in der Technik, tritt hier der Erzähler ebenfalls mit Blick auf eine Wirkung an, »die Folgen jenes beliebten Karakters zu schildern, und beiläufig auch den philosophischen Ursprung, und die Folgen gewisser neumodischer Grundsätze darzustellen, alles dieses aber in beständiger Rücksicht auf unsere Zeit«.[10] Und Abels Schüler Schiller beendet seinen ausführlichen anthropologischen Vorspann zur ebenfalls auf Tatsachen basierenden psychomoralischen Erzählung *Verbrecher aus Infamie. Eine wahre Geschichte* (1786) mit der ans Publikum adressierten Hoffnung: »die Leichenöffnung seines [des Helden] Lasters unterrichtet vielleicht die Menschheit und – es ist möglich, auch die Gerechtigkeit.«[11] Bei Goethe, Abel und Schiller geht es wie bei Moritz um einen »Teilnehmung« verdienenden »Unglücklichen« (I, 667), womit die zeitgenössische Standardformel für fast alle Helden von Psychopathographien und Kriminalerzählungen aufgegriffen wird.

Worin besteht aber das Unglück in der Geschichte von K.? Die äußere Handlung ist rasch erzählt. Der gegenüber seinen Brüdern Ernst und Ludwig in der väterlichen Liebe zurückgesetzte fünfundzwanzigjährige K. aus Breslau wird zum Jurastudium nach Halle geschickt. Dort gerät er in den sogenannten Inviolabilistenorden, dessen Komment zu einem verhängnisvollen Duell Anlaß gibt.[12] K. zieht sich dabei schrecklich entstellende Gesichtswunden zu, wird relegiert und vom Vater verstoßen. Ohne weitere finanzielle Unterstützung von Zuhause muß er nach Wittenberg wechseln, wo er in einen Zustand von Seelenlähmung, melancholischer Langeweile und Identitätszweifel gerät (»Ich fühle mein *Ich gedoppelt*«; I, 672). Mit dem Studienbeginn und erst recht mit der Ausweisung aus dem väterlichen Haus geht die Trennung von seiner Geliebten – Friederike, »ein junges geistvolles Frauenzimmer, die Tochter eines nahen Anverwandten« (I, 683) – einher, die ihn weiter ins Unglück stürzt.

Erfolglos versucht K., sich in wilden studentischen Gelagen zu beweisen und zu zerstreuen. Aber die Folgen des studentischen Duells – Relegation, Verstoßung, Armut, Seelenlähmung – treiben ihn so tief in Verzweiflung, daß er sich im nahen Coswig als gemeiner Soldat anwerben läßt. Zum Abschied ermahnt er seinen Freund F. in einem Brief, ihm auf diesem unglücklichen Weg nicht nachzufolgen. F. und der Erzähler besuchen ihn und finden ihn in einem entsetzlichen Zustand vor. Vier Monate später kehrt der Herausgeber auf dem Weg nach Dessau – wohin auch Moritz sich im Frühjahr 1778 ans Basedowsche Philanthropin aufmachte – dorthin zurück und erfährt, daß »innerer Verdruß und Kränkung« bereits K...s »Lebenskräfte untergr[aben]« hatten (I, 680). Acht Tage früher sei er verstorben, kurz bevor ihn die Verzeihung seines Vaters erreichen konnte. Die unglückliche Liebesgeschichte von F., der durch den Brief und den gemeinsamen Besuch bereits eingeführt ist, schließt der Erzähler an, da er mit der Neugierde des Lesers rechnet, »etwas mehr von dem Schicksale des F... zu erfahren« (I, 694). Diesmal präsentiert und kommentiert er allerdings keine Tagebuchaufzeichnungen, sondern berichtet den Fall möglichst nüchtern in der dritten Person.

Insgesamt verfährt der Erzähler dabei keineswegs so chronologisch wie in dieser Zusammenfassung, sondern arrangiert vielmehr das ihm verfügbare Material in seiner eigenen Ordnung. An die Dokumente des Diaristen K. aus der Zeit vom 3. Mai bis 8. Juni 1778 schließt sich die »Erzählung des Herausgebers« (I, 674) an, die auch weitere Zitate aus K...s Papieren sowie Recherchen und Zeugenbefragungen in Coswig einbezieht. Erst darauf folgt die Vorgeschichte über die Herkunft K...s und sein Schicksal als Student, wofür auch Aufzeichnungen zugrunde gelegt werden, die im ersten Teil durch die notwendige Selektion nicht zum Abdruck gelangten (»Eine Stelle in diesen Aufsätzen deutet auf eine Liebe, woran er sich mit Wehmut zurückerinnert«; I, 683). Hier wird jene Ursachenforschung betrieben, die dem Leser den bereits bekannten tragischen Verlauf plausibel machen soll. Das Studentenleben als Zentrum der Krise auszumachen, ist dabei eine Deutung des Erzählers: »die Universität war die Klippe, an welcher er scheiterte.« (I, 684) Auf diese Interpretation, die noch zu betrachten ist, folgen weitere undatierte Originaldokumente K...s, entstanden »wenige Wochen vor seinem Tode«, mutmaßlich im Zusammenhang mit »einem heftigen Fieberparoxismus«. Es handelt sich dabei um einen philosophisch-nihilistischen Aufsatz, den der Erzähler als Beleg für die unterstellte »Methode in dem Wahnwitz« (I, 691, Anm.) heranzieht. Zum Abschluß wird »F...s Geschichte« (I, 694-700) als anspruchsloser, nicht mehr verschachtelter Erzählbericht angefügt. Durch diese Struktur eines unchronologischen Wechsels zwischen Dokumenten und Kommentaren wird der Leser selbst in die Rolle eines philosophischen Arztes versetzt, der sich die Seelen- und Krankengeschichte erneut deutend zurechtlegen muß.

Bereits die erste dokumentarische Sektion aus der Feder K...s strotzt derart von literarischen Anspielungen und wirkt darstellerisch so genau kalkuliert, daß folgende These Eybischs höchst unwahrscheinlich wirkt: Moritz habe hier Aufzeichnungen eines – literarisch mutmaßlich völlig ungeübten – Kommilitonen abgedruckt, statt selbst erzählerisch tätig zu werden. Gleich der erste Eintrag ruft das im Sturm und Drang beliebte Motiv der feindlichen, um die Vatergunst buhlenden Brüder auf.[13] K., der seine Brüder einmal – ohne sich dessen je selbst zu rühmen – aus der Oder rettete, wird von diesen wegen eines unbedeutenden Apfeldiebstahls beim Vater angeklagt. Der Gedanke an Schillers *Räuber* liegt auf der Hand. Albert Meier relativiert ihn aber mit dem Hinweis auf die Differenz zwischen dem Kraftkerl Karl Moor und dem an Seelenlähmung leidenden K.[14] Sind die Parallelen aber nicht doch größer als vermutet? Teilt K. nicht mit Karl Moor – wie mit vielen anderen Stürmern und Drängern[15] – den Abscheu vor den Büchern, gar dem ganzen »Tintenklecksenden Sekulum«?[16] »[I]ch wurde«, bekennt er, »nun einmal zu den Büchern verdammt – und zu was für Büchern? zu leeren zwangvollen Gedächtnisübungen, unter der Herrschaft unfreundlicher harter Lehrer, die mir die Jahre meiner Jugend verbitterten.« (I, 669) Ging seiner Depression nicht ebenfalls eine Rebellion voran, als »dies tobende Blut in [s]einen Adern seinen Kerker zu zersprengen« (ebd.) suchte? Wird nicht auch ohne den Erzählerkommentar deutlich, daß sein »tobendes Blut, und die Heftigkeit seiner Gemütsart« ihn »weniger zum Studieren« (I, 681) prädestinierten? Hinzu kommt, daß in der Wittenberger Zeit die Zustände »gelähmter Seele« (I, 669), »des *Verdrusses*, der zwecklosen *Langenweile*« immer wieder abgelöst werden von »viehischer, wilder Lust«, »dem gedankenlosen Taumel, dem wilden Geschrei, und der freiwilligen Tollheit«, die K. als ›Hauptmann‹ der Studenten zum »Rädelsführer ihrer Unmenschlichkeiten« (I, 671) erheben wie Karl Moor zu jenem der Räuber. Gerade die Dualität von geistiger und »tierische[r] Hälfte [s]einer Menschheit« (I, 671), von einer »*schlechtern und edlern Natur*« (I, 672), weisen K. bzw. den ihn darstellenden Erzähler als Anthropologen in Herders, Platners oder eben Schillers Sinn aus.

Aber nicht nur Schiller ist hier eine Patenschaft zuzuschreiben. Mehr noch als das Motiv der feindlichen Brüder läßt K…s Gefühl der Subjektspaltung (»Bin ich denn zwei Wesen, oder bin ich eins?«; I, 686), illustriert durch die Selbstbegegnung mit dem eigenen Spiegelbild, an Klingers Drama *Die Zwillinge* (1776) denken. Da zerschlägt der Brudermörder Guelfo einen Spiegel, in dem er sich als Täter mit einem unauslöschbaren Kainsmal auf der Stirn erblickt: »Rächer! Rächer mit flammendem Schwerdt! Hast du eingegraben auf meine Stirne den Mord? hast du ausgesprochen über mich, daß die Himmel zitterten: Unstät und flüchtig! – Hast du's? den Fluch noch nicht? und er brüllt um mich! Rächer! hi! hi! ich thats wohl! Kömmt er noch nicht, mit glühender Hand den Mord einzugraben? – Ha! ich kann mich nicht ansehen! Reiß dich aus dir, Guelfo! (*zerschlägt den Spiegel*) zerschlage dich, Guelfo! – Guelfo! Guelfo! geh aus dir! Schaff' dich um!«[17] »Der Bildersturm in eigener Sache bringt Guelfo keine Lösung.«[18] Statt sich als Rächer seines Bruders zu finden, erblickt er dessen Mörder, der mit höhnischem Gelächter über ihn triumphiert. Das genialisch entworfene Selbstbild steht in Widerspruch zur Realität. Der verzweifelte Versuch, die fremd gewordene Identität durch die Zertrümmerung des Spiegels auszulöschen, scheitert. Die Krise des Subjekts erreicht in diesem prägnanten Moment ihren Höhepunkt.

Auch Anton Reiser zeigt sich – wie schon im Kapitel zu *Blunt* gesehen – von dem Auftritt zutiefst beeindruckt: »Der Abscheu vor sich selber, den Guelfo empfand, indem er den Spiegel entzwei schlägt, worin er sich nach der Mordtat erblickt [...,] das alles schien Reisern so wahr, so aus seiner eignen Seele, die beständig mit dergleichen schwarzen Phantasien schwanger ging, gehoben zu sein, daß er sich ganz in die Rolle des Guelfo hineindachte« (I, 380). K...s Narben könnte man in Analogie zu Guelfos imaginiertem Kainsmal sehen. Sie sind aber real, schließlich stammen sie aus dem verhängnisvollen Duell mit einem »hämische[n] Pole[n]«, dem er als eine Art »Don Quixote« »*Mut und Herzhaftigkeit*« (I, 685) beweisen wollte. K. zerschlägt auch nicht sein Spiegelbild, und doch trifft ihn der eigene Anblick nicht weniger tief als Guelfo seine Selbstbegegnung:[19] »Hinweg verdammter Spiegel! – o diese Narbe, diese scheußliche Narbe, die meinen Anblick mir selbst verhaßt macht – – So lange ich lebe werd' ich also dies unauslöschliche Merkmal meiner Torheit und Unbesonnenheit an mir tragen [...]. O diese Narbe geht tiefer als ins Fleisch; sie geht bis ins innerste meiner Seele [...] und macht den Fluch meines Vaters wahr.« (I, 668)

Wie bei Guelfo mißlingt die Selbstkonfrontation, sie führt zu keinem Selbstbewußtsein.[20] Der vom Vater, einem Rittmeister, zum Jurastudium gezwungene K. kommt gegen seine Brüder, die beide Soldaten werden durften, nicht an. Viel lieber wäre er »als Knabe schon« dem mutigen Vater gefolgt, den er um »seine Narbe, mit der er aus der Schlacht zurückkehrte [...,] beneidete« (I, 669). Es hat etwas von Lessings jugendlichem Heißsporn Philotas – um dessen Rolle auch der Schauspieldilettant Anton Reiser sich zur Seelenerhebung reißt[21] –, wenn K. sich durch sein völlig sinnloses Duell als ganzer Kerl zu beweisen versucht: sich selbst, seinem Vater, seinen Brüdern und den Kommilitonen. Hier bestätigt sich die vom Erzähler übernommene Formel, nach der die Universität die »Klippe [war], an welcher er scheiterte« (I, 684).

Schon auf den ersten Seiten drängt sich außer den *Räubern* und den *Zwillingen* ein dritter Text mehr als deutlich auf: Goethes *Werther*. Während Eybisch *Aus K...s Papieren* als »empfindsame Schwärmereien im Werther- und Siegwartstil der Zeit«[22] charakterisiert, neigen Hollmer / Meier zu mehr Zurückhaltung: »Die Parallelen beschränken sich auf Formalia«, das Tagebuch- statt Briefgenre stelle – zusätzlich verstärkt durch den »auktoriale[n] Erzählerbericht« – eine »Radikalisierung der Ich-Perspektive« dar, und der »ästhetische Diskurs« sei gegenüber dem *Werther* reduziert (I, 1213f.). Besonders der letzte Einwand macht stutzig. Zwar ist K. kein dilettierender Künstler und identifikativer Vielleser wie Werther, und sicher ist seine Geschichte auch kein poetisches »Gemälde« in Moritz' Sinne (II, 911-918). Gleichwohl setzt K. sich aber in einem Exkurs erstaunlich theoretisch mit Fragen von Kunst und Philosophie auseinander, führt also durchaus einen »ästhetischen Diskurs«. Ferner gibt es bereits zuvor keineswegs bloß formale Übereinstimmungen mit dem Werther-Syndrom, das dann auch Anton Reiser stark beschäftigen wird.[23]

Ganz offensichtlich sind Werther und K. Verbündete im Leiden. Beide sprechen ausdrücklich von ihrer eigenen »Krankheit« (I, 674),[24] vom »Kerker« (I, 669),[25] von »Wehmut« (I, 671),[26] Mangel an »Tatkraft« (I, 673; 676) oder Ekel vor den »Büchern« (I, 669).[27] Daß Werthers Geschichte dabei teilnehmend empfindsam erzählt, K...s Schicksal hingegen als erfahrungsseelenkundlicher Fall weit nüchterner dokumentiert wird, reicht noch keineswegs hin, Moritz' Text als »Gegenentwurf« zu bewerten.[28] Die Differenzen der Textgattungen und Stile stehen ohnehin außer Frage, in der Sache sind beide Protagonisten aber von einer »Krankheit zum Tode«[29] befallen: Werther und K. sehnen das Ende ihres Lebens herbei.[30] Goethe betont in *Dichtung und Wahrheit*, daß »Werthers Jugendblüthe schon von vorn herein als vom tödtlichen Wurm gestochen erscheine«.[31] Tatsächlich sind die Indizien gleichmäßig über seinen Text verteilt – der Wunsch, sich wie jene edlen Pferde eine Ader zu öffnen (16. März), die Hoffnung, morgens nicht wieder zu erwachen (3. November) oder die Szene am Abgrund (12. Dezember) zählen lediglich zu den prägnantesten. Vergleicht man letztere mit K...s Lebensüberdruß, so leuchtet die nahe Verwandtschaft unmittelbar ein.

Im *Werther* heißt es: »Ach mit offenen Armen stand ich gegen den Abgrund und athmete hinab! hinab! und verlor mich in der Wonne, meine Qualen, meine Leiden da hinab zu stürmen! dahin zu brausen wie die Wellen! Oh! – und den Fuß vom Boden zu heben vermochtest du nicht, und alle Qualen zu enden! – [...] Ha! und wird nicht vielleicht dem Eingekerkerten einmal diese Wonne zu Theil?«[32] Kaum weniger fatalistisch hält K. unter Verwendung ähnlicher Metaphorik – deren sich auch P...l in seinen oben aus dem *Tagebuche* zitierten Versen bedient – im Diarium fest: »Aber sei's denn! – mag denn mein Geschick, das mich bis dahin brachte, sich in mir selbst bestrafen. – Ich lasse ruhig über mich ergehen, was beschlossen oder nicht beschlossen ist. – Vergebens hab' ich redlicher Schwimmer dem Strome entgegen gearbeitet – meine Arme sinken – ich gebe mich den Fluten hin – die Tatkraft meines Geistes ist verschwunden – mögen denn die Wellen mit dem entseelten Leichnam spielen!« (I, 673)

So eng Werther und K. im Todeswunsch auch verbunden sind, so grundverschieden erscheinen ihre Motive. Während Werther – wie dann auch F. – an einer unerfüllbaren Liebe krankt und schließlich verzweifelt, kann K. seiner in Breslau auf ihn wartenden Friederike völlig gewiß sein: »er liebte und wurde geliebt, und dies dazu von einem vortrefflichen Frauenzimmer.« (I, 684) K...s Liebe wird durch das Studentenleben, speziell die Korporation, in den Hintergrund gedrängt – sie war »nicht mehr der herrschende Gedanke in seiner Seele« (I, 685). Die strengen Spielregeln des Männerbundes

(»*Einer für alle, und alle für einen!*« I, 685),[33] für den er sich schlägt, bestimmen und zerstören sein Leben. Das unglückliche und selbstverständlich verbotene Duell[34] bringt ihn um den Studienplatz sowie die väterliche Gunst und finanzielle Unterstützung. Um seine Einschätzung von der Universität als Klippe in K…s Leben zu begründen, hebt der Erzähler jetzt die sozialen Umstände der psychischen Krise hervor: »Weil er sein Leben auf keine edlere Art in Gefahr zu setzen Gelegenheit hatte, so setzte er es zur Verteidigung eines kindischen Spielwerks unbärtiger Knaben auf die Spitze, und war ein Opfer seiner Torheit, oder vielmehr der Umstände und Verhältnisse, die ihn aus seiner eigentlich für ihn bestimmten Sphäre gehoben, und in eine andre hingedrängt hatten, die für seinen emporstrebenden Geist zu enge war.« (I, 685)

Für K. wird der Inviolabilistenorden zum Ort der Kompensation unerfüllter Wünsche. Hier sucht er die biographisch ersehnte, jedoch nicht gewährte Chance »des Soldatenlebens«, hier wird die »schlummernde Begierde« nach männlicher Bewährung von »Mut und Herzhaftigkeit« neuerlich erweckt (I, 684f.). Die Deutung des Erzählers macht diese Herausforderung, die auch glücklich hätte gemeistert werden können, zu einer »harten Probe des Schicksals« (I, 685). Hinsichtlich des Resultats sind solche vom Schicksal unternommenen »*Versuche* mit den Menschen« (I, 686) für ihn völlig ungewiß. Der Darsteller versucht sie experimentalseelenkundlich zu fassen, oder besser: zu inszenieren. Denn diesmal gibt er alle Nüchternheit auf und wechselt von der kühl protokollierenden in eine eher poetische Rolle. Auffällig ist dabei die Metaphorik einer bedrohlichen, erhabenen Natur: »Um ein interessantes Schauspiel darzubieten, werden die unglücklichen Schwimmer in diesem Ocean des Lebens den wilden Wogen überliefert, wer untersinkt, sinkt unter, wer sich retten kann, der rettet sich.« (I, 686) Suggeriert der Erzähler, daß K. dieses Stück unter seiner Regie selbst aufführt, oder gibt er damit einen Wink, daß kärgliche »Fakta« erst durch einen Spielleiter zu einem interessanten Schauspiel werden können? Über diesem schwer bestimmbaren Spiel mit seiner Rolle gelingt es dem Sprecher, geschickt zu dem Bekenntnistraktat K…s überzuleiten, der mit jenem zu Beginn dreifach aufgerufenen Motto »Kampf mit mir selbst!« (I, 686) überschrieben werden könnte.

Der innerseelische Kampf mit sich selbst wird als Grundlage der Identitätsbildung vorgestellt. Geradezu in Vorgriff auf Hegels berühmte Veranschaulichung jener Dialektik vom reflektierenden und reflektierten Ich – dem Unterscheiden des Ununterschiedenen – anhand der Kampfkonstellation von Herr und Knecht in der *Phänomenologie des Geistes* (1807) fragt sich K.: »Gehören zu einem Kampf nicht zwei? – Zwei kann in Ewigkeit nicht eins, und eins kann nicht zwei werden – Bin ich denn zwei Wesen, oder bin ich eins?« (I, 686) Was zur Konstitution eines jeden Selbstbewußtseins im Entwicklungsprozeß ganz unwillkürlich abläuft, nämlich die allmähliche Selbstunterscheidung des denkenden Ich von der Welt und der gleichzeitige Bezug dieses Bewußtseins auf sich selbst als Gegenstand der Reflexion, scheint bei K. empfindlich gestört zu sein. Die letzte, in durchaus pathologische Zonen der Ichverunsicherung und -spaltung weisende Frage legt das ebenso nahe wie die anschließenden Zweifel, lediglich »eine halbe Ichheit«, gar nur »ein Phantom, ein leeres Blendwerk« zu sein (I, 686f.). Die im folgenden geschilderten Symptome bestätigen diesen Befund: »Da steht das Gespenst vor meinen Augen [...] eine fürchterliche Erscheinung, die alle meine Gedanken zerrüttet, und mich dem Wahnwitz nahe bringt.« (I, 686)[35] Leidet der Mann an der geheimnisvollen ›Modekrankheit‹ Geisterseherei oder an Halluzinationen?

Wohl kaum geht es hier um eine neue Mystik oder Hermetik auf den Spuren Emanuel Swedenborgs, sondern um den Versuch, jene zuvor – in scheinbar distanzlosen, dem Augenblick entsprungenen Tagebucheintragungen – arrondierte Lähmung und Zerrüttung der Seele nachträglich theoretisch-essayistisch zu bearbeiten. Der innere, durch die Metapher des Kampfes mit sich selbst veranschaulichte Seelenkonflikt wird weiter erläutert. K. bedient sich dafür exemplarischer Gegenüberstellungen von Innen und Außen, Subjekt und Objekt. Mit dem inneren Kampf korrespondiert der äußere »ewige Krieg aller Wesen gegen einander« (I, 687). Thomas Hobbes beschreibt in seinem *Leviathan* (1651) mit dieser berühmten Formel – ›bellum omnium contra omnes‹ – das Resultat des im Naturzustand von allen Menschen gleichermaßen beanspruchten Rechts auf alles. Ordnung in das damit einhergehende Chaos bringt erst der Herrschaftsvertrag des absoluten Staates, dessen Losung »Auctoritas non veritas facit legem« lautet.[36]

K. expliziert das am Beispiel physikalischer und biologischer Kräfte. Miteinander ringende Winde knicken nicht nur die fragile Blume, sondern zersplittern auch die stärkste Eiche – oder Waffen zerstören den Menschen von außen wie Krankheiten von innen. Kurzum: »das Harmonische gerät in Streit miteinander und die Auflösung ist da.« (I, 687) Auch das ist eine kritische Frage der Theodizee. Die Macht der Psyche ist zwar weniger sichtbar, mitnichten aber von geringerer Wirksamkeit: »Wie die Gedanken mancher Menschen untereinander kämpfen, und Unheil und Verderben über die Welt bringen; eben so kämpfen die Gedanken eines jeden Einzelnen wieder selbst gegeneinander, und bringen Unglück und Verderben über sein Haupt; da ist nichts, als allgemeiner Krieg, allgemeine Zerstörung, welcher endlich eine allgemeine Auflösung der Dinge, und der schreckliche namenlose Überrest einer zerstörten Welt folgen muß.« (I, 687) Unglück, Verderben, Krieg, Zerstörung, Auflösung der Dinge – negativer und aussichtsloser könnten die Stichworte kaum sein. Ihr gemeinsamer Fluchtpunkt ist der Tod, der am Ende dieses Tagebucheintrags als »Gerippe« und »Gespenst« personifiziert auftritt und damit die 1769 von Lessing (*Wie die Alten den Tod gebildet*) klassizistisch restituierte antike Harmonievorstellung von Schlafes Bruder scharf konterkariert. In eben dieser Schreckgestalt erscheint K. der Tod »allein wirklich – alles übrige war Blendwerk und Täuschung.« (I, 689)

Mit dem vorhergehenden fatalistischen Zitat ist diese Konklusion durch Auszüge aus dem zehnten Buch von Miltons *Paradise lost* (1667) verbunden. Dieses von Moritz teilweise übersetzte Werk, das Anton Reiser als Schule des Hexameters dient (I, 355) und das auch die *Reisen eines Deutschen in England im Jahr 1782* ständig – wie Homer Werther – begleitet (»wo ich in meinem Milton las«; II, 322), wird hier nicht von ungefähr eingeschaltet. Denn das biblische Epos über den Sündenfall zielt ja auf ein künftiges Heilsgeschehen im Kontrast zum Bösen in der Welt, berührt also letztlich Fragen der Theodizee.[37] In *Die große Loge* (1793) übersetzt und kommentiert Moritz später eine Passage aus *Milton über den Ursprung des Bösen*. Die Rückzugs- und Kerker-Topik in *K…s Papieren* steht dort wieder im Zentrum: »O könnt' ich hier in wilder Einsamkeit irgend einer dunklen Grotte leben, wo die höchsten Wälder, dem Stern und Sonnenlichte undurchdringlich ihre Schatten, wie der braune Abend, weit umher verbreiten.«[38] Daran schließen sich verzweifelte Fragen nach der verbotenen Frucht, dem Abweichenden und Verkehrten, nach Krieg, Unterdrückung und Elend an. Die Milton-Auszüge in *K...s Papieren* betreffen indes eine Ansprache des Todes an die Sünde. Verlockt durch den »Geruch vom Aas« will das »hagre Gespenst« der Sünde folgen, ihr einziges Ziel ist »Zerstörung«, ganz gleich ob in der »Hölle«, im »Paradies« oder im »Himmel« (I, 688f.). K. spürt ebendiese genau so bedrohliche wie verlockende Macht, für ihn ist »das Gedicht [...] zur Wahrheit geworden, und die Wahrheit zum Gedichte« (I, 689), der Tod scheint ihn abberufen zu wollen.

Mit diesem Ergebnis gelangt die Reflexion in ein neues Stadium. Die gerade angestellten metaphysischen Überlegungen werden nun auf das Individuelle übertragen, die ganze Aufmerksamkeit gilt »der giftigen Krankheit unserer Existenz« (I, 690). Wie läßt sich der Tod, der zuvor als einzige Wirklichkeit ausgewiesen wurde, individuell veranschaulichen? Schlimmer noch als das Chaos in der Natur und der Krieg zwischen den Menschen – so lautet in etwa die Botschaft – erscheinen Einsamkeit und entsinnlichtes Denken. Die Formel vom Krieg aller gegen alle gilt ja schließlich nicht nur für den Naturzustand, sondern – weitaus fataler – für die Gesellschaft der Gegenwart. In der *Vergleichung zwischen der physikalischen und der moralischen Welt* (1786) wird die schon von Rousseau traktierte Theodizee-Frage erneut von Moritz gestellt: »wozu der tragikomische Krieg aller gegen einen, und eines gegen alle, und eines jeden einzelnen wieder mit sich selber? – wozu dies burleske Spiel der menschlichen Leidenschaften, das Prozesse, Hochgerichte, Krieg, Verwüstung und Tod über die Erde bringt, und die reine edle Natur befleckt?« (II, 40) Während Werden und Vergehen zu den harmonischen Kreisläufen der Natur gehört, bietet die moralische menschliche Gesellschaft ein Bild des Schreckens und Grauens: »Hier ist alles Verwirrung, Unordnung – zweckloses Streben – bauen um zu zerstören – wechselseitiges Aufreiben, mit *Absicht* und *Vorsatz* – innere Mißbilligung – tätige Äußerung – Sünde – Verbrechen – Laster.« (II, 39) Noch destruktivere Kräfte als in der Natur und der Gesellschaft werden aber – so K...s These – im isolierten Kampf mit sich selbst entfesselt.

Zur Begründung veranstaltet K. ein Gedankenexperiment. Was passiert mit einem Menschen, dessen Sinnesorgane nach und nach ausgeschaltet werden? Wie würde sich die Denkkraft entwickeln, ohne neue Eindrücke von außen zu empfangen? K. spitzt diesen Gedanken noch weiter zu, indem er die völlige Auflösung des Körpers annimmt. Diese Überlegungen, die sich deutlich den Abstraktionen des Universitätsstudiums verdanken und gegen diese richten, führen in die völlige Aussichtslosigkeit: »Ewige, schreckliche Langeweile müßte ja unser Los sein, wenn nichts, als Denken uns übrig bliebe« (I, 690). Auf diese Weise führt K. die zuvor dem Tagebuch anvertrauten Stimmungen der Langeweile, Seelenlähmung und Melancholie auf das anschauungslose, erfahrungsferne, ›reine‹ Denken zurück, das die Universität, die »Klippe« seines Lebens, verkörpert. Die konsequente Folge dieses inneren Stillstands ist für ihn der Tod oder das Nichts. »Das Ende der Tage! was ist das? [...] Und wenn ich Staub bin, was bin ich dann? was ist der Staub, auf den ich trete? Ist er etwas oder ist er nichts? Oder ist er der Übergang zum Nichts? / Zu Staub werden – zu Nichts werden – Zu Staub, zu Asche werden, die in alle vier Winde zerstreut wird – was ist das anders als Vernichtung? gibt es noch ein andres Nichts? Ist hier noch etwas festes und bleibendes? / [...] Wo die wenigsten Unterschiede sind, da ist die Grenze des Nichts, wo aller Unterschied aufhört, da beginnt das Nichts –« (I, 691).

Um 1800 wird für eine solche Position die Zauberformel des Nihilismus geprägt, Friedrich Heinrich Jacobi gilt als deren Initiator. Gemeint ist damit der übersteigerte Subjektivismus und Idealismus, die schöpfungsgleiche Setzung eines Ich gegen die Welt, wie sie Fichte angelastet wird. Wie Jacobi ist es vor allem Jean Paul, der Front gegen diese »gesetzlose Willkür des jetzigen Zeitgeistes« macht. Für ihn sind »Poetische Nihilisten« »Verächter des All«, die »nichts weiter als sich« achten und »lieber ichsüchtig die Welt und das All vernichten, um sich nur freien *Spiel*-Raum im Nichts auszuleeren«.[39] Doch mit solchen anmaßenden Genies und Weltschöpfern, wie sie dann wieder in Klingemanns *Nachtwachen* in einer pathologischen Variante verspottet werden, hat K. nichts zu tun. Er ist deren striktes Gegenteil. Sein Problem ist nicht solipsistische Weltvernichtung zur Ich-Inthronisierung, sondern viel eher Reduktion des Ich bis hin zum Identitätsverlust. Wie im Falle Anton Reisers haben wir es also viel eher mit einem selbstdestruktiven, abkapselnden Egoismus – so ein zeitgenössisches Synonym für Nihilismus[40] – als mit prometheischem Größenwahn zu tun.[41] Ähnlich wie K. gerät Anton Reiser »durch sein beständiges Nachdenken und in sich gekehrt sein, sogar auf den Egoismus, der ihn beinahe hätte verrückt machen können.« (I, 114)

Die letzte Passage von K...s Reflexion, die auf die Nihilismus-Überlegungen folgt, ist eine Steigerung im Zeichen des Pathologischen. So urteilt jedenfalls der Erzählerherausgeber in einer Fußnote, in der er auf die Entstehung dieses Aufsatzes während eines »Fiberparoxismus« der letzten Lebenswochen verweist und dem Ganzen allenthalben »Methode in dem Wahnwitz« (I, 691) attestiert. Den Auftakt bildet eine apokalyptische Szenerie. Sie stellt eine »grauenvolle Werkstatt« vor, »wo Krankheit, Pest, und Teurung, Krieg und Unheil, Tod und Verderben geschmiedet werden.« (I, 691) Das entworfene Bild, für das bislang keine Vorlage gefunden wurde, zeigt »drei schreckliche Meister des Schicksals«, die in einem »enge[n] Gewölbe« glühendes Eisen mit Hämmern auf Ambossen bearbeiten (I, 691f.). Hollmer / Meier denken dabei zu Recht an die drei Parzen sowie an die Symbolik der Freimaurerei, übergehen damit aber völlig die Ikonographie des im Text ausdrücklich genannten Feuergottes »Vulkan« (I, 691) und seiner Schmiedegehilfen.

»Dieses Thema bildet seit der römischen Zeit einen festen ikonographischen Typus, bei dem es sich um die Darstellung des Hephaistos [Vulcanus] handelt, der mit seinen (in der Regel drei) Gehilfen, den Kyklopen, am Amboß den Schmiedehammer schwingt.«[42] Diego Rodríguez de Silva y Velázquez' Ölgemälde *Die Schmiede des Vulkan* (1630, siehe Abb. S. 115) bietet dafür ein prominentes Beispiel. K...s mythologische Phantasie mag da wie im Falle Anton Reisers durch »Acerra philologika« (I, 103), also populäre Sammlungen ausgewählter Denkwürdigkeiten, befeuert worden sein, wenn der Student sich nicht gar handfest an Klassikern wie Benjamin Hederichs *Gründlichem mythologischen Lexicon* (1770) orientierte. Dort wird man umfassend über Jupiters Lieferanten für Donnerkeile informiert, der auch Prometheus an den Kaukasus schmieden mußte, nachdem er diesem zuvor beim Menschenbilden geholfen hatte. In der *Götterlehre oder Mythologische Dichtungen der Alten* (1791) kommt Moritz dann selbst ausführlich auf Vulkan zurück und präsentiert dazu auch ein Kupfer des Pfeilschmieds von Venus und Kupido.[43]

Daß K. Vulkans Werkstatt für das Machtzentrum hält, von dem aus »diese ungeheure Weltmasse regiert« wird (»der erste zureichende Grund von allem, was da ist«; I, 692), spricht sehr dafür, diesen konkreten Bezug dem Hinweis auf die Freimaurerei an die Seite zu stellen. Hinzu kommt das von K. aufgerufene Bildinventar, das schon Hederich bestätigt:

> Man stellt ihn [Vulkan] als einen Schmidt vor, der mit einem Beine lahm ist, und in der einen Hand einen Hammer hält, um sich herum aber andere Götter stehen hat [...]. Er sitzt oder steht oft vor seinem Ambosse und schmiedet der Pallas einen Helm. [...] An der einen Seite hat er ein Paar Ambosse, an der andern einen Blasebalg. [...] Hiernächst soll er seine Werkstatt unter dem Berge Aetna, in Sicilien, gehabt haben, in welcher insonderheit die Cyklopen mit gewesen seyn sollen; und solches zwar wiederum, weil solcher einer der schrecklichsten feuerspeyenden Berge ist, dessen Krachen und Prasseln von innen für das Schmieden der Cyklopen angegeben wird.[44]

K...s Bildphantasie von den unheilvollen Produzenten der Unterwelt fügt sich also nahtlos in den Kontext. Sie wirkt wie eine nachgelieferte Herausforderung, die zuvor auf dem Feld der Konzentration, Depression oder Zerstörung angestellten nihilistischen Überlegungen nun auch noch auf dem entgegengesetzten Terrain der Expansion, Hybris und Schöpfung zu erproben: »Warum« – fragt sich K. – »soll ich nicht auch mit einem Schlage auf den Amboß Welten entstehen, und Welten zertrümmern lassen?« (I, 692) Abgesehen vom eigenen Unvermögen halten ihn sicherlich die zweifelhaften, wenn nicht erschreckenden Ergebnisse dieser höllischen Weltschöpfer zurück, überhaupt einen Versuch zu unternehmen: »Sehet da eure Welt! – Aus einem ungeheuren Zusammenfluß von Neid, Zwietracht, Krieg, Pest und Verderben, erwächst einmal eine zweideutige edle Tat.« (I, 692) Nicht nur jeden vorgeblichen moralischen Zweck der »ewigen traurigen Beschäftigung« (I, 693) Vulkans und seiner Gesellen zieht

›Die Schmiede des Vulkan‹, Ölgemälde von Velázquez, 1630

K. vehement in Zweifel; ebenso fragwürdig erscheint ihm die Möglichkeit einer Ästhetik: »Und ihr drei schrecklichen Unbekannten, was ist Euch denn schön?« (I, 693)

In dieser Phase der Reflexion gelingt K. eine Abgrenzung von den Gestalten seiner Vision. Hier gewinnt er einen Teil seiner Subjektivität zurück, wenn er Schönheit – im strikten Gegensatz zu Moritz' Autonomiethese des »in sich selbst Vollendeten« (II, 943-949) – ausschließlich auf sich selbst bezieht und definiert: »Schön ist mir, was mit meinem Wesen übereinstimmt« (I, 693). K. hält aber »Mannigfaltigkeit, Leben, Bewegung« für sein Wesen, »Einförmigkeit, Trägheit, Untätigkeit« hingegen für dasjenige der »drei schrecklichen Unbekannten« (I, 693). Mithin verfügt er über einen anderen Begriff von Schönheit, der allerdings in Kontrast zur eigenen Wirklichkeit steht. Denn diese scheint K. geprägt vom Tod. Die Annahme, »daß Leben Zweck sei« (I, 694), erweist sich für ihn als eine Illusion. Obgleich der Aufsatz fragmentarisch bleibt, entspricht dieses Ergebnis doch jener Konklusion, die sich zuvor auch aus den Tagebuchaufzeichnungen ergeben hatte. Die reflektierende Passage wiederholt mithin das zuvor dokumentierte und erzählerisch kommentierte traurige Schicksal K...s auf einer neuen Ebene.

Die Diagnose, die sich aus beiden Durchgängen ergibt, ist gleichlautend »innere Krankheit« und »unheilbare Seelenlähmung« (I, 694). Im nachfolgenden Romanprojekt hat Moritz dieses Syndrom dann systematisch an seinem von Melancholie und *acedia* befallenen Anton Reiser entwickelt:[45] »Ein Zustand, der eine Art von Seelenlähmung hervorzubringen vermag, welche nicht so leicht wieder gehoben werden kann. – Man fühlt sich in einem solchen Augenblick gleichsam wie vernichtet, und gäbe sein Leben darum, sich vor aller Welt verbergen zu können.« (I, 226) In der kleinen Vorstudie *Aus K...s Papieren* ist dafür nur in Ansätzen erzählerischer Raum vorhanden. Der dokumentarische Charakter – im Sinne des auf Materialpräsentation abgestellten *Magazins zur Erfahrungsseelenkunde* – bleibt im Fragment gewahrt. In einem letzten Anlauf wird K...s Schicksal schließlich durch »F...s Geschichte« gespiegelt und abgerundet. Das setzt natürlich voraus, daß man die in den *Denkwürdigkeiten* verstreuten Passagen wie in der Klassikerausgabe zu einem Textganzen zusammenfügt.

Die briefliche Warnung an F., die K. bei seiner Abreise nach Coswig zurückläßt, bietet einen guten Grund, diese gleichsam parallele Biographie anzufügen. Durch die Entdeckung der »schrecklichen Untätigkeit« (I, 676) seines Wittenberger Freundes macht sich K. schon früh »zu einem Unglückspropheten, der leider nur allzuwahr sagte.« (I, 694) Auch F...s Schicksal bringt der Erzähler auf die prägnanten Formeln von der »innere[n] Krankheit«, der »unheilbare[n] Seelenlähmung«, der »Unentschlossenheit« und der »wankenden Tatkraft« (I, 694). Lediglich die Ursachen unterscheiden diese Psychopathographie von derjenigen K...s. F. leidet an einer unglücklichen Liebe: »die Blume seines Lebens war zerbrochen« (I, 695), »die schönste Blume seiner Hoffnung« (I, 696) zerknickt. Als die Geliebte sich für seinen erfolgreicheren Konkurrenten um ein Amt entscheidet, wird er zum Misanthropen. Eine Stellung als Privatsekretär in fürstlichen Diensten reicht nicht hin, die öffentliche und private Zurücksetzung zu überwinden. F. bezieht deshalb die Universität in Leipzig. Ähnlich wie K. scheitert er dort an Händeln, die er nicht um der eigenen oder studentischen Ehre willen vom Zaun bricht, sondern lediglich aus »menschenfeindliche[r] Laune« und »Bitterkeit gegen das Schicksal« (I, 697). Eine Aufführung der *Minna von Barnhelm* versetzt F. in mißmutige Streitsucht. Offenbar sind es die »mißlungenen Aussichten« und »fehlgeschlagenen Hoffnungen« Tellheims (I, 697), der schier unlösbare Konflikt zwischen öffentlicher Ehre und privater Neigung, die F. derart auf die Seele schlagen, daß er einen sinnlosen Streit provoziert und deshalb nach Wittenberg fliehen muß. Dort spielt er eine glänzende Rolle in den »Studentengesellschaften« (I, 698) und trifft mit dem von der Universität Halle relegierten Duellanten K. zusammen.

Während K. sich aber zunehmend schweigsam der Geselligkeit und dem gemeinsamen Gesang entzieht, überspielt F. seinen Verdruß durch »ausgelassenste Lustigkeit« und »ein gewisses *kindisches Wesen*«, was der Erzähler für »das sicherste Merkmal einer inneren tiefen Seelenverstimmung« hält (I, 698f.). Offenbar zeigen die nahe verwandten Krankheiten von K. und F. nur unterschiedliche Gesichter. Im Kern geht es in beiden Fällen um Tatenlosigkeit und Antriebsschwäche, Spielarten der *acedia*, die in den legendären Freiheiten des universitären Lebens so gut gedeihen. Deshalb hat K...s Entscheidung, sich in Coswig anwerben zu lassen, nicht nur mit seiner alten Leidenschaft für den Soldatenberuf zu tun, sondern sie trägt auch Züge der Selbsttherapie. F. gelingt es vorerst nicht, seinen Wunsch nach einer neuen beruflichen Karriere zu erfüllen. Auch seine Geschichte bleibt Fragment, die angekündigte »Fortsetzung« (I, 700) ist nicht erschienen. Statt dessen endet sein Fall mit einem essayistischen Appell an die Menschen gegen das *»zwecklose Hinschleudern ihrer Zeit«* (I, 699), der also auch für K. gilt.

Moritz beschließt den Text mit diesem Lieblingsthema, das sich seiner quietistischen Erziehung verdankt. Schon in den *Unterhaltungen mit meinen Schülern* (1780) handelt er ausführlich »Vom rechten Gebrauch der Zeit«. Dieser pädagogische Traktat beginnt mit dem Satz: »Das Kostbarste unter allem, was wir besitzen, Kinder, ist die Zeit.«[46] Deshalb müsse man damit stets so behutsam umgehen wie mit Geld. F...s Leben wird entsprechend verurteilt, sein ungenutzter »*Fond* von Tatkraft« habe »Unheil und Verderben in ihm« (I, 700) angerichtet. Die Menschen strebten nämlich nach Ämtern und Ehrenstellen, die auf den ersten Blick wie eine Einschränkung der Freiheit erscheinen, um »*sich gleichsam vor sich selbst, und vor ihren eignen abwechselnden Launen in Sicherheit zu stellen*« (I, 699).

Mit dieser Wendung rückt der Text ein letztes Mal nahe an *Die Leiden des jungen Werther* heran. Auch der finanziell offenbar zu keinem Broterwerb gezwungene Werther leidet an Untätigkeit und Langeweile, nennt aber zugleich jeden einen Tor, der, »ohne daß es seine eigene Leidenschaft, sein eigenes Bedürfniß ist, sich um Geld oder Ehre oder sonst was abarbeitet«.[47] Den klugen Einsichten seiner eigenen Chrie gegen die üble Laune, die er im Pfarrhaus so großspurig zum besten gibt, folgt er jedenfalls nicht. Es ist, doziert Werther da ganz im Sinne von Moritz' Erzähler, »mit der üblen Laune völlig wie mit der Trägheit. Unsre Natur hängt sehr dahin, und doch, wenn wir nur einmal die Kraft haben uns zu ermannen, geht uns die Arbeit frisch von der Hand, und wir finden in der Thätigkeit ein wahres Vergnügen.«[48] Auch K. und F. hätten in Wittenberg dieses rettende Vergnügen im Tätigsein finden können. Die Universität würde dazu jedenfalls alle Möglichkeiten geboten haben. Daß sie für F. und K. zur Klippe wird, an der sie scheitern, ist ihren unglückseligen Lebensgeschichten geschuldet.

Diese Resultate sind zwar kausal nachvollziehbar und verdanken sich durchweg wirklichen oder zumindest wahrscheinlichen »Fakta«. Der dokumentarische Aufwand steht aber doch in einem gewissen Mißverhältnis zu der Einsicht, daß Zeitverschwendung, Tatenlosigkeit und studentische Ausschweifungen melancholische Seelenlähmung bis hin zum Lebensüberdruß erzeugen können. Das Ergebnis ist nicht nur vergleichsweise schlicht, sondern es hätte sich auch umstandslos aus – moralisch keineswegs ungeschwätzigen – Tugendlehren der Zeit, etwa Anton Reisers quietistischen Ratgebern, ableiten lassen. Sicher kann man der Erzählung *Aus K...s Papieren* dabei zugute halten, daß sie eine fragmentarische Vorübung für das Romanprojekt ist. Als Anleitung zur allmählichen Verfertigung psychologischer Gedanken beim Studium dokumentarischen Materials, gleichsam als Deutungsschule für angehende philosophische Ärzte oder Leser anthropologischer Prosa, hat dieser exemplarische Text gewiß seine Berechtigung. Darin sind viele Details künstlich verwoben, die beobachtet und zugeordnet werden sollen. Der dadurch geschärfte Blick wird sich dann an tatsächlichen Dokumenten – z.B. Krankenakten oder Tagebüchern von Patienten – zu bewähren haben, die noch durch keinen kommentierenden und arrangierenden Erzählerherausgeber wie im vorliegenden Fall bearbeitet wurden. Über den literarischen Wert solcher Versuchsanordnungen, selbst in der perfektionierten Form des *Anton Reiser*, darf getrost gestritten werden. Es sei jedem unbenommen, solch »nüchterne Benennungsprosa«, in der »ein additives, parataktisches Verfahren das Feld« beherrscht und die unter dem Druck der neuen Empirie »wahrhaft zur Hydra« verkommen mag,[49] nicht zur Lieblingslektüre zu erklären. In der Frühzeit einer empirisch fundierten psychologischen Dichtung flankiert sie aber um 1780 die »*Experimentalseelenlehre*« oder »*Erfahrungsseelenkunde*« (I, 809) und bietet damit literarhistorisch etwas bemerkenswert Neues.

7. Zwischen Lesesucht und Geltungsdrang:
Theatromanie als Literatur-Obsession

Ich bitte Sie, entschlüsseln Sie mir doch »das Räthselhafte dieses epidemischen Wahnsinns«,[1] fleht der Buchhändler Kern in Karl Schalls Lustspiel *Theatersucht* (1817). Was veranlaßt ihn zu dieser Bitte? Kern gerät in den Umkreis einer Gruppe theaterbesessener Schauspieldilettanten. Diese scharen sich um einen Kaufmann, der nebenbei ein Liebhabertheater betreibt. Alle Personen spielen ständig Theater, auch wenn sie nicht auf der Bühne stehen. Sie sind, berichtet des Kaufmanns Mündel Hannchen, »von einer Krankheit, die hier unter allen Ständen sehr stark grassire, bis zum *furore* besessen, nämlich von einer gewaltigen Theatersucht«.[2] Hannchen und der Buchhändler Kern sind die einzigen *dramatis personae*, die von der Sucht noch nicht befallen sind, obgleich sie noch leichter anstecken soll »als der gefährlichste Typhus«.[3] Die beiden vernünftig gebliebenen Personen verlieben sich ineinander und inszenieren eine Stegreifburleske, die dem Theaterwahn einen grotesken Spiegel vorhält.

So konventionell und trivial die Lustspielhandlung auch anmuten mag, so ernst bleibt das parodierte Problem: Die Theatersucht als eine Mode der Goethezeit, die in eine Krankheit umzuschlagen droht. Sie soll im folgenden aus der Perspektive von Erfahrungsseelenkundlern und Ärzten anhand von Dokumenten über deren Inkubation, den Verlauf sowie Therapiemöglichkeiten vorgestellt werden. Dabei scheint es fast, als sei vor der Theatromanie niemand gefeit, gleichgültig ob historische Personen oder fiktionale Figuren. Und natürlich ist diese epidemische Euphorie in ganz Europa verbreitet.[4] Wenn Ludwig Börne sich über die bühnensüchtigen Pariser mokiert, dann lenkt das von dem zu Hause ebenso stark verbreiteten Phänomen lediglich ab: »Ihre Theatersucht« – berichtet er im März 1831 – »ist eine wahre Nervenschwäche; sie bekommen Krämpfe, wenn man sie an diesem Punkte reizt.«[5] Schon lange wird das Syndrom überall unter den Verdacht der Irrationalität gestellt, beispielsweise von Wieland, der nicht nur im *Don Sylvio* die Natur über die Schwärmerei siegen läßt. In der verkehrten Welt der *Abderiten* wird sogar ein ganzes Volk »vor Bewunderung und Entzücken über die

Andromeda des Euripides zu Narren«. Die Komödienenthusiasten geraten in eine »Frenesie«, »heftiges Nasenbluten«, »starken Schweiß«, kurz, sie werden von einem »wunderbaren Theaterfieber« befallen.[6] In Johann Friedrich Schinks Version des *Theaters zu Abdera* kommt es in der rührenden Tragödie zu keiner geringeren Überschwemmung von Tränen; und der »Enthusiasmus« für eine einzelne Schauspielerin eskaliert hier gar zu einer »Art epidemischer Krankheit«, die alle »körperlichen und geistigen Empfindungen« beansprucht.[7] Während bei Wieland oder Schink noch die somatischen Symptome überwiegen, verstärken sich in der Romantik Deutungen im Zeichen des Psychopathologischen. In E.T.A. Hoffmanns Novelle *Signor Formica* (1819) aus den *Serapionsbrüdern* bricht beispielsweise jene »Theaterlust« wieder hervor, »die früher in jungen Jahren beinahe ausartete in Wahnsinn«.[8] Bei Tieck heißt sie »Theaterwut«,[9] womit auf die alte Kategorie des Furor in seiner Doppelbedeutung zwischen Genie und Wahnsinn angespielt wird.

Nicht erst E.T.A. Hoffmann sieht dabei besonders die Jugend gefährdet. Die Bühnenwelt bedeutet eine höchst riskante Verlockung für die Bürgersöhne der Aufklärung. In Autobiographien wird die zwischen Gefahr und Faszination angesiedelte Leidenschaft zu einem regelrechten Topos. Dazu nur drei Beispiele: Der junge Johann Gottfried Seume ist einer unter vielen, den diese Leidenschaft packt: »Die Theaterneigung bemächtigte sich bald meiner bis zur Epidemie; vorzüglich als ich zur Akademie überging.«[10] Auch Moritz' Alter ego Anton Reiser wird bis zur völligen Wirklichkeitsverblendung von der »Theatergrille« (I, 239) heimgesucht. Wie der Lektüre verfällt er dem Theater als einer Droge für die Einbildungskraft, die ihn in tiefste Abhängigkeit stürzt. Als dritter erinnert sich Moritz' Gymnasialfreund August Wilhelm Iffland ganz ähnlich an die Initiation seiner *theatralischen Laufbahn*. Während eines Gastspiels der Seyler'schen Truppe in Hannover sieht der kaum Zehnjährige die *Miß Sara Sampson*: Eine »wahre, hinreißende Schilderung, diese Allmacht des Gefühls [...] reizte, erhob und überwältigte mein Gefühl. Ich war aufgelöst – [...] ich konnte nicht aufstehen, ich weinte laut, wollte nicht von der Stelle [...]. Die hohe Tragödie erfüllte mich mit schwärmerischer Ehrfurcht.«[11]

Alle diese Beispiele verdeutlichen den hohen Ansteckungsgrad der Theaterleidenschaft. Sie betrifft das Publikum und nicht die Akteure, entsteht aber als Reaktion auf das Bühnengeschehen. Eine bessere Bestätigung der Wirkungsästhetik ist kaum vorstellbar. Voraussetzung für diesen Effekt ist das naturwahre, psychologisch kalkulierte Spiel, das den Zuschauer zur völligen Identifikation einlädt. Wie es zustande kommen soll, ist umstritten. Das Modell des empfindsamen Schauspielers, der sich aktuell in der darzustellenden Gemütslage befindet, konkurriert mit jenem vom reflektierenden Akteur, der trotz innerer Distanz erregt zu sein scheint. Am raffiniertesten ist der Vorschlag Lessings, über die Nachahmung der äußeren Körpersprache die Seele zu affizieren. Diese Wechselwirkung von außen nach innen soll im nächsten Schritt die authentisch wirkende Mimik und Gestik hervorbringen. Der Affekt kommt zwar von innen, ist aber künstlich hervorgerufen. Der Akteur hält so jenen Abstand, der für alle oft wiederholten Aktionen notwendig ist, um sie immer in der gleichen Intensität darzustellen.[12] Zugleich bewahrt ihn die Reflexion vor den Gefahren der Theatromanie. Die professionelle Distanz des Schauspielers schützt ihn zwar vor seelischen Verwicklungen, nicht aber vor der körperlichen Erschöpfung, die Theaterärzte als Berufsrisiko diskutieren und behandeln.[13] Für den Zuschauer verhält es sich genau umgekehrt, wie Diderot in seinem *Paradoxe sur le comédien* demonstriert: »Der Darsteller ist müde, Sie sind traurig; das kommt daher, daß er sich heftig bewegt hat, ohne etwas zu empfinden, während Sie empfunden haben, ohne sich zu bewegen.«[14]

Auch Schiller bemerkt den engen Zusammenhang zwischen Bühne und Parterre in seiner medizinischen Dissertation. Garrick bezahle seinen Auftritt als Lear oder Othello zwar mit stundenlangen »gichterischen Zuckungen auf dem Bette«, könne aber nur so die überwältigende »Illusion des Zuschauers, die Sympathie mit künstlichen Leidenschaften« bewirken, die auch beim Publikum für »Schauer, Gichter und Ohnmachten« sorge.[15] Die Leistung des Schauspielers ist also die Voraussetzung für die Entstehung von Theatromanie im Auditorium. Sympathie ist dabei Schillers Zentralbegriff, der in seiner Liebesphilosophie jene unausweichliche seelische Anziehungskraft bezeichnet, die analog zur Gravitation zwischen Planeten gedacht wird. So entfaltet sich die unwiderstehliche Macht des Theaters, die aus vielen Aufführungsberichten spricht. Eine Inszenierung des *Othello* in Hamburg soll 1776 so heftig beim Publikum eingeschlagen haben, daß es – wie bereits in der Antike von Aischylos berichtet[16] – zu Frühgeburten kam: »Ohnmachten über Ohnmachten erfolgten. [...] man ging davon oder wurde nothfalls davongetragen, (beglaubigten Nachrichten zufolge) war die frühzeitige mißglückte Niederkunft dieser oder jener namhaften Hamburgerin Folge der Ansicht und Anhörung des übertragischen Trauerspiels.«[17] Berühmt ist auch der Augenzeugenbericht bei der Mannheimer Uraufführung der *Räuber*: »Das Theater glich einem Irrenhause, rollende Augen, geballte Fäuste, stampfende Füße, heisere Aufschreie im Zuschauerraum! Fremde Menschen fielen einander schluchzend in die Arme, Frauen wankten, einer Ohnmacht nahe, zur Türe. Es war eine allgemeine Auflösung wie im Chaos, aus dessen Nebeln eine neue Schöpfung hervorbricht!«[18]

Der Mannheimer Theaterarzt Franz Anton May bestätigt, daß bei dieser Vorstellung »das Menschenblut erfrieren, und die Nerven, sowohl beim Schauspieler als Zuschauer, erstarren müssen, wenn ihre Urahnen nicht von Pantoffelholz gewesen sind«.[19] Später, als Mitbegründer des distanzierenden, klassischen Weimarer Programms, das dem »Naturalism in der Kunst offen und ehrlich den Krieg« erklärt, will Schiller von solchen unausweichlichen Attacken auf die Seele des Rezipienten natürlich nichts mehr wissen: Das »Gemüth des Zuschauers« – verfügt er da – »soll auch in der heftigsten Passion seine Freiheit behalten, es soll kein Raub der Eindrücke sein, sondern sich immer klar und heiter von den Rührungen scheiden, die es erleidet.«[20]

Zu Zeiten der *Räuber* ist das Identifikationstheater à la Lessing freilich noch intakt und bildet die Voraussetzung für die Theatromanie. Schillers These von der sympathetischen Übertragung zwischen Bühne und Parterre wird von anderen Theoretikern um die ebenfalls medizinisch fundierte Metapher von der Ansteckung ergänzt, die bestens zu der oben mehrfach zitierten Rede von der Theaterleidenschaft als Epidemie paßt: Schon Johann Jakob Bodmer ist davon überzeugt, daß »der Anblick derer, die im Affecte sind, die

Zusehenden gleichsam anstecket, und Parthey zu nehmen nöthiget«.[21] Der Schauspieltheoretiker Pierre Remond de Sainte Albine hebt die Traurigkeit unter allen Leidenschaften als »eine Art von epidemischer Krankheit« hervor, die »sich durch die Augen und durch das Gehör mittheilet«.[22] Johann Georg Sulzer sekundiert später in seiner psychologisch orientierten *Allgemeinen Theorie der schönen Künste*: »Es ist gewiß, daß der Mensch in keinerley Umständen lebhafterer Eindrüke und Empfindungen fähig ist, als bey dem öffentlichen Schauspiel. [...] Nichts in der Welt ist anstekender und kräftiger würkend, als Empfindungen, die man an einer Menge Menschen auf einmal wahrnimmt.«[23] Und für Sulzers Freund, den Berliner Theaterdirektor Johann Jakob Engel, bewirkt »das Anstekkende eines fremden Gebehrdenspiels«, daß die Schauspieler sich in den Zuschauern spiegeln: »Alle Minen der Akteurs, sogar manche ihrer Bewegungen, ahmt der so ganz illudirte Zuschauer, wenn gleich schwächer, nach: [...] sein ganzes Gesicht wird zum Spiegel, der alle die abwechselnden Gebehrden der auftretenden Personen, Verdruß, Spott, Neugier, Zorn, Verachtung getreu zurückwirft.«[24]

Die Ansteckungskraft des Theaterspiels wird so gleichsam zum Erfolgsmaßstab der Wirkungsästhetik. Die medizinischen Fortschritte auf dem Gebiet der Epidemiologie, speziell die neu entwikkelten Impfungen, setzen sich bis in die Metaphorik der Ästhetiker durch. Ärzte wie Schiller sind dafür besonders anfällig. Nicht erst in seiner Dramaturgie des Erhabenen macht er die »Inokulation des unvermeidlichen Schicksals« zur Zentralkategorie.[25] Schon der Medizindoktorand versteht in den *Räubern* die Seele punktgenau zu befeuern und so eine Mania durch das Theater auszulösen. Schillers Fachkollege, der Theaterarzt Franz Anton May, bestätigt das in seiner Abhandlung *Ueber die Heilart der Schauspieler-Krankheiten* (1783): Der Akteur – für May ist das im Unterschied zu Schiller der Empfindungsschauspieler à la St. Albine – könne durch seine »lebhafte Vorstellung, durch den natürlichsten Ausdruck der Leidenschaften wie ein elektrischer Funken in das Gefühl der Zuschauer hinblizen, und ihr ganzes Nervengebäude zur Mitleidenschaft erschüttern«.[26] Dabei verausgaben sich die Darsteller, etwa des »Karl und Franz Mohr in den Räubern«; sie »verdämpfen wenigstens auf acht Täge den Nervensaft, und entkräften Leib und Seele«.[27] Für das

Publikum könne das über die Anstrengung hinaus gar schädlich sein. Während Komödien im Sinne der Diätetik den Geist zerstreuen und Melancholie vertreiben, gelten Trauerspiele als »der Gesundheit öfters nachtheilig; weil sie mit unangenehmen Krämpfen auf fühlende Selen wirken«.[28]

Vor der »natürlichen Ansteckungskraft des Enthusiasmus«[29] – so Wielands Formel – scheut man sich im Theater zunächst wegen des damit verbundenen Chaos. Die Zustände bei der *Räuber*-Uraufführung sind schließlich kein Einzelfall. Nur zögerlich verwandelt sich das Theater im 18. Jahrhundert von einem bunten, lauten Jahrmarktstreiben unter störender Beteiligung des Publikums zu einer aufmerksam und schweigsam verfolgten Veranstaltung im abgedunkelten Raum.[30] William Hogarths Subskriptionsbillet mit dem Kupfer *The Laughing Audience* (1733, siehe Abb. S. 127) zeigt, was sich da abspielen konnte.[31] Hinter den drei Bläsern im Orchester sieht man das frenetisch lachende und bis zu Tränen gerührte Publikum, nur ein spitznasiger Herr – wahrscheinlich der Kritiker – wendet sich mit versteinerter Miene ab. Im Hintergrund werben zwei Orangenhändlerinnen um einen Herrn, während ein anderer sich um eine Dame bemüht, der er keck in den Ausschnitt schielt. Nun, wo spielt hier die Musik? Neben der Theaterpolizei, die jene neu erstrebte Disziplin zu sichern hat, bekämpfen zum einen Theologen und Pädagogen das Schauspiel. Zum anderen verdammen es die Gläubigen, vor allem die Pietisten, als Vortäuschung von Wahrheit, als Verführung zur unsittlichen weltlichen Lust und als Müßiggang.[32]

Mit Blick auf Moritz ist besonders pikant, daß eine in diese Richtung zielende Fachschrift: *Theatromania oder die Wercke der Finsterniß in denen öffentlichen Schauspielen* (1681), von einem Hamburger Pastor namens Anton Reiser stammt.[33] Eine Replik auf diese *Theatromania* provoziert den Gegenbegriff der *Theatrophania*.[34] Zum anderen fürchten Erzieher – so meint ihr Cheftheoretiker Joachim Heinrich Campe – das Komödienspielen der Kinder so sehr, »weil ihre Einbildungskraft und ihre ganze Denkungsart dadurch einen theatralischen und romantischen Schwung bekommt, der sich mit der Vorbereitung auf das wirkliche Leben und dessen Geschäfte und Pflichten nicht wohl vereinbaren läßt«.[35] Die unbändige Leidenschaft für die Bühnenwelt verlagert sich so insgesamt von der spontanen, polternden und derben Aktion im Zuschauerraum in die Innensphäre der Einbildungskraft. Erst hier kann sich die Theatromanie entfalten, erst in der Stille und Einsamkeit vermag der Enthusiasmus in Obsession und Manie umzuschlagen. Das öffentliche Bühnenspektakel verwandelt sich so in ein privates Seelentheater des einzelnen Individuums. Kulturgeschichtlich ließe sich dieser Vorgang etwa mit Norbert Elias als *Prozeß der Zivilisation* oder mit Richard Sennett als *Tyrannei der Intimität* beschreiben.

II. Fallgeschichten, Therapie

Von der Theatromanie im pathologischen Sinne sind wegen dieser zunehmenden Verinnerlichung keine vorübergehend erhitzten Gelegenheitsliebhaber betroffen, sondern notorisch realitätsflüchtige Enthusiasten. Es geht also nicht um den Besuch im Schauspielhaus als momentanes Korrektiv zur drückenden Prosa der Verhältnisse, wie Schiller es in der ›Schaubühnen-Rede‹ in Aussicht stellt: »Wenn Gram an dem Herzen nagt, wenn trübe Laune unsre einsame Stunden vergiftet, wenn uns Welt und Geschäfte anekeln, [...], so empfängt uns die Bühne – in dieser künstlichen Welt träumen wir die wirkliche hinweg, wir werden uns selbst wieder gegeben, unsre Empfindung erwacht, heilsame Leidenschaften erschüttern unsre schlummernde Natur, und treiben das Blut in frischeren Wallungen.«[36]

Im Unterschied zu dieser Auffassung des Theaters als eines probaten Selbsttherapeutikums des Bürgers, durch das sogar der »empfindsame Weichling [...] zum Manne« gehärtet wird,[37] gilt die Theatromanie als Krankheitserreger für labile Seelen: Aus unbändigem Verlangen, wahrgenommen zu werden, versuchen sie selbst schauspielerisch zu dilettieren. Einer der prominentesten Fälle ist Karl Philipp Moritz alias Anton Reiser.[38] Sein Schulfreund Iffland beschreibt dieses Syndrom mit ausdrücklichem Hinweis auf Moritz in einem Artikel *Ueber den Hang, Schauspieler zu werden* (1808):

> Junge Leute von angegriffener, kränkelnder Imagination, die sich als Schriftsteller oder Dichter ohne Erfolg versucht, in der Liebe Unglück gehabt haben, gerathen dahin, in einer dumpfen Schwermuth zu verkehren. Sie brüten ihr Leben so dahin, und

›The Laughing Audience‹,
Subskriptionsbillet von William Hogarth, 1733

gefallen sich indem sie an allem, was um sie her vorgeht, gar keinen Antheil nehmen, bloß für das Heiligthum ihrer Gedanken athmen und außer einer schweren, leisen, emphatischen Sprache, einem starren, gleichsam verkohlten Blicke, gar kein Zeichen ihres innern Lebens geben. Wenn diese auf den Gedanken gerathen,

> Schauspieler zu werden, so ist das Uebel fast unheilbar. Da sie in der That entweder innerlich stark empfinden, oder an Ueberreizung der Nerven leiden, so sind sie gar nicht zu überzeugen, daß es durchaus zweierlei ist, starke Gefühle zu besitzen, und diese starken Gefühle lebhaft, angenehm und schön darstellen zu können.[39]

Die gleichzeitig erwachende Theaterneigung und die gemeinsamen Deklamierübungen, Ifflands überlegene Begabung und frühe Bestimmung für die Bühne sowie Anton Reisers Wunsch, mit ihm und den anderen Mitschülern Komödie zu spielen, werden im »psychologischen Roman« eingehend dargestellt (I, 216f.; 238f.). Doch bevor Moritz das von Iffland später trefflich beschriebene »Uebel« ab dem zweiten Teil des *Anton Reiser* (1/1785; 2/1786; 3/1786; 4/1790) literarisch verarbeitet, reflektiert er es als Anthropologe. 1785, gleichzeitig mit dem Romanbeginn, erscheint im dritten Band des *Magazins zur Erfahrungsseelenkunde* eine Fallbeschreibung, die im Inhaltsverzeichnis den Titel *Ein unglücklicher Hang zum Theater* führt. Da sie für unseren Zusammenhang höchst aufschlußreich ist, stelle ich sie etwas ausführlicher dar.

Moritz berichtet von dem Sohn eines Freundes, dessen Geschichte frappierende Ähnlichkeiten mit seiner eigenen bzw. der Anton Reisers aufweist. Tatsächlich wird dabei ein realer Fall mit dem eigenen vermengt, Moritz erklärt lediglich mit herausgeberischer Nonchalance, daß wir den jungen Mann »D*** nennen wollen« (I, 869). Inzwischen ist die Chiffre aufgelöst: Hinter D*** verbirgt sich der Theologiestudent Johann Ernst Ludwig Paulmann, Sohn des im *Anton Reiser* so tief bewunderten Braunschweiger Predigers Johann Ludwig Paulmann.[40] Der kaum zwanzigjährige Hypochondrist steigert sich in die Lektüre von Komödien hinein, bis »seine ganze Seele von Ideen aus der theatralischen Welt angefüllt wurde« (I, 868). Als eine Wandertruppe in seiner Vaterstadt gastiert, kommt die Theatromanie zum Ausbruch: »Jetzt war er seiner nicht mehr mächtig. Die wirkliche Welt war vor ihm verschwunden, und er lebte und webte bloß in der Theaterwelt.« (I, 868f.) Den unwiderstehlichen Hang, dramatische Rollen zu Hause zu deklamieren, verfolgt er im bald aufgenommenen Theologiestudium durch Predigtübungen. Während der Universitätsjahre bleibt die Leidenschaft latent, um mit der Heimkehr und der erneuten Begegnung mit einer Schauspielergesellschaft aber um so stärker hervorzubrechen: »Die Theaterwelt stand aufs neue in ihrem höchsten Glanze vor seiner Seele da. Alles übrige wurde ihm verhaßt, die Freuden aus der wirklichen Welt wurden ihm schal und abgeschmackt.« (I, 869f.) Der Prozeß der Desintegration schreitet voran, je stärker »die zu schwache Vernunft [...] der stärkern Phantasie« (I, 870) unterliegt. Wie bei anderen Fällen seiner schwermütigen Klientel diagnostiziert Moritz – als »moralische[r] Arzt« (I, 793) und »kalter Beobachter« (I, 802) – Untätigkeit und Seelenlähmung[41] als Folge der »unüberwindliche[n] Neigung aufs Theater zu gehen« (I, 870).

Im Unterschied zu vielen anderen Beispielen aus dem *Magazin* gelingt Moritz im Verein mit dem befreundeten Vater die Heilung des jungen Paulmann. Statt auf Verbot setzen sie erfolgreich auf »Erlaubnis« (I, 872), die der Passion die Spitze bricht. Der junge Mann entscheidet sich aus freier Überlegung gegen das angebotene Engagement bei einer Schauspielgesellschaft. Statt länger »hin und hergezogen zu *werden*«, gewinnt er selbständig die »Elasticität seiner tätigen Kraft«, seine »Denkkraft« (I, 872), zurück. Sorgfältig wägt er »seine Wünsche« (I, 872) gegen »das Solide«, »den Unterhalt«, »das Fortkommen im Alter« (I, 873) ab und scheint so »gänzlich von seiner Phantasie geheilt« (I, 873). Um die Festigkeit der neuen Überzeugung zu prüfen, provoziert sein Betreuer Moritz ihn durch Gründe *für* die Theaterlaufbahn. Doch Paulmann hält mit »Heiterkeit« und »Freude« (I, 873) an seinem Entschluß *gegen* die Schauspielerei fest. Damit hat sich auch seine theatralische Wahrnehmung gewandelt. Während Stücke wie *Die Räuber* vormals eine »innere Unruhe« und »Unentschlossenheit in seiner Seele« auslösten (I, 871), erfüllen sie ihn nun mit »Abscheu und Widerwillen« (I, 873).

Paulmanns Fall wird im nächsten Jahrgang des *Magazins* um Dokumente zur Vorgeschichte sowie Briefe nach der Heimkehr ins Elternhaus ergänzt.[42] Man erfährt, daß die Schwermut und Untätigkeit ebenso wie der Wunsch zu predigen, zu deklamieren und sich zu produzieren nicht ganz verschwunden sind. Besonders ein Theaterbesuch droht den Mann aus dem neu gewonnenen Gleichgewicht zu bringen. Trotz dieser absehbaren Gefahr des Rückfalls beschreibt

Paulmann seine Lage als stabil: »Seitdem jene unglückliche Idee aus meiner Seele verbannt ist, bin ich ganz anders geworden.«[43] Carl Friedrich Pockels, Mitherausgeber des *Magazins* ab dem fünften Band, hebt in seiner Revision des Falls »den sonderbaren Übergang einer verschrobenen Phantasie von Comedie zur Predigt, und von der Predigt zur Comedie«[44] als psychologisch interessant hervor. Anton Reiser wird genau dieser Weiterentwicklung der rhetorischen Actio von der Kanzel zur Bühne – der Homiletik zur Histrionik – folgen und sie durch die Lesesucht vervollständigen.[45]

Für das *Magazin* ist auch mit der Fortführung von Paulmanns Geschichte die Auseinandersetzung mit dem Thema noch nicht beendet. Im siebenten Band ergänzt Immanuel David Mauchart den Fall Paulmanns um die *Geschichte eines unglücklichen Hangs zum Theater*.[46] Er zitiert den Brief eines Mannes (»H. T.«), der seine »unüberwindliche Neigung zum Theaterwesen« als Klimax beschreibt: Er beginnt mit dem obsessiven Sammeln von Komödienzetteln (als »Heiligthum«), auf deren Grundlage er ganze Stücke »selbst verfertigt« (Jean Pauls *vergnügtes Schulmeisterlein Maria Wuz* erschreibt sich so seine ganze Bibliothek). Dann steigert er sich über das heimliche Deklamieren ganzer Rollen bis hin zu dem »Gedanken, selber ein kleines Theater zu errichten«. Wie der junge Paulmann wird dieser in »Theaterwuth« geratene Mann durch die »unvermuthete Erlaubniß, in die Komödie gehen zu dürfen« von seiner »Verirrung« geheilt. Der alte Trick der Zuckerbäcker, bei ihren Lehrjungen durch »Übermaaß im Genuß Eckel« zu erregen, sei – so kommentiert Mauchart – das eigentliche Geheimnis dieser Therapie.

III. Theatromanie und Roman

Der exemplarische Heilerfolg aus den Fallbeschreibungen kehrt im Roman nicht wieder. Anton Reiser kommt nie in den Genuß von Überfluß, Mangel ist seine Lebensform. Zuerst erscheint ihm das Lesen wie »den Morgenländern das Opium«, so daß er sich rasch »tief in Schulden hineingelesen« hatte (I, 254f.). Mit wachsender »Wut, Komödien zu lesen und zu sehen« (I, 442), muß er sich Eintrittskarten »am Munde abdarben«, er aß »oft den ganzen Tag über nichts, wie etwas Salz und Brot« (I, 270). Die »Theatergrille« verdrängt dann zunehmend »die Sucht zu predigen« (I, 239); erst im dritten Teil des Romans wird sie um die »Schriftstellersucht« (I, 386) ergänzt. Gründe für die Ablösung der Homiletik durch die theatrale Actio liegen auf der Hand: »denn hier fand seine Phantasie einen weit größern Spielraum, weit mehr wirkliches Leben, und Interesse, als in dem ewigen Monolog des Predigers.« (I, 239) Anton Reiser ist süchtig nach Identifikation, bedingungslos empfindet er, was er vorstellt. Schon auf der eingebildeten Bühne – denn die wirkliche bleibt ihm von den Mitschülern lange verwehrt – kann er »alles sein, wozu er in der wirklichen Welt nie Gelegenheit hatte [...]. Das Theater deuchte ihm eine natürlichere und angemeßnere Welt, als die wirkliche Welt, die ihn umgab« (I, 250f.). Die Theatromanie bringt Anton Reiser völlig um den Realitätssinn, sie wird zu einer Idée fixe im Sinne der neuen Psychiatrie um 1800: »Er dachte von nun an keinen andern Gedanken mehr, als das *Theater*, und schien nun für alle seine Aussichten und Hoffnungen im Leben gänzlich *verloren* zu sein.« (I, 270) Von Therapieversuchen zeigt sich keine Spur. Die »theatralischen Leidenschaften durchstürmten [...] seine Seele« (I, 513) bis zuletzt: Der Roman endet mit der Auflösung einer historisch verbürgten Schauspieltruppe, der sich Anton Reiser in Erfurt anschließen wollte.

Eine Pointe des »psychologischen Romans« *Anton Reiser* als innere Geschichte des Menschen im Sinne Friedrich von Blanckenburgs ist die kausale Herleitung der Theatromanie aus der Lebensgeschichte. Dem Erzählerherausgeber ist zuzustimmen, wenn er im Vorspann zum vierten Teil aus der bisherigen Handlung für deutlich erwiesen hält: »daß Reisers unwiderstehliche Leidenschaft für das Theater eigentlich ein Resultat seines Lebens und seiner Schicksale war, wodurch er von Kindheit auf, aus der wirklichen Welt verdrängt wurde, und da ihm diese einmal auf das bitterste verleidet war, mehr in Phantasien, als in der Wirklichkeit lebte – das Theater als die eigentliche Phantasienwelt sollte ihm also ein Zufluchtsort gegen alle diese Widerwärtigkeiten und Bedrückungen sein.« (I, 414)

Erst dieser biographische Hintergrund – der kindliche Traum von der »große[n] Rolle in der Welt« als dem »einzigen Mittelpunkt« (I, 109)[47] – bildet für das medizinisch ernst zu nehmende Leiden jenen

Nährboden, den die bloß oberflächlich imitierte und damit harmlose Modekrankheit entbehrt. Nicht das Theater wäre also für die krankhaft übertriebene Geltungssucht (»*Sucht nach Beifall*«, 399) verantwortlich, sondern diese selbst könnte als Ergebnis vorangehender Unterdrückung erst die Voraussetzung für die Theatromanie im pathologischen Sinne bilden. Der historischen Unterscheidung des Empfindungs- vom Reflexionsschauspieler wäre dann ein Pendant auf der Seite des Zuschauers hinzuzufügen: Nur eine Minderheit von extrem sensiblen, identifikationssüchtigen und realitätsfernen Bühnenenthusiasten gerät im Illusionstheater in die Gefahr theatromanischer Ansteckung, während die meisten durch Reflexion und Realitätsprinzip gegen die vorübergehenden Anfechtungen eines Schauspielbesuches gefeit sind.

Dadurch hebt sich der *Anton Reiser* offenbar von *Wilhelm Meisters theatralischer Sendung* ab, ähnlich übrigens wie der vom »Schicksal verwahrlost[e] und beschädigt[e]« Außenseiter Moritz[48] vom wohlsituierten Bürgersohn Goethe. Wilhelm, »der Kunst und Leben durchaus nicht verwechselt, steht dem Genie sehr viel näher als dem Dilettantismus Anton Reisers«.[49] Von Theatromanie im dargestellten pathologischen Sinne kann keine Rede sein.[50] Sicher ist Wilhelm zuerst vom Puppenspiel, dann von unterschiedlichen Spielarten der großen Bühne fasziniert,[51] auch im bürgerlich ökonomischen Weltverständnis seiner Erziehung irritiert, wenn nicht gar verführt, niemals aber seelisch gefährdet. Selbst die unstrittige Begeisterung für das Theater findet Ausdruck in vergleichsweise moderaten Formulierungen, abseits von Furor und Manie. Da ist von der »Wollust des Aufmerkens und Forschens« bei dem noch nicht in die Geheimnisse des Puppenspiels eingeweihten Knaben die Rede, der sie aber bald mit »überirdischer Empfindung entdeckte«.[52] Später erfährt man wiederholt von Wilhelms »Lebhaftigkeit und Freude am Theater«, für das er eine klare »Bestimmung« verspürt; oder von dieser »liebsten, innigsten Leidenschaft«, der er sich »im Taumel ergeben hatte«.[53] Hitziger wird das Vokabular nur in seltenen Ausnahmefällen, die eher in der Begeisterung für die Schauspielerin Mariane als für das Theater selbst bestehen. Von Wut, Grille, Wahn, Epidemie oder unüberwindlicher Neigung ist im Unterschied zu den oben versammelten Zeitgenossen nirgendwo die Rede. Wilhelm ist sich als dilettierender Dramatiker vielmehr sogar der Gefahren »falsch nachgeahmter Theaterleidenschaft« bewußt.[54]

Trotz der weit verbreiteten Theaterbegeisterung in der Goethezeit sind nur wenige Fälle dokumentiert, bei denen Theatromanie im wörtlichen, also pathologischen Sinne auftrat. Die Auswertung der meisten zeitgenössischen Theaterzeitschriften von 1750-1800 ergibt keine Ergänzungen zu den dargestellten Beispielen aus Moritz' *Magazin zur Erfahrungsseelenkunde*.[55] Und *Anton Reiser* bildet mit der eindringlichen literarischen Behandlung des Syndroms offenbar eine Ausnahme. Ein knapper Vergleich mit einem exemplarischen Theaterroman des populären Genres mag das abschließend verdeutlichen: *Max Sturms theatralische Wanderung. Ein Büchlein zur Beherzigung für junge Leute, die sich der Schaubühne zu widmen gedenken*, erschien 1788 anonym in Magdeburg. Die theatrale Initiation des Titelhelden ähnelt jener des jungen Paulmann oder Anton Reisers. Max Sturm kommt von der Theologie und vom Predigen ab, als sein Freund Gustav Weiler ihn »täglich ins Schauspiel führt« und so von »der schwarzen Hypochondrie« erlöst.[56] Sturm ist seither durch nichts von seinem »ungeheuren Wunsch«[57] abzuhalten, Schauspieler zu werden: »heisses Blut«, »Feuer« sowie »ein Herz, überströmend von Empfindung für alles, was schön und groß und herrlich ist«, gelten ihm als hinreichende Gründe.[58] Gustav Weilers Einwände und Warnungen, »nicht aus den Schranken des bürgerlichen, ruhigen, häuslichen Lebens zu treten«,[59] zeigen bloß vorübergehende Wirkung. Bald schon »zitterte« Max wieder »vor Begierde ins Schauspiel zu kommen«, der »Rückfall« (I, 53) – bis zur »Extase« (I, 56) gesteigert – ist unabwendbar.

Entgegen dem medizinischen Vokabular mündet der Roman jedoch in keine theatromanische Krankengeschichte. Viel eher erscheinen Max Sturms Wanderungen wie eine übersehene Anregung für den gelasseneren Weg des *Wilhelm Meister*. Trotz der eklatanten Unterschiede im literarischen Niveau rücken beide Romane die Sozialgeschichte des Theaters und die Schauspielkunst ins Zentrum des Geschehens; beide Helden gelangen zu beachtlichen Erfolgen als Darsteller und Organisatoren, beide haben große Schwächen für Schauspielerinnen und begegnen erst spät ihren unwissentlich gezeugten Söhnen, und beide versuchen das Theater in letzter Konsequenz mit der bürgerlichen Existenz zu versöhnen. Sie sind weitgehend frei von der Suchtkrankheit der Theatromanie, die den unglücklichen Dilettanten Anton Reiser zu zermürben droht. Auch wenn sein Theaterschicksal literarisch singulär zu sein scheint[60] und im medizinischen Kontext offenbar nur am Rande behandelt wurde, lohnt es sich, den seit 1681 im Deutschen gebrauchten Begriff der ›Theatromanie‹ enger zu fassen, als es die allgemeine Verwendung für die Schauspielbegeisterung der Goethezeit nahelegt. Der spezifische Sinn der Theatromanie ist im Kontext der Erfahrungsseelenkunde zu suchen und historisch anhand der flankierenden Begriffe ›Theaterlust‹, ›Theatersucht‹, ›Theaterfieber‹, ›Theaterwut‹, ›Theatergrille‹ nebst ihrer medizinischen Beiwörter zu rekonstruieren. Die ›Theatromanie‹ gehört zum Kontext der ›Schwärmerei‹, jener ebenfalls aus einem theologischen Kampfbegriff abgeleiteten und später sprachlich stark popularisierten Kategorie (›Fanatismus‹), die schließlich in einen anthropologischen Kontext mündet (›Enthusiasmus‹, überreizte ›Einbildungskraft‹).[61] Wenn man Moritz' *Anton Reiser* für eine treffliche literarische Anamnese der Theatromanie als Krankheit hält, dürfte dieser Terminus kaum noch auf einen Roman wie Goethes *Wilhelm Meister* zutreffen.[62]

Anmerkungen

Einleitung

1 Die von Anneliese Klingenberg, Albert Meier und Conrad Wiedemann herausgegebene Edition ist auf dreizehn Bände angelegt. Bisher erschienen: Karl Philipp Moritz: Sämtliche Werke. Kritische und kommentierte Ausgabe, Bd. 4: Schriften zur Mythologie und Altertumskunde, Teil 1: Anthusa oder Roms Altertümer, hg. von Yvonne Pauly. Tübingen 2005; Bd. 1: Anton Reiser, hg. von Christof Wingertszahn. Tübingen 2006.

2 Der hier entwickelte Zusammenhang bildet zugleich die Einheit für Bd. 2 der kritischen Ausgabe, die alle poetischen Arbeiten außer dem *Anton Reiser* enthalten wird (hg. von Alexander Košenina und Yvonne Wübben).

3 Kap. 1: Pfropfreiser der Moral in allen Gattungen der Literatur. Karl Philipp Moritz' *Beiträge zur Philosophie des Lebens* und die Anfänge der Lebensphilosophie. In: Berliner Aufklärung. Hg. von Ursula Goldenbaum und Alexander Košenina, Bd. 2. Hannover-Laatzen 2003, S. 99-124; Kap. 2: Friedrich, »die Morgensonne« der Aufklärung: *Sechs deutsche Gedichte, dem Könige von Preussen gewidmet* (1781), von Karl Philipp Moritz. In: Geist und Macht. Friedrich der Große im Kontext der europäischen Kulturgeschichte. Hg. von Brunhilde Wehinger. Berlin 2005, S. 113-127; Kap. 6: »Die Universität war die Klippe, an welcher er scheiterte«. Karl Philipp Moritz' Erzählung *Aus K...s Papieren*. In: Peter André Alt u.a. (Hg.): Prägnanter Moment. Studien zur deutschen Literatur der Aufklärung und Klassik. Würzburg 2002, S. 127-148; Kap. 7: Theatromanie aus ärztlicher Sicht: Anton Reiser versus Wilhelm Meister. In: Ariane Martin, Nikola Roßbach (Hg.): Begegnungen: Bühne und Berufe in der Kulturgeschichte des Theaters. Tübingen 2005, S. 53-66.

4 Heinrich Heine: Historisch-kritische Gesamtausgabe der Werke, Bd. 8. Düsseldorf 1979, S. 83 und S. 71.

5 Moritz wird im vorliegenden Buch wie hier mit nachgestellter Band- und Seitenzahl zitiert nach: Werke in zwei Bänden. Hg. von Heide Hollmer und Albert Meier, Bd. 1 / 2. Frankfurt a.M. 1999 / 1997.

6 Goethe an Frau von Stein, 24. November 1786 (WA IV, 8, S. 68) und an Herder, 12. Dezember 1786 (WA IV, 8, S. 90).

7 Klischnig, S. 621.

8 WA I, 19, S. 69.

9 Arno Schmidt: Die Schreckensmänner. Karl Philipp Moritz zum 200. Geburtstag. In: Ders.: Dya Na Sore. Gespräche in einer Bibliothek. Karlsruhe 1958, S. 356-390, hier S. 361.

10 Ebd., S. 387.

1. Spiel mit kleinen Formen: Beiträge zur Philosophie des Lebens

1 Seneca: Philosophische Schriften, Bd. 4. Darmstadt [2]1987, S. 627.

2 Vgl. die Art. ›Lebensphilosophie‹ in: Wilhelm Traugott Krug: Allgemeines Handwörterbuch der philosophischen Wissenschaften, Bd. 2. Leipzig 1833, S. 692-694; G. Pflug: Art. in: HWPh 5, Sp. 135-140.

3 Vgl. Helmut Reinalter: Gegen die »Tollwuth der Aufklärungsbarbarei«. L. A. Hoffmann und der frühe Konservativismus in Österreich. In: Christoph Weiß (Hg.): Von ›Obscuranten‹ und ›Eudämonisten‹. St. Ingbert 1997, S. 221-244.

4 Giulia Cantarutti: Moralistik und Aufklärung in Deutschland. Anhand der Rezeption Pascals und La Rochefoucaulds. In: Dies. u.a. (Hg.): Germania – Romania. Frankfurt a.M. 1990, S. 223-252; dies.: Früchte einer Übersetzung La Rochefoucaulds im Jahr der großen Revolution in Frankreich gepflückt: Friedrich Schulz' ›Zerstreute Gedanken‹. In: Ebd., S. 265-289; dies.: La Rochefoucauld und die »Denkart seiner Nation« im Urteil der deutschen Spätaufklärung. In: Alain Montandon (Hg.): Mœurs et Images. Etudes d'imagologie européenne. Paris 1996, S. 13-21.

5 Georg Wilhelm Friedrich Hegel: Werke, Bd. 20. Frankfurt a.M. 1971, S. 264.

6 Ebd., S. 263.

7 Popes berühmte Formel aus dem *Essay on Man*: »The proper study of mankind is Man« taugt als gültige Überschrift für die ganze Epoche. Alexander Pope: Vom Menschen / Essay on Man. Übers. und hg. von Wolfgang Breidert. Hamburg 1993, S. 38 (Brief II, V. 2).

8 Ferdinand Fellmann: Lebensphilosophie. Elemente einer Theorie der Selbsterfahrung. Reinbek bei Hamburg 1993, S. 28-31.

9 In den Werken Diltheys, der den *Anton Reiser* rezensierte und die Dissertation von Max Dessoir betreute, gibt es fast keinen Band ohne eine Erwähnung von Moritz. Auch bei Schopenhauer kommt er gelegentlich vor. Die neue Ausgabe von Georg Simmels Werken enthält hingegen keine Hinweise.

10 Vgl. die Artikel ›Popularphilosophie‹ (Helmut Holzhey) und ›Selbstdenken‹ (Ulrich Dierse) im HWPh 7, Sp. 1093-1100; 9, Sp. 386-392.

11 Vgl. Vf. (Hg.): Johann Jakob Engel (1741-1802): Philosoph für die Welt, Ästhetiker und Dichter. Hannover-Laatzen 2005.

12 Christian Garve: Popularphilosophische Schriften über literarische, ästhetische und gesellschaftliche Gegenstände. Hg. von Kurt Wölfel. Stuttgart 1974; ders.: Aphorismen aus dem Nachlaß. Hannover 1998; Claus Altmayer: Aufklärung als Popularphilosophie. Bürgerliches Individuum und Öffentlichkeit bei Christian Garve. St. Ingbert 1992.

13 Vgl. Martin Rector (Hg.): Zwischen Weltklugheit und Moral. Der Aufklärer Adolph Freiherr von Knigge. Göttingen 1999.

14 Vgl. Giulia Cantarutti: I ›Vermischte Gedanken‹ di Lavater. Una tessera nel mosaico dell' aforistica tardosette centesca. In: Spicilegio moderno 14 (1980), S. 130-161.

15 Vgl. Marie-Theres Federhofer: »Moi simple amateur«. Johann Heinrich Merck und der naturwissenschaftliche Dilettantismus im 18. Jh. Hannover 2001, bes. S. 190-222.

16 Vgl. die seit 1996 fortgesetzte 2. Abteilung der Historisch-kritischen Ausgabe; Friedemann Spicker: »Für den Verstand kann man nicht zu lakonisch sein, aber wohl für die Phantasie«. Jean Paul als Aphoristiker – nach und neben Lichtenberg. In: Lichtenberg-Jahrbuch 2000, S. 82-96.

17 Giulia Cantarutti: Moralistik, Anthropologie und Etikettenschwindel: Überlegungen aus Anlaß eines Urteils über Platners ›Philosophische Aphorismen‹. In: Dies. u.a. (Hg.): Neue Studien zur Aphoristik und Essayistik. Frankfurt a.M. 1986, S. 49-103.

18 Bernhard Budde: Von der Schreibart des Moralisten: Seume. Frankfurt a.M., u.a. 1990.

19 Raimund Bezold: Popularphilosophie und Erfahrungsseelenkunde im Werk von Karl Philipp Moritz. Würzburg 1984, S. 5.

20 Hans Joachim Schrimpf: Karl Philipp Moritz. Stuttgart 1980, S. 25.

21 Meier, S. 73.

22 Eine Ausnahme: Gerhard Neumann: Ideenparadiese. Untersuchungen zur Aphoristik von Lichtenberg, Novalis, Friedrich Schlegel und Goethe. München 1976, S. 28. Neumann, der die *Beiträge* in seiner »Zeittafel« (S. 831) wichtiger aphoristischer Werke verzeichnet, diskutiert sie indes nicht weiter, sondern verweist auf die Dissertation von Albert Höft: Novalis als Künstler des Fragments. Ein Beitrag zur Geschichte des deutschen Aphorismus. Berlin 1935. Vgl. den Auszug in: Gerhard Neumann (Hg.): Der Aphorismus. Zur Geschichte, zu den Formen und Möglichkeiten einer literarischen Gattung. Darmstadt 1976, S. 112-129. Höft betont den »philosophischen Gehalt« der *Beiträge* sowie deren »Ziel, psychologische Erkenntnisse zu geben«. Dabei seien die »Aufzeichnungen rein tagebuchartig« – darunter »kurze Eintragungen«, »überwiegend in der Ichform«, gelegentlich gesteigert »zu imperativen Apostrophen«. »Alle angeführten Elemente einer ausgesprochenen Tagebuchform tragen mehr oder weniger aphoristischen Charakter, und doch sind Moritz' ›Beiträge‹ als Ganzes bestenfalls als Vorform der Aphorismenliteratur zu werten, denn an entscheidenden Punkten weisen sie von ihr fort. Zunächst fehlt ihnen völlig die Kunst der geschliffenen Sprache und die Wirkung durch das packende Wort [...]. Noch mehr aber tritt der Mangel aphoristischen Formwillens hervor an der Art, wie Moritz das Konzept seines Tagebuchs in die endgültige Form umgießt.« (S. 118f.)

23 Friedemann Spicker: Der Aphorismus. Begriff und Gattung von der Mitte des 18. Jh.s bis 1912. Berlin, New York 1997, S. 59.

24 Ebd., S. 40-54.

25 Ebd., S. 47.

26 Gottlob Benedict von Schirach: Ueber die moralische Schönheit und Philosophie des Lebens. Reden und Versuche. Altenburg 1772, S. 28.

27 Feders enge Verbindungen zu Weishaupt, dem Gründer des Illuminatenordens, belegt Martin Mulsow: Der Kaiser beträgt sich wie ein asiatischer Despot. Zum Einfluß der Göttinger Aufklärung auf den im Mai 1776 gegründeten Illuminatenorden. In: Frankfurter Allgemeine Zeitung vom 23. Mai 2001 (Geisteswissenschaften).

28 Schirach: Ueber die moralische Schönheit (wie Anm. 26), S. 28.

29 Vgl. Kurt Röttgers: J. G. H. Feder – Beitrag zu einer Verhinderungsgeschichte eines deutschen Empirismus. In: Kant-Studien 75 (1984), S. 420-441.

30 Schirach: Ueber die moralische Schönheit (wie Anm. 26), S. 28f. u. 247.

31 Sentenzen, Reflexionen und Maximen. Aus den Schriften verschiedener Zeiten und Sprachen zusammengetragen zum Nutzen und Vergnügen für jede Klasse von Leser. Magdeburg 1789, S. II f. (unpag. Vorrede).

32 Friedrich Burchard Beneken (Hg.): Weltklugheit und Lebensgenuß; oder praktische Beyträge zur Philosophie des Lebens. Bd. 2. Hannover 1789, S. 225-228. Auf sieben Einzeleinträge verteilt, finden sich hier die ersten beiden längeren Passagen zum »Gesellschaftlichen Umgang« (70) sowie folgender Absatz: »Welch eine unverantwortliche Sünde ist es« bis »und sei kein Freudenstörer!« (73). Weitere zitierte Autoren: Basedow, Claudius, Dalberg, Eberhard, Feder, Garve, Goethe, Heinse, Jacobi, Knigge, Lavater, Leisewitz, Lenz, Lessing, Meißner, Möser, Pockels, Rousseau, Schlosser, Unzer, Voltaire, Wezel, Zimmermann, Zollikofer.

33 Für Hinweise danke ich Dr. Dirk Sangmeister (Nicosia). Johann Ferdinand Roth: Sammlung schöner Stellen zum Gebrauch für Stammbücher. Nürnberg 1794, S. 81 (zwei Zitate aus: *Die große Loge*); Johann Schwaldopler: Blumen des Guten, Schönen und Wahren, zur Erheiterung in Stürmen und Kämpfen des Lebens und zu Denkschriften in Stammbüchern. 1815, S. 123f. (Auszug aus: *Launen und Phantasien*); Vergißmeinnicht. Eine Blumenlese aus dem Gebiete des Wahren, Guten und Schönen, in tausend mit dem Namen der Verfasser versehenen Aufsätzen für Stammbücher. Paderborn 1820, Bd. II, S. 112 (*Beiträge*), Bd. I, S. 26, 104 (*Denkwürdigkeiten*), Bd. I, S. 21f. (*Gedichte*), Bd. I, S. 23 (*Launen und Phantasien*), Bd. I, S. 25, 27, 81 (*Große Loge*), Bd. I, S. 65, 98, Bd. II, S. 38, 54, 77 (*Tagebuch eines Geistersehers*); Emilie Gleim (Hg.): Stammbuch-Aufsätze. Aus den Werken der vorzüglichsten deutschen und ausländischen Schriftsteller. Quedlinburg, Leipzig 1829, Erste Slg., S. 6 (*Die große Loge*), Dritte Slg. (1830), S. 17 (*Die große Loge*), S. 35f. (*Gedichte*), S. 36 (*Launen und Phantasien*), S. 45 (*Tagebuch eines Geistersehers*); Diadem, gewunden aus den reifsten Blüthen der vorzüglichsten Dichter und Schriftsteller verschiedener Zeiten und Sprachen. Oder: Stammbuchs-Aufsätze. Glarus 1832, S. 67 (*Launen und Phantasien*), S. 94 (*Die große Loge*), S. 148 (*Beiträge zur Philosophie des Lebens*), S. 149 (*Denkwürdigkeiten*), S. 156 (*Gedichte*), S. 247 (*Tagebuch eines Geistersehers*).

34 Beneken (Hg.): Weltklugheit und Lebensgenuß (wie Anm. 32), S. XVIII. Hier wird »gesunde Lebensphilosophie« als Allheilmittel im Zeichen von »Licht« und »Festigkeit« gegen allerlei Verirrungen gepriesen. Weiter heißt es: »Wer ohne Zweck lebt, wird sich bald zu Tode leben und wer auf der Studierstube ein System zimmert, ohne es der Welt anzupassen, der lebt entweder seinem System alle Augenblicke schnur stracks zuwider, oder er lebt gar nicht.« (S. XIX)

35 Vgl. Ernst Platner: Anthropologie für Ärzte und Weltweise. ND Hildesheim, u.a. 1998; Vf.: Ernst Platners Anthropologie und Philosophie. Der ›philosophische Arzt‹ und seine Wirkung auf Johann Karl Wezel und Jean Paul. Würzburg 1989.

36 Schirach: Ueber die moralische Schönheit (wie Anm. 26), S. 162f.

37 Im folgenden werden die *Beiträge* nach den späteren Fassungen von 1781 und 1791 mit nachgestellter Seitenzahl zitiert (Insel, Bd. 3, S. 7-83). Ist der Text auch in der anonym publizierten Erstfassung von 1780 enthalten, folgt diese Paginierung nach der Virgel.

38 Die fast wörtlichen Übereinstimmungen finden sich hier S. 799, Z. 12 bis S. 800, Z. 26. Auf die textliche Übereinstimmung verweist schon Günter Niggl: Geschichte der deutschen Autobiographie im 18. Jh. Theoretische Grundlegung und literarische Entfaltung. Stuttgart 1977, S. 68.

39 Friedrich von Blanckenburg: Versuch über den Roman. ND Stuttgart 1965, S. 391f. Ausgezeichnet ausgeführt wird das von Josef Fürnkäs: Der Ursprung des psychologischen Romans. Karl Philipp Moritz' ›Anton Reiser‹. Stuttgart 1977.

40 »Eigne wahrhafte Lebensbeschreibungen oder Beobachtungen über sich selber, wie Stillings Jugend und Jünglingsjahre, Lavaters Tagebuch, Semlers Lebensbeschreibung, und Rousseaus Memoiren, wenn sie erscheinen werden. […] Wie wird nicht schon durch Schlözers Briefwechsel, durch die Ephemeriden der Menschheit u.s.w. die Welt mit sich selbst bekannter […].«

41 Der »Vorschlag« bestätigt diesen Plan rückblickend: »Als ich meine Lehrstelle am grauen Kloster antrat, machte ich mir schon einen Plan, solche Beobachtungen bei meinen Schülern anzustellen. Ich entschloß mich, ein eigenes Journal hierüber zu halten, welches ich auch getan, und es bis jetzt fortgesetzt habe.« (I, 806).

42 Herder: SW, Bd. 4, S. 350 und 367.

43 Für den Rezensenten in der *Litteratur- und Theater-Zeitung* (Nr. 50 vom 9. Dezember 1780, S. 809) sind die *Beiträge* »um desto interessanter, weil der Verfasser sie aus seinem eignen Leben genommen zu haben scheint.«

44 Die »Aufsätze« seien »im Augenblick der Veranlassung niedergeschrieben« (9), heißt es in der zweiten und dritten Auflage; »so lebendig, wie sie, bei ieder Veranlassung, aus seiner Seele kamen, aufs Papier hinströmten«, versichert die Erstausgabe (3f.).

45 Zu diesem meist übersehenen Zusammenhang vgl. besonders Ingo Breuer: »Schauplätze jämmerlicher Mordgeschichte«. Tradition der Novelle und

Theatralität der Historia bei Heinrich von Kleist. In: Kleist-Jahrbuch 2001, S. 196-225.

46 Birgit Nübel: Autobiographische Kommunikationsmedien um 1800. Studien zu Rousseau, Wieland, Herder und Moritz. Tübingen 1994, 212-220; dies.: Karl Philipp Moritz: Der kalte Blick des Selbstbeobachters. In: Wolfgang Griep (Hg.): Moritz zu ehren. Eutin 1996, S. 31-52.

47 Klischnig, S. 710.

48 Peter Rau: Identitätserinnerung und ästhetische Rekonstruktion. Studien zum Werk von Karl Philipp Moritz. Frankfurt a.M. 1983, S. 92.

49 Vgl. dazu umfassend Christof Wingertszahn: Anton Reiser und die »Michelein«. Neue Funde zum Quietismus im 18. Jh. Hannover 2002.

50 Im *Vorschlag zu einem Magazin einer Erfahrungs-Seelenkunde* kehrt dieser Gedanke wieder: »So bald mir mein eigener Zustand beschwerlich wird, höre ich auf, mich für mich selber zu interessieren, und betrachte mich als einen Gegensatnd meiner eigenen Beobachtung, als ob ich ein Fremder wäre [...].« (I, 802)

51 Hegel: Phänomenologie des Geistes. In: Werke (wie Anm. 5), Bd. 3. Frankfurt a.M. 1970, S. 134.

52 Robert Minder: Glaube, Skepsis und Rationalismus. Dargestellt aufgrund der autobiographischen Schriften von Karl Philipp Moritz. Frankfurt a. M. 1974, S. 161.

53 Günter Niggl: Geschichte der deutschen Autobiographie (wie Anm. 38), S. 68.

54 Meier, S. 73.

55 Rau: Identitätserinnerung und ästhetische Rekonstruktion (wie Anm. 48), S. 90-144.

56 Zu Heines Sicht auf die Berliner Aufklärung vgl. Vf.: Heinrich Heine und die Berliner Aufklärung. In: Sikander Singh (Hg.): »Aber der Tod ist nicht poetischer als das Leben.« Heinrich Heines 18. Jh. Bielefeld 2006, 207-223.

57 Beliebte Vorurteile über Pietismus und Tagebuch korrigiert Sibylle Schönborn: Das Buch der Seele. Tagebuchliteratur zwischen Aufklärung und Kunstperiode. Tübingen 1999, S. 32-52. Diesem Buch verdanken sich die folgenden Hinweise. Zu Moritz vgl. Robert Minder: Glaube, Skepsis und Rationalismus (wie Anm. 52), S. 158-181.

58 Magazin, Bd. 7, S. 209-228, hier S. 211f.

59 Günter Niggl: Geschichte der deutschen Autobiographie (wie Anm 38), S. 68.

60 Kirsten Erwentraut: »Menschliches Elend auf trüglichen Schalen«. (Religions)Pädagogik bei Moritz und Salzmann. In: Heide Hollmer (Hg.): Karl Philipp Moritz. München 1993, S. 45-57, hier S. 49-52.

61 Vgl. Moritz: Götterlehre oder Mythologische Dichtungen der Alten (1791): »Unter der Psyche, mit Schmetterlingsflügeln abgebildet, dachte man sich gleichsam ein zartes geistiges Wesen, das, aus einer grobern Hülle sich emporschwingend und verfeinert zu einem höhern Dasein, zu schön für diese Erde, durch Amors Liebe selbst beglückt, zuletzt mit ihm vermählt

ward und an der Seligkeit der himmlischen Götter teilnahm. – Der Name Psyche selbst bedeutet sowohl einen Schmetterling als die Seele.« (Insel, Bd. 2, S. 840)

62 Johann Gottfried Herder: Ideen zur Philosophie der Geschichte der Menschheit, in: SW, Bd. 13, S. 193. Auch Schiller läßt in den *Philosophischen Briefen* (1786) seinen Julius bekennen, daß diese Verwandlung »ein treffliches Sinnbild unsrer Unsterblichkeit« (FA VIII, S. 219) sei.

63 Herder, SW, ebd.

64 Julien Offray de La Mettrie: Der Mensch als Maschine. Mit einem Essay von Bernd A. Laska. Nürnberg 1985, S. 87.

65 Meier, 76: »Alle Glaubenskraft scheitert hier an der Macht des puren Zufalls, gegen den kein Individuum gefeit ist, wie vernünftig und gütig das große Ganze auch immer geordnet sein mag.« Vgl. ders.: Schmetterlinge und Spinozas Gott. Karl Philipp Moritz als Moralphilosoph. In: Heide Hollmer (Hg.): Karl Philipp Moritz. München 1993, S. 58-66, hier S. 62: »Der Zufallstod des Schmetterlings scheint [...] auf eine Krise des physikotheologischen Denkens zu verweisen.«

66 Zedler, Bd. 2, Sp. 819.

67 Deutsche Encyclopädie oder Allgemeines Real-Wörterbuch aller Künste und Wissenschaften. Bd. 1. Frankfurt 1778, S. 585.

68 Moritz: Grammatisches Wörterbuch der deutschen Sprache. Bd. 1. Berlin 1793, S. 125.

69 Allgemeine Encyclopädie der Wissenschaften und Künste, hg. von J. G. Ersch und J. G. Gruber, Bd. 3. Leipzig 1819, S. 399.

70 Giulia Cantarutti: Moralistik, Anthropologie und Etikettenschwindel (wie Anm. 17).

71 Emilie Gleim (Hg.): Stammbuch-Aufsätze (wie Anm. 33), Dritte Slg., S. 28 (Nr. 133) und S. 27 (Nr. 126). Die zitierte Sentenz findet sich auch in den Sammlungen *Vergißmeinnicht* und *Diadem* (wie Anm. 33).

72 So das Urteil von Lothar Müller: Karl Philipp Moritz. In: Deutsche Dichter, Bd. 4. Stuttgart 1989, S. 231-251, hier S. 237.

73 Vgl. Edward M. Batley: Die produktive Rezeption des Freimaurertums bei Karl Philipp Moritz. In: Martin Fontius u.a. (Hg.): Karl Philipp Moritz und das 18. Jh. Tübingen 1995, S. 123-133. Der ab der zweiten Auflage aufgegebene Titelzusatz *Aus dem Tagebuche eines Freimäurers* wurde indes meist als Werbetrick eingeschätzt. Schon der Rezensent im *Hamburgischen unpartheyischen Correspondenten* (Nr. 161 vom 7. Oktober 1780) erklärt: »Uebrigens scheinen sie [die Beiträge] damit, daß der Verfasser ein Freymäurer gewesen, in keiner Verbindung zu stehen, weil jeder denkende Kopf, der auch nicht Maurer ist, dergleichen Bemerkungen niederschreiben könnte.«

74 Karl Friedrich Wilhelm Wander (Hg.): Deutsches Sprichwörter-Lexikon, Bd. 2. Leipzig 1870 (ND Darmstadt 1964), Sp. 1835.

75 Ebd., Bd. 5, Sp. 1543.

76 Ohne »Lebensplan« werde man »ein Spiel des Zufalls, eine Puppe am

Drahte des Schicksals«. Vgl. Heinrich von Kleist: Sämtliche Werke und Briefe in vier Bänden, Bd. 4. Frankfurt 1997, S. 40 (Brief an Ulrike v. Kleist, Mai 1799).

77 Johann Ernst Gruner: Rez. in: Allgemeine Deutsche Bibliothek 106.2 (1792), S. 431f.

78 Hugo Eybisch: Anton Reiser: Untersuchungen zur Lebensgeschichte von K. Ph. Moritz und zur Kritik seiner Autobiographie. Leipzig 1909, S. 95.

79 Meier, S. 73.

80 Vgl. oben Anm. 2.

81 Wilhelm Traugott Krug (Hg.): Bruchstücke aus meiner Lebensphilosophie. Erste Sammlung. Berlin, Stettin 1800, Vorrede, S. IV-VI.

82 Ebd., S. 5f.

2. Malende Poesie: Sechs deutsche Gedichte, dem Könige von Preußen gewidmet

1 Vgl. die erste Gesamtausgabe der Lyrik: Karl Philipp Moritz: Gedichte. Mit einem Nachwort hg. von Christof Wingertszahn. St. Ingbert 1999.

2 Zur Gattung vgl. Björn Hambsch: Art. ›Herrscherlob‹, in: HWRh 3, 1377-1392; Michael Mause: Art. ›Panegyrik‹, in: HWRh 6, Sp. 495-502.

3 Immanuel Kant: Beantwortung der Frage: Was ist Aufklärung? In: Werke in sechs Bänden, Bd. 6. Darmstadt 1983, S. 53-61, hier S. 59.

4 Friedrich Schulz: Litterarische Reise durch Deutschland. Hg. von Christoph Weiß u.a. St. Ingbert 1996, S. 7f.

5 Vgl. das Nachwort zur Textsammlung von Horst Steinmetz (Hg.): Friedrich II., König von Preußen und die deutsche Literatur des 18. Jh.s. Stuttgart 1985, S. 333-352.

6 Lessing an Nicolai, 25. August 1769, in: LM 17, S. 298.

7 Schulz: Litterarische Reise durch Deutschland (wie Anm. 4), S. 9.

8 Karsch an Gleim, 29. Januar 1763, in: »Mein Bruder in Apoll«. Briefwechsel zwischen Anna Louisa Karsch und Johann Wilhelm Ludwig Gleim, Bd. 1, hg. von Regina Nörtemann. Göttingen 1996, S. 175.

9 Karsch an Gleim, 15. August 1763, ebd., S. 184.

10 Anna Louisa Karsch: Auserlesene Gedichte. Hg. von Alfred Anger. Stuttgart 1966, S. 350. Da Ramler ebenfalls Huldigungsgedichte auf Preußens Könige verfaßte, dürfte er nach dem Epigramm der Karschin keinen Zweifel an deren Verdiensten gehegt haben. Einschlägige Titel finden sich jetzt in der Werkbibliographie von Anett Lütteken, in: Urbanität als Aufklärung. Karl Wilhelm Ramler und die Kultur des 18. Jh.s. Hg. von Laurenz Lütteken u.a. Göttingen 2003, S. 435-507.

11 Albert Meier nennt die Sammlung »ein strategisch wohlbedachtes Unternehmen«. Meier, S. 204.

12 Vgl. Hugo Eybisch: Anton Reiser. Untersuchungen zur Lebensgeschichte von K. Ph. Moritz und zur Kritik seiner Autobiographie. Leipzig 1909, S. 101f.

13 Anne Germaine de Staël: Über Deutschland. Hg. von Monika Bosse. Frankfurt a.M. 1985, S. 100.

14 Dabei bedient er sich wohl der *Werke des Philosophen von Sans-Souci* (5 Bde., Erfurt 1762), d.i. Johann Christoph Adelungs Übersetzung der *Œuvres du philosophe de Sans-Souci* (1750).

15 Rede am Geburtstage des Königs bei einer Gesellschaft patriotischer Freunde gehalten. Berlin, den 24sten Januar 1781. Berlin: G. J. Decker, Königl. Hofbuchdrucker. (15 S.)

16 Friedrich Schulz: Almanach der Bellettristen und Bellettristinnen auf das Jahr 1782. Hannover-Laatzen 2005, S. 109f.

17 de Staël: Über Deutschland (wie Anm. 13), S. 108 und 104.

18 Friedrich Nicolai: Beschreibung der Königlichen Residenzstädte Berlin und Potsdam. Berlin 1786 (ND Berlin 1980), S. 1201. Meier / Hollmer plädieren für diesen Berg (I, 919), Boulby hingegen für die Schloßterrasse. Mark Boulby: Karl Philipp Moritz: At the Fringe of Genius. Toronto u.a. 1979, S. 65.

19 Vgl. dazu Albrecht Koschorke: Die Geschichte des Horizonts. Grenze und Grenzüberschreitung in literarischen Landschaftsbildern. Frankfurt a.M. 1990, S. 138-172.

20 Vgl. Rolf-Herbert Krüger: Friedrich Wilhelm Diterichs. Architekt, Ingenieur und Baubeamter im Preußen des 18. Jh.s. Potsdam 1994.

21 Ebd., S. 242f. mit Abb. und Anm. 679.

22 Zur rituellen Verklärung des Herrschers im Bild der Sonne vgl. Kerstin Heldt: Der vollkommene Regent. Studien zur panegyrischen Casuallyrik am Beispiel des Dresdner Hofes Augusts des Starken. Tübingen 1997, S. 157-181.

23 Thomas Abbt: Vom Tode für das Vaterland. Berlin 1780 (ND Hildesheim 1978), S. 62 (6. Hauptstück).

24 Dieser lyrische Topos begegnet überall, beispielsweise in Gleims *Kriegsliedern* (*Bei Eröffnung des Feldzuges 1756*; *Siegeslied nach der Schlacht bei Lissa*; *An die Kriegesmuse*), Karschs *Auf den Tod des Prinzen Heinrich von Braunschweig* (1761), Ewald Christian von Kleists *Cißides und Paches* (1759), Klopstocks *Heinrich der Vogler* (1749; zuerst für Friedrich II. verfaßt!), *Schlachtlied* (1767) oder *Messias* (1749), Stolbergs *Lied eines deutschen Knaben* (1774), Uz' *Auf den Tod des Majors von Kleist* (1759); später in Arndts *Elegie*, *An die Deutschen* und *Deutsches Kriegslied* (alle 1806) sowie Hölderlins *Der Tod fürs Vaterland* (1796). Zu Aufklärung und Patriotismus vgl. Hans-Martin Blitz: Aus Liebe zum Vaterland. Die deutsche Nation im 18. Jh. Hamburg 2000.

25 Kant: Kritik der Urteilskraft, § 28, in: Werke in sechs Bänden (wie Anm. 3), Bd. 5, S. 351.

26 Peter Rau: Identitätserinnerung und ästhetische Rekonstruktion. Studien zum Werk von Karl Philipp Moritz. Frankfurt a.M. 1983, S. 20.

27 Vgl. Renata Gambino: Moritz – Pranesi: der »Gesichtspunkt« – die Veduten. In: Ute Tintemann u.a. (Hg.): Karl Philipp Moritz in Berlin 1789-1793. Hannover-Laatzen 2005, S. 23-37.

28 Vgl. ausführlicher Vf.: Ut pictura poesis: Karl Philipp Moritz besingt Berlin

wie Johann Friedrich Fechhelm es malt. In: Zeitschrift für Germanistik 13 (2003), S. 157-162.

29 Vgl. Nicolais Hinweis (wie Anm. 18, S. 208): »Zwischen den Tempelhofschen Bergen und dem Dorfe Tempelhof ist der Platz, wo jährlich die Musterung der in und um Berlin liegenden Regimenter gehalten wird.«

30 Vgl. »Ein Traum, was sonst?« – Preußische Tugenden: Ein Lesebuch. Hg. von der Stiftung Schloß Neuhardenberg. Göttingen 2002.

31 Staats- und Gelehrte Zeitung des Hamburgischen unpartheyischen Correspondenten, Nr. 17 vom 30. Januar 1781.

32 Vgl. Vf.: Vorbewußtsein und Traum in Kleists Anthropologie. In: Peter-André Alt u.a. (Hg.): Traumdiskurse der Romantik. Berlin, New York 2005, S. 232-255.

33 Meier, S. 206.

34 In der zweiten Auflage (1781) ist diese Strophe durch die beiden folgenden ersetzt: »Der Erdkreiß freut sich, daß er diesen König / In seinem Schooße trägt, / Und wäre gern dem Einzgen unterthänig / Der Sein Gebiet mit sanftem Joch belegt. // Sein Leben, dem die Welt Bewundrung zollte, / Hat lange schon den Geist entzückt, / So wie sein Glanz sich auseinander rollte, / Bis ihn die Nachwelt ganz enthüllt erblickt.« (I, 921)

35 Zur Integration der Schreibsituation des Autors in das Carmen vgl. Wulf Segebrecht: Das Gelegenheitsgedicht. Ein Beitrag zur Geschichte und Poetik der deutschen Lyrik. Stuttgart 1977, S. 166-173.

36 Moritz: Gedichte (wie Anm. 1), 64.

37 Heinrich Heine: Historisch-kritische Gesamtausgabe der Werke, Bd. 6. Hamburg 1973, S. 40.

3. Sensationelles Kriminalstück: »Blunt oder der Gast«

1 Gayott von Pitaval: Erzählung sonderbarer Rechtshändel, sammt deren gerichtlichen Entscheidung. Erster Theil. Leipzig 1747, unpag. Vorrede.

2 Vgl. mein Nachwort zu August Gottlieb Meißner: Ausgewählte Kriminalgeschichten. St. Ingbert 2003.

3 Vgl. Hans-Peter Ecker: »Vielleicht auch ein bißchen Geschwätz«. Zur Differenz von Anspruch und Realität in Karl Philipp Moritz' ›Magazin zur Erfahrungsseelenkunde‹ am Beispiel der Selbstmordfälle. In: Hartmut Laufhütte (Hg.): Literaturgeschichte als Profession. Tübingen 1993, S. 179-202. Zur engen Verflechtung von Psychologie und Jurisprudenz vgl. auch Julia Schreiner: Jenseits vom Glück. Suizid, Melancholie und Hypochondrie in deutschsprachigen Texten des späten 18. Jh.s. München 2003, bes. Kap. 3.2.

4 Friedrich Schiller: Verbrecher aus Infamie, FA VII, S. 562.

5 Vgl. Vf.: »Tiefere Blicke in das Menschenherz«: Schiller und Pitaval. In: GRM 55 (2005), S. 383-395.

6 Friedrich Schiller [Vorrede zu:] Merkwürdige Rechtsfälle als ein Beitrag zur Geschichte der Menschheit, in: FA VII, S. 449f.

7 Moritz: Ideal einer vollkommnen Zeitung. Berlin 1784, S. 6f.

8 Vgl. die Forschungsüberblicke bei Francis E. Sandbach: Karl Philipp Moritz's ›Blunt‹ and Lillos ›Fatal Curiosity‹. In: MLR 18 (1923), S. 449-457; Adam J. Bisanz: George Lillos Drama ›Fatal Curiosity‹ und dessen umstrittene Nachfolge in Deutschland. In: arcadia 8 (1973), S. 55-61.

9 Jakob Minor: Zur Geschichte der deutschen Schicksalstragödie und zu Grillparzers ›Ahnfrau‹. In: Jahrbuch der Grillparzer-Gesellschaft 9 (1899), S. 1-85, hier bes. S. 24-50.

10 Newes from Perin in Cornwall [...]. London 1618, unpag. S. 13.

11 Vgl. den folgenden Auszug aus der selbst noch längeren Passage: »Eine tödliche Kälte fährt bei diesem Anblick durch meine Gebeine. Just das war der Mensch, den ich unter allen lebendigen Dingen am gräßlichsten haßte, und dieser Mensch war in die Gewalt meiner Kugel gegeben. [...] Der Arm zitterte mir, da ich meiner Flinte die schreckliche Wahl erlaubte – meine Zähne schlugen zusammen wie im Fieberfrost, und der Odem sperrte sich erstickend in meiner Lunge. Eine Minute lang blieb der Lauf meiner Flinte ungewiß zwischen dem Menschen und dem Hirsch mitten inne schwanken – eine Minute – und noch eine – und wieder eine. Rache und Gewissen rangen hartnäckig und zweifelhaft, aber die Rache gewanns, und der Jäger lag tot am Boden.« (FA VII, 572)

12 Georg Christoph Lichtenberg: Schriften und Briefe, Bd. 2. Hg. von Wolfgang Promies. München 1971, S. 412 (Sudelbücher, K 76).

13 Sir William Sanderson: A complete history of [...] James the Sixth [...]. London 1656, S. 465.

14 Lillo, George: The Dramatic Works. Edited by James L. Steffensen. Oxford 1993, S. 328 (V. 191-199).

15 So nennt es Steffensen in seiner Einführung, ebd., S. 281.

16 Ebd., S. 330.

17 Ebd., S. 331.

18 Vgl. Eckhardt Meyer-Krentler: »Geschichtserzählungen«. Zur ›Poetik des Sachverhalts‹ im juristischen Schrifttum des 18. Jh.s. In: Jörg Schönert (Hg.): Erzählte Kriminalität. Tübingen 1991, S. 117-157.

19 Zum Kontext vgl. Vf.: Recht – gefällig. Frühneuzeitliche Verbrechensdarstellung zwischen Dokumentation und Unterhaltung. In: Zeitschrift für Germanistik N.F. 15 (2005), S. 28-47.

20 Vgl. Schillers Pitaval-Vorrede, FA VII, S. 450f.

21 Friedrich Schiller: Verbrecher aus Infamie, FA VII, S. 563.

22 Meißner: Ausgewählte Kriminalgeschichten (wie Anm. 2), S. 10.

23 Magazin, Bd. 1, S. 91-94, hier S. 92.

24 Friedrich Schiller: Verbrecher aus Infamie, FA VII, S. 564.

25 LM 2, S. 324.

26 Hugo Eybisch: Anton Reiser: Untersuchungen zur Lebensgeschichte von K. Ph. Moritz und zur Kritik seiner Autobiographie. Leipzig 1909, S. 100.

27 Als solches lese ich es auf Grundlage der Körpersprache, vgl. Vf.: Anthropologie und Schauspielkunst. Studien zur ›eloquentia corporis‹ im 18. Jh. Tübingen 1995, S. 220-232.

28 Friedrich Maximilian Klinger: Die Zwillinge. Mit einem Nachwort von Karl S. Guthke. Stuttgart 1972, S. 5, 41, 60, 16, 49, 19.

29 Ebd., S. 58.

30 Ebd.

31 Ebd., S. 40.

32 Ebd., S. 58.

33 Minor: Zur Geschichte der deutschen Schicksalstragödie (wie Anm. 9), S. 40. Vgl. auch Heike Jagla-Laudahn: Leib, Phantasie und Schrift im Zeitalter der Aufklärung. Untersuchungen zum Leben und Werk von Karl Philipp Moritz. Ammersbek bei Hamburg 1994, S. 146: »Beim Mord unterliegt Blunt seinen eigenen Visionen«.

34 Alo Allkemper: Der Schein der Rettung oder die Phantasie vom guten Zufall. Zu Karl Philipp Moritz' Drama ›Blunt oder der Gast‹. In: Lessing Yearbook 21 (1989), S. 123-139, hier S. 128.

35 Angedeutet, aber nicht weiter verfolgt bei Matthias Luserke: Der Abgesang auf den Sturm und Drang. Plädoyer für eine neue Lektüre von Moritz' Drama ›Blunt oder der Gast‹. In: Heide Hollmer (Hg.): Karl Philipp Moritz. München 1993, S. 67-75, hier S. 71.

36 Vgl. Michael Niehaus, Hans-Walter Schmidt-Hannisa (Hg.): Unzurechnungsfähigkeiten. Diskursivierungen unfreier Bewußtseinszustände seit dem 18. Jh. Frankfurt u.a. 1998.

37 Es gehört zu den Abschwächungen der Schauspielfassung, daß Gertrude hier recht naiv annimmt, Blunts somnambule Disposition durch Wunschvermeidung kurieren zu können, nach der Formel: »was man wünscht, davon träumt man auch.« (I, 68)

38 Zitiert nach dem an weiteren Fallbeschreibungen und Quellen reichen Aufsatz von Harald Neumeyer: Unkalkulierbar unbewußt. Zur Seele des Verbrechers um 1800. In: Gabriele Brandstetter, Gerhard Neumann (Hg.): Romantische Wissenspoetik. Die Künste und die Wissenschaften um 1800. Würzburg 2004, S. 151-177.

39 Vgl. Vf.: Vorbewußtsein und Traum in Kleists Anthropologie. In: Peter-André Alt, Christiane Leiteritz (Hg.): Traumdiskurse der Romantik. Berlin, New York 2005, S. 232-255.

40 Vgl. Justus Christian Hennings: Von den Träumen und Nachtwandlern. Weimar 1784, S. 563f. (§ 38).

41 Hand in Hand damit vollzieht sich Moritz' neue Konzeptualisierung des Ich: »Zwischen Rousseau und Moritz zeichnet sich der Schritt ab, der für die moderne Welt bezeichnend geworden ist: der Schritt in die Fiktionalisierung des Ich. Während Rousseau die Externalisierung des Selbst als traumatischen, verwundenden Verlust des Selbst dramatisiert [...], ist die Externalisierung das erwünschte Mittel für Moritz, anderen institutionellen Zwängen zu entgehen.« Vgl. Fritz Breithaupt: Warum das Ich Eigentum braucht (Locke, Rousseau, Moritz, Hölderlin). In: Athenäum 12 (2002), S. 33-68, hier S. 60.

42 Für Boulbys Behauptung, die Phantasie entspinne sich im Gefängnis, gibt

der Text nicht genug her. Die Szene »*im Kerker*« (I, 43) ging voran, es ist unklar, was auf die Begehung des Tatorts folgt. Mark Boulby: Karl Philipp Moritz: At the Fringe of Genius. Toronto u.a. 1979, S. 101: »[...] the murderer Blunt lies in prison repenting his deed and imagining the happy outcome had his hand only stayed in time [...].«

43 Minor meint hier den Dichter sprechen zu hören (wie Anm. 9, S. 43), Allkemper geht hingegen eher von einer Rede Blunts aus (wie Anm. 34, S. 132).

44 Dieses Erwachen ist gleichwohl immer noch nicht vollständig. Erheblich später bemerkt Blunt erneut: »es ist mir immer noch, wie im Traume« (I, 50).

45 Hans-Joachim Neubauer: Einschluss. Bericht aus einem Gefängnis. Berlin 2001.

4. Poetisches ›genus pedestre‹: Reisen eines Deutschen in England im Jahr 1782

1 Karl Philipp Moritz: Unterhaltungen mit meinen Schülern. Berlin 1780, S. XI (Vorrede).

2 Klischnig, S. 624.

3 Jean Paul: Sämtliche Werke, I, 4. München 1962, S. 247f.

4 Mark Boulby: Karl Philipp Moritz: At the Fringe of Genius. Toronto u.a. 1979, S. 108.

5 Kurt Wölfel: Andeutende Materialien zu einer Poetik des Spaziergangs. Von Kafkas Frühwerk zu Goethes ›Werther‹. In: Theo Elm u.a. (Hg.): Zur Geschichtlichkeit der Moderne. München 1982, S. 69-90, hier S. 86.

6 Hans Joachim Schrimpf: Karl Philipp Moritz. In: Benno von Wiese (Hg.): Deutsche Dichter des 18. Jh.s. Berlin 1977, S. 881-910, hier S. 885.

7 Meier, S. 125.

8 Alison E. Martin: German travel writing and the rhetoric of sensibility: Karl Philipp Moritz's ›Reisen eines Deutschen in England im Jahre 1782‹. In: Jane Conroy (Hg.): Cross-Cultural Travel. New York u.a. 2003, S. 81-88, hier S. 82.

9 Vincent J. Dell'Orto: Karl Philipp Moritz in England: A psychological Study of the Traveller. In: MLN 91 (1976), S. 453-466, hier S. 466.

10 Erfahrungsseelenreise. Hauptstadtleben, Höhlenzauber – Benedikt Erenz über Karl Philipp Moritz' wundersames England-Büchlein. In: Die Zeit vom 25. Mai 1999, S. 68. Verbindungen zur Erfahrungsseelenkunde auch schon bei Gerhard Sauder: Reisen eines Deutschen in England im Jahr 1782: Karl Philipp Moritz. In: ›Der curieuse Passagier‹. Deutsche Englandreisende des 18. Jh.s als Vermittler kultureller und technologischer Anregungen. Heidelberg 1983, S. 93-108.

11 Klischnig, S. 621.

12 Georg Büchner: Sämtliche Werke, Briefe und Dokumente, Bd. 1. Hg. von Henri Poschmann. Frankfurt a.M. 1992, S. 234.

13 Ebd., Bd. 2, S. 411 (Brief an die Familie vom 28. Juli 1835).

14 In den *Reisen eines Deutschen in Italien* zitiert Moritz das italienische Sprichwort »chi va piano, va sano; chi va presto, more lesto«, und übersetzt: »wer langsam geht, geht wohl, wer schnell geht, eilt zum Tode« (II, 793).

15 Vgl. Anthony Krupp: Das Gehen als Grundfigur bei Karl Philipp Moritz. In: Karl Philipp Moritz in Berlin 1789-1793. Hg. von Ute Tintemann u.a. Hannover-Laatzen 2005, S. 215-232.

16 Johann Gottfried Seume: Werke in zwei Bänden. Hg. von Jörg Drews. Bd. 1. Frankfurt a.M. 1993, S. 543f.

17 Bei späterer Gelegenheit heißt es einmal lapidar: »in einer Postkutsche [...] in großer Geschwindigkeit von einem Orte zum andern« gelangen, bedeute »nichts weniger [...] als *reisen*.« (II, 345)

18 Schon vor Rousseau findet sich dieser Topos in Jean-Henri Maubert de Gouvests *Lettres Iroquoises* (1752), die aus der (fiktiven) Außenperspektive eines Irokesen Europa kritisieren. Vgl. Ursula Pia Jauch: Die Vernunft ist frei geboren. Jean-Henri Maubert de Gouvest – Ein »Irokese« als früher Zivilisationskritiker. In: Neue Zürcher Zeitung, 11. Juni 2005, S. 49: »Das mag harmlos beginnen, wo der kanadische Steppensohn die schnellen Kutschen attackiert und im Geschwindigkeitsexzess ein modernes Rauschmittel erkennt. Der Hang zur Beschleunigung wird schon hier, 1752, als Degenerationssyndrom insofern gesehen, als das menschliche Auge gar nicht in der Lage ist, die beschleunigt an ihm vorbeiziehende Welt seelisch zu erfassen.«

19 Vgl. Christof Wingertszahn: Anton Reiser und die »Michelein«. Hannover 2002.

20 Bei *Werther* wird die analoge Flucht aus der »Stadt« – »Wie froh bin ich, daß ich weg bin!« – in die »unaussprechliche Schönheit der Natur« (WA I, 19, S. 5-7) mit seiner Krankengeschichte verknüpft: Konzentration steht für Melancholie und Hypochondrie, die Einengung und Kontraktion (*Systole*) des Herzens als (höchst metaphorischem) Zentralorgan dieser unglücklichen Liebesgeschichte und »Krankheit zum Tode«; Expansion hingegen für Freiheitsdrang und Kreativität, »Entselbstigung« in Goethes Terminologie, medizinisch für die Ausdehnung des Herzens (*Diastole*), die pathologisch bis zur Onanie reicht. Vgl. Karl N. Renner: »... laß das Büchlein deinen Freund seyn«. Goethes Roman ›Die Leiden des jungen Werthers‹ und die Diätetik der Aufklärung. In: Günter Häntzschel, John Ormrod, ders. (Hg.): Zur Sozialgeschichte der deutschen Literatur von der Aufklärung bis zur Jahrhundertwende. Tübingen 1985, S. 1-20.

21 Vgl. die hilfreiche Wegskizze in der Magisterarbeit von Christiane Wagner: Erfahrung und Ästhetisierung. Untersuchungen zu Karl Philipp Moritz: Reisen eines Deutschen in England im Jahre 1782. Regensburg 1997, S. 5.

22 Das schließt nicht aus, daß von einzelnen Herbergen aus auch Abendspaziergänge unternommen werden, z.B. in Windsor: »Erfrischt und gestärkt durch das kühle Bad, machte ich noch einen Spaziergang im Mondschein längst dem Ufer der Themse hin« (II, 319). Auch sonst gebraucht Moritz wieder-

holt den Begriff des Spaziergangs: »Ich muß gestehen, daß meine Reise fast ein beständiger Spaziergang war.« (II, 323) »Mein Weg von Nettlebed aus war ein ununterbrochener Spaziergang in einem großen Garten.« (II, 331)

23 Vgl. Wolfgang Kaschuba: Die Fußreise. Von der Arbeitswanderung zur bürgerlichen Bildungsbewegung. In: Hermann Bausinger u.a. (Hg.): Reisekultur. Von der Pilgerfahrt zum modernen Tourismus. München 1999, S. 165-173; Wolfgang Albrecht, Hans-Joachim Kertscher (Hg.): Wanderzwang – Wanderlust. Formen der Raum- und Sozialerfahrung zwischen Aufklärung und Frühindustrialisierung. Tübingen 1999.

24 Vgl. Helmut J. Schneider: Selbsterfahrung zu Fuß. Spaziergang und Wanderung als poetische und geschichtsphilosophische Reflexionsfigur im Zeitalter Rousseaus. In: Jürgen Söring u.a. (Hg.): Rousseauismus: Naturreligion und Literatur. Frankfurt a.M. u.a. 1999, S. 133-154.

25 Jean-Jacques Rousseau: Die Bekenntnisse. Hg. von Christoph Kunze. München 1978, S. 162.

26 Boulby: Karl Philipp Moritz (wie Anm. 4), S. 107.

27 G.F.A. v. Wendeborn: Reise durch einige westliche und südliche Provinzen Englands, Bd. 1. Hamburg 1793; S. 28.

28 Vgl. Horst Günther: Nachwort in: Insel, Bd. 2, S. 929.

29 Zitiert nach Hans-Joachim Althaus: Bürgerliche Wanderlust. Anmerkungen zur Entstehung eines Kultur- und Bewegungsmusters. In: Albrecht / Kertscher (wie Anm. 23), S. 25-43, hier S. 32.

30 Ebd.

31 Ebd., S. 33.

32 Zu Berlin vgl. Kapitel 2; zu Italien: Renata Gambino: Moritz – Piranesi: der »Gesichtspunkt« – die Veduten. In: Karl Philipp Moritz in Berlin 1789-1793 (wie Anm. 14), S. 23-37.

33 Peter Hughes: Art. ›Bathos‹. In: HWRh 1, Sp. 1366-1372.

34 Vgl. Heide Hollmer, Albert Meier: »Die Erde ist nicht überall einerlei!« Landschaftsbeschreibungen in Karl Philipp Moritz' Reiseberichten aus England und Italien. In: Michael Scheffel (Hg.): Erschriebene Natur. Internationale Perspektiven auf Texte des 18. Jh.s. Bern u.a. 2001, S. 263-288, hier S. 264.

35 Alexander Pope: Poems. The Twickenham Edition. Hg. von John Butt. Bd. 1. London, New Haven 1961, S. 149f.

36 Johann Georg Sulzer: Allgemeine Theorie der schönen Künste, Bd. 3. Leipzig 1793 (ND Hildesheim 1994), S. 145-147.

37 Ria Omasreiter: Travels Through The British Isles. Die Funktion des Reiseberichts im 18. Jh. Heidelberg 1982, bes. S. 99-126.

38 Ebd., S. 110 und 114f.

39 Archibald Robertson: A topographical survey of the great road from London to Bath and Bristol. London 1792.

40 Ein noch engeres Zusammenspiel von Bild und Text findet sich im Romanfragment *Die neue Cecilia* (I, 763-790). Vgl. Vf.: »Schönheiten der Natur und Kunst« als Stimulanzien der Liebe. ›Die neue Cecilia‹ im Kontext von

Moritz' Ästhetik. In: Karl Philipp Moritz in Berlin 1786-1793. Hg. von Ute Tintemann u.a. Hannover-Laatzen 2005, S. 101-118.

41 Robertson, ebd., zwischen S. 32/33: »View of Richmont Bridge looking Southward«; unsere Abb. findet sich zwischen S. 54/55.

42 Ebd., S. 54.

43 Außer die mit einem Handgriff in Google-Bilder zugänglichen Gemälde findet man diese Darstellungen in einer Reihe von Turner-Katalogen. Am berühmtesten ist das Ölgemälde »Richmod Hill on the Prince Regent's Birthday« (1819) – nebst verschiedenen Variationen. Besonders reich ist die Auswahl in: Eric Shanes: Turner's England. A Survey in Watercolors. North Pomfret 1990. Hier sieht man S. 207 ein Bild von »Richmond Hill and Bridge with a Pic Nic Party« (1829), das unserer Abbildung aus Robertson perspektivisch stark ähnelt.

44 Robertson: A topographical survey (wie Anm. 39), S. 63, Abb. zwischen S. 62/63.

45 Klischnig, S. 621.

46 Henriette Herz: Erinnerungen, Briefe und Zeugnisse. Hg. von Rainer Schmitz. Frankfurt a.M. 1984, S. 69.

47 Vgl. Wagner: Erfahrung und Ästhetisierung (wie Anm. 21), S. 76-83; Christoph Siegrist: Karl Philipp Moritz als Reiseschriftsteller. In: Annelies Häcki Buhofer (Hg.): Karl Philipp Moritz. Tübingen, Basel 1994, S. 77-90.

48 Thomas Newte: Prospects and observations on a tour in England and Scotland. London 1791, S. 23-25.

49 Ebd., S. 25f.

50 Vgl. Peter Utz: »Es werde Licht!« – Die Blindheit als Schatten der Aufklärung bei Diderot und Hölderlin. In: Hans-Jürgen Schings (Hg.): Der ganze Mensch. Stuttgart, Weimar 1994, S. 371-389.

51 Werthers Formulierung im Brief vom 10. Mai lautet: »ich erliege unter der Gewalt der Herrlichkeit dieser Erscheinungen« (WA I, 19, S. 8).

52 Moritz an J. H. Campe, 3. Februar 1787, in: Insel, Bd. 2, S. 865.

53 Georg Forster: Über historische Glaubwürdigkeit. In: Werke. Sämtliche Schriften, Tagebücher, Briefe, Bd. 7. Berlin 1963, S. 29-44, hier S. 29. Vgl. dazu Ute Heidmann Vischer: Die eigene Art zu sehen. Zur Reisebeschreibung des späten achtzehnten Jahrhunderts am Beispiel von Karl Philipp Moritz und anderen Englandreisenden. Bern u.a. 1993, S. 50-59.

54 Forster: Werke, ebd., Bd. 11, S. 57f.

5. Vom Epitaph zur biographischen Erfahrungsseelenkunde: Über den Tod von Johann Georg Zierlein

1 Als Buchtitel verwendet es Johann George Leutmann: Nosce te ipsvm et alios oder die Wissenschaft Sich Selbst und anderer Menschen Gemüther zu erkennen. Wittenberg 1724.

2 Zur Gattungsdefinition (zwischen Nekrolog, Leichenpredigt, Grabrede, Er-

innerungsartikel, Trauergedicht, Totengespräch) vgl. Ralf Georg Bogner: Der Nachruf als literarische Gattung. Möglichkeiten und Grenzen einer Definition. In: Franz Simmler (Hg.): Textsorten deutscher Prosa vom 12./13. bis 18. Jh. und ihre Merkmale. Bern u.a. 2002, S. 39-51.

3 Die Bedeutung dieses Kontextes für Moritz entwickelt vorzüglich Josef Fürnkäs: Der Ursprung des psychologischen Romans. Karl Philipp Moritz' ›Anton Reiser‹. Stuttgart 1977, S. 6-46.

4 Vgl. Elfriede Hagenbichler: Art. ›Epitaph‹. In: HWRh 2, Sp. 1306-1312. Vgl. jetzt Karl S. Guthke: Sprechende Steine. Eine Kulturgeschichte der Grabschrift. Göttingen 2006.

5 Vgl. Franz M. Eybl: Art. ›Nekrolog‹. In: HWRh 6, Sp. 207-210.

6 Herder, SW 11, S. 85f.

7 Vgl. Dieter Schlenstedt: Art. ›Darstellung‹, in: Ästhetische Grundbegriffe. Historisches Wörterbuch in sieben Bänden. Hg. von Karlheinz Barcke u.a., Bd. 1. Stuttgart, Weimar 2000, S. 831-875.

8 Herder, SW 17, S. 19.

9 Die Texte und Porträts finden sich in: Friedrich Nicolai: Sämtliche Werke, Briefe, Dokumente, Bd. 6.1 / 6.2. Bearbeitet von Alexander Košenina. Bern u.a. 1995/1997.

10 Moritz: Gedichte. Mit einem Nachwort hg. von Christof Wingertszahn. St. Ingbert 1999, S. 41 und 71f.

11 Vossische Zeitung vom 26. Mai 1785, 63. Stück, S. 3.

12 Zu Zierlein gibt es nur spärliche biographische Informationen, vgl. Johann Georg Meusel: Lexikon der teutschen Schriftsteller, Bd. 15. Leipzig 1826, S. 405f.

13 Hugo Eybisch: Anton Reiser: Untersuchungen zur Lebensgeschichte von K. Ph. Moritz und zur Kritik seiner Autobiographie. Leipzig 1909, S. 193.

14 Klischnig, S. 621.

15 Über Schmidt erfährt man aus einem von Büschings regelmäßigen *Rechenschaftsberichten über Prüfungen und abgehende Schüler* (Berlin: Eisfeld 1783, S. 12): »Frid. Wilh. Aug. Schmidt, aus Fahrland, wurde vor 2 Jahren aus dem hiesigen Schindlerschen Waisenhause in das Gymnasium geschicket, aus dessen ersten Klasse er nun, 19 Jahre alt, nach Halle auf die Universität gehet, und ein Studiosus der Theologie wird. Er ist einer unserer besten Jünglinge gewesen, man mag entweder auf den Kopf, oder auf den nie unterbrochenen Fleiß, oder auf die Sittsamkeit, oder auf die Schulwissenschaft sehen.«

16 Anton Friedrich Büsching ladet zur feyerlichen Einführung zweyer neuer Professoren des vereinigten Berlinischen und Cölnischen Gymnasiums, und zweyer neuen Lehrer der von demselben abhangenden Schulen [...] geziemend ein [...]. Berlin 1778, S. 15: »[...] der geschickte und lebhafte Candidat Herr Carl Philip Moritz, ist in die Stelle des an die cölnische Schule versetzten Herrn Ritters, zum Lehrer verordnet worden. [...] Er hat dazu trefliche Gaben, und viel Neigung, daher man hoffen kann, daß er viel leisten, und es weit bringen werde.«

17 Zum Gedächtniß des Herrn Professors M. Joh. Georg Zierlein. Berlin: Eisfeld 1782, S. 10f. [Expl. Staatsbibliothek Preußischer Kulturbesitz zu Berlin, Sign.: Av 26081].

18 Ebd., S. 13.

19 Ebd., S. 14.

20 Ebd., S. 19f.

21 Magazin 1, S. 44-50, hier S. 44.

22 Der *Briefsteller* erscheint in Band 9 der kritischen Ausgabe. Die Identifikation des Adressaten ist den Hg. gelungen. In dem Schreiben heißt es: »Unser Weg durch dis Leben gieng nur eine kleine Strecke mit einander, und ich lernte kaum den würdigen Mann kennen, da er mir schon entrissen wurde: auch ich beweine in ihm den Rechtschaffenen und Redlichen, der das Glück seiner Freunde war.«

23 Magazin 1, S. 45.

24 Ebd., S. 46. Auf einem früheren Spaziergang soll Zierlein Moritz seine Gründe gegen eine Ehe wie folgt vertraulich entwickelt haben: »Das will ich Ihnen im Vertrauen sagen, Herr Kollege. Ich bin ein schwächlicher Mensch und fürchte, daß ich einer Frau nicht Genüge leisten möchte. Da könnt' es mir denn leicht so gehn, wie jenem Wirth im *Hennebergschen*. Auf meiner Reise von Halle nach Hause kehrte ich in einem Dorfe ein und der Wirt wies mir ein Bett dicht neben seiner Schlafkammer an, wo ich alle Worte hören konnte, die er mit seiner Frau im Bette sprach. Der Mann war ein Hektikus und hustete bei jedem Worte. Demohngeachtet verlangte die Frau mit Ungestüm von ihm, daß er ihr die eheliche Pflicht leisten solle, und schimpfte so lange auf ihn ein, bis sich endlich der Mann mit den Worten: ›Na! In Gottes Namen, wenn du mich denn mit Gewalt unter die Erde bringen willst‹, dazu bequemte. Seit der Zeit ist mir das Heirathen verleidet. *Vestigia me terrent, Amice*. Und auch Sie, Herr Kollege, können nur in Ihren Busen greifen und sprechen: Gott sei mir Sünder gnädig! –« (Klischnig, S. 623)

25 Marcus Herz: Etwas Psychologisch-Medizinisches. Moritz Krankengeschichte. In: Journal der practischen Arzneykunde und Wundarzneykunst 5.2 (1798), S. 259-339. Vgl. dazu Lothar Müller: Die kranke Seele und das Licht der Erkenntnis. Karl Philipp Moritz' ›Anton Reiser‹. Frankfurt 1987, S. 74f.

26 Magazin 1, S. 50.

27 C. P. Moritz: Aus dem Tagebuche des unglücklichen, von der Welt verkannten P….ls. In: Litteratur- und Theater-Zeitung, Nr. 34 vom 25. August 1781, S. 529-536.

28 Vgl. Hans-Peter Ecker: »Vielleicht auch ein bißchen Geschwätz«: Zur Differenz von Anspruch und Realität in Karl Philipp Moritz' ›Magazin zur Erfahrungsseelenkunde‹ am Beispiel der Selbstmordfälle. In: Literaturgeschichte als Profession. Hg. von Hartmut Laufhütte. Tübingen 1993, S. 179-202.

29 C. P. Moritz: Aus dem Tagebuche (wie Anm. 27), S. 536.

30 Ebd.

31 Ebd., S. 530f.

6. Psychopathologische Fallgeschichte: Aus K...s Papieren

1 Herder: SW 4, S. 350 und 367.

2 Vgl. August Langen: Karl Philipp Moritz' Weg zur symbolischen Dichtung. In: ZfdPh 81 (1962), S. 169-218 und S. 402-440.

3 Blunt. Drama und Prosa von Karl Philipp Moritz. Frankfurt 1994, S. 67-96. Hier entfällt »F...s Geschichte«, statt dessen ist das Gedicht »Sie sind entflohn ...« aus den *Denkwürdigkeiten* abgedruckt.

4 Ein Beispiel eines »Glückwunschungsschreiben« ist an M*[oritz?] gerichtet und führt die drei Initialen zusammen. Der mit W. abgekürzte Ort mit dem Lutherbrunnen ist zweifellos Wittenberg, das an anderer Stelle im Text auch in ausgeschriebener Form erwähnt wird: »In W. sind seit Deiner letzten Abwesenheit mancherlei Veränderungen vorgefallen [...]. F* befindet sich unter den B*schen Husaren; jetzt dient er, laut seiner eigenen Nachrichten, die B* von ihm erhalten hat, als Junker, und steht unweit B. [...] K* steht als Gemeiner mit vorgedachtem unter einerlei Regiment. F* hat jedermann, der seinen Geist und seine feinen Empfindungen kannte, bemitleidet. [...] B* ist noch hier – der Lutherbrunnen vereinigt uns oft mit einander.« Karl Philipp Moritz: Allgemeiner deutscher Briefsteller. Berlin 1783, S. 215f. In einer der »Freundschaftsversicherungen« geht es möglicherweise um Moritz' Garantie, die ihm vorliegenden Dokumente nicht ohne Genehmigung zu publizieren: »Bei Hrn. F* hab' ich hier Ihren Auftrag noch einmal bestellt [...]. Nun glaubt' er's endlich, daß Sie das Manuskript ohne des Eigenthümers Vorwissen nicht würden zum Druck befördern. Es stehn darin, wie ich mir habe sagen lassen, Sachen von Wichtigkeit.« (ebd., S. 267).

5 Vgl. Eckhardt Meyer-Krentler: »Geschichtserzählungen«. Zur ›Poetik des Sachverhalts‹ im juristischen Schrifttum des 18. Jh.s. In: Jörg Schönert (Hg.): Erzählte Kriminalität. Tübingen 1991, S. 117-157.

6 Klischnig, S. 597f.

7 Hugo Eybisch: Anton Reiser: Untersuchungen zur Lebensgeschichte von K. Ph. Moritz und zur Kritik seiner Autobiographie. Leipzig 1909, S. 75.

8 Karl Friedrich Klischnig: Mein Freund Anton Reiser. Berlin [1993], S. 24.

9 WA I, 19, S. 3.

10 Wolfgang Riedel (Hg.): Jacob Friedrich Abel. Eine Quellenedition zum Philosophieunterricht an der Stuttgarter Karlsschule (1773-1782). Würzburg 1995, S. 294.

11 FA VII, S. 565.

12 Vgl. mit weiterführenden Hinweisen Holger Zaunstöck: Sozietätslandschaft und Mitgliederstrukturen. Die mitteldeutschen Aufklärungsgesellschaften im 18. Jh. Tübingen 1999, S. 74f.

13 Vgl. Fritz Martini: Die feindlichen Brüder. Zum Problem des gesellschaftskritischen Dramas von J. A. Leisewitz, F. M. Klinger und F. Schiller. In: JDSG 16 (1972), S. 209-265.

14 Meier, S. 214.

15 Vgl. Vf.: »Wenn Wissenschaft Wissenschaft wird, ist nichts mehr dran«. Gelehrsamkeitskritik und Akademikersatire im Sturm und Drang. In: Lenz-Jahrbuch 8/9 (1998/99), S. 151-188.

16 FA II, S. 30 (I, 2).

17 Friedrich Maximilian Klinger: Die Zwillinge. Stuttgart 1972, S. 58.

18 Ralf Konersmann: Spiegel und Bild. Zur Metaphorik neuzeitlicher Subjektivität. Würzburg 1988, S. 176. Die Szene ist präzise in das körpersprachliche Arrangement des Stücks integriert. Vgl. Vf.: Anthropologie und Schauspielkunst. Studien zur ›eloquentia corporis‹ im 18. Jh. Tübingen 1995, S. 220-232.

19 Klinger: Die Zwillinge (wie Anm. 17), S. 58.

20 Auch im *Magazin* weist Moritz die Begegnung mit sich selbst als den heikelsten Akt im psychischen Haushalt aus: »unser denkendes Wesen sollte es nicht wagen, in seine eigenen Tiefen herabzusteigen [...]. Auf dem Punkte, wo unser Wesen sich vollendet, darf es wahrlich nicht vor sich selbst erschrecken; es hält in seinen innern Tiefen sich an sich selber fest« (I, 1271).

21 Als Anton keine Chance sieht, im Schultheater mitzuspielen, führt er mit einer Gruppe »der Mißvergnügten« Stücke im kleinen Kreis auf, darunter den *Philotas*: »Hiezu wurde denn Philotas gewählt, wo Reiser einem andren, der die Rolle des Philotas schlecht machte, sie mit Geld abkaufte, und also nun den Philotas spielte.« (I, 251)

22 Eybisch: Anton Reiser (wie Anm. 7), S. 75.

23 Vgl. Gerhart Pickerodt: Das »poetische Gemählde«: Zu Karl Philipp Moritz' ›Werther‹-Rezeption. In: Weimarer Beiträge 36 (1990), S. 1364-1368; Alessandro Costazza: Genie und tragische Kunst. Karl Philipp Moritz und die Ästhetik des 18. Jh.s. Bern, u.a. 1999, bes. S. 301f.

24 Werther am 28. August: »Es ist wahr, wenn diese Krankheit zu heilen wäre, so würden diese Menschen es thun.« (WA I, 19, S. 78)

25 Dieser Begriff beschließt Werthers Brief vom 22. Mai, in dem die Topoi der Einschränkung, Gefangenschaft, Rückkehr in sich selbst entwickelt werden. Psychiatrisch wurden sie als Inkludenzmelancholie beschrieben. Das gleiche Motiv findet sich wieder im Anton Reiser. Vgl. Hans Jürgen Schings: Melancholie und Aufklärung. Stuttgart 1977, S. 246-255.

26 Am 30. August schreibt Werther: »Wilhelm, ich weiß oft nicht, ob ich auf der Welt bin! Und, – wenn nicht manchmal die Wehmut das Übergewicht nimmt, und Lotte mir den elenden Trost erlaubt, auf ihre Hand meine Beklemmung auszuweinen, – so muß ich fort, muß hinaus!« (WA I, 19, S. 79)

27 Brief vom 22. August: »Es ist ein Unglück, Wilhelm, meine thätigen Kräfte sind zu einer unruhigen Lässigkeit verstimmt, ich kann nicht müßig sein und kann doch auch nichts thun [...,] die Bücher ekeln mich an« (WA I, 19, S. 77).

28 Meier, S. 216.
29 Vgl. das Selbstmordgespräch vom 12. August, WA I, 19, S. 65-72, hier S. 69.
30 Zum psychopathogenen Werthersyndrom vgl. besonders Karl N. Renner: »... laß das Büchlein deinen Freund seyn«. Goethes Roman ›Die Leiden des jungen Werthers‹ und die Diätetik der Aufklärung. In: Günter Häntzschel u.a. (Hg.): Zur Sozialgeschichte der deutschen Literatur von der Aufklärung bis zur Jahrhundertwende. Tübingen 1985, S. 1-20; materialreich auch Julia Schreiner: Jenseits vom Glück. Suizid, Melancholie und Hypochondrie in deutschsprachigen Texten des späten 18. Jh.s. München 2003, bes. Kap. 3.
31 WA I, 28, S. 229.
32 WA I, 19, S. 151.
33 Nach freundlicher Auskunft von Herrn Dr. Zaunstöck (Halle) findet sich diese Formel nicht in den Akten des Ordens. In seiner Monographie (wie Anm. 12, S. 75) spricht er von der fast äquivalenten Eidesformel »Freundschaft bis zum Tode«.
34 Vgl. Ute Frevert: Ehrenmänner. Das Duell in der bürgerlichen Gesellschaft. München 1995, S. 43-108.
35 Zur Individuations- und Selbstbewußtseinsproblematik sowie dem damit verbundenen Konzept des Egoismus im *Anton Reiser* vgl. Costazza: Genie und tragische Kunst (wie Anm. 23), S. 304-311.
36 Die Umkehrung dieses Grundsatzes bei Locke und die daraus resultierende Krise des (aufgeklärten) Absolutismus beschreibt noch immer unübertroffen Reinhart Koselleck: Kritik und Krise. Eine Studie zur Pathogenese der bürgerlichen Welt. Freiburg, München 1959.
37 Vgl. dazu Thomas P. Saine: Die ästhetische Theodizee. Karl Philipp Moritz und die Philosophie des 18. Jh.s. München 1971, bes. S. 71-90.
38 [Karl Philipp Moritz:] Milton über den Ursprung des Bösen. In: Die große Loge oder der Freimaurer mit Wage und Senkblei. Berlin 1793, S. 185-189, hier S. 186.
39 Jean Paul: Vorschule der Ästhetik, § 2. In: Werke, Bd. 5. Hg. von Norbert Miller. München ^{4}1980, S. 31.
40 W. Müller-Lauter: Art. ›Nihilismus‹, in: HWPh 6, Sp. 846-853. Vgl. umfassend Dieter Arendt: Der ›poetische Nihilismus‹ in der Romantik. Studien zum Verhältnis von Dichtung und Wirklichkeit in der Frühromantik. 2 Bde. Tübingen 1972.
41 Vgl. Costazza: Genie und tragische Kunst (wie Anm. 23), S. 300-327. Egoismus als Kern von Reisers »Krisen- und Krankheitsgeschichte« erweist schon Hans-Jürgen Schings: Agathon – Anton Reiser – Wilhelm Meister. Zur Pathogenese des modernen Subjekts im Bildungsroman. In: Wolfgang Wittkowski (Hg.): Goethe im Kontext. Tübingen 1984, S. 42-63, bes. S. 48f.
42 Hans K. und Susanne Lücke: Antike Mythologie. Ein Handbuch. Der Mythos und seine Überlieferung in Literatur und bildender Kunst. Reinbek bei Hamburg 1999, S. 317-343, hier S. 338.

43 Insel, Bd. 2, S. 692-696.
44 Benjamin Hederich: Gründliches mythologisches Lexikon. ND Darmstadt 1996, Sp. 2487f.
45 Vgl. Schings: Melancholie und Aufklärung (wie Anm. 25), S. 234-246.
46 Carl Philipp Moritz: Unterhaltungen mit meinen Schülern. Berlin 1780, S. 80-110.
47 WA I, 19, S. 56f.
48 WA I, 19, S. 45.
49 So faßt Hans-Jürgen Schings mögliche Zweifel am *Anton Reiser*, in: Agathon – Anton Reiser – Wilhelm Meister (wie Anm. 41), S. 59.

7. Zwischen Lesesucht und Geltungsdrang: Theatromanie als Literatur-Obsession

1 Carl Schall: Theatersucht. Ein Lustspiel in drei Aufzügen. Breslau 1817, S. 20.
2 Ebd., S. 21.
3 Ebd., S. 27.
4 Das Oxford English Dictionary verweist unter ›Theatromania‹ auf ein Wörterbuch aus dem Jahre 1891. Edgar Allan Poe gebraucht in *The Murders in the Rue Morgue* (1841) den Begriff ›stage-mad‹ (Complete Stories and Poems of Edgar Allan Poe. Garden City, New York 1966, S. 6).
5 Ludwig Börne: Briefe aus Paris, 47. Brief. In: Börne: Sämtliche Schriften. Hg. von Inge und Peter Rippmann, Bd. 3. Düsseldorf 1964, S. 266.
6 Christoph Martin Wieland: Geschichte der Abderiten. In: Wieland: Sämmtliche Werke, Bd. 19/20. Leipzig 1796, Bd. 19, S. 357, S. 366; Bd. 20, S. 3.
7 Vgl. Johann Friedrich Schink: Das Theater zu Abdera, Bd. 1. Berlin und Liebau 1787, S. 79f. und 144f.
8 E.T.A. Hoffmann: Die Serapionsbrüder. Gesammelte Erzählungen und Märchen II. Hg. von Hans-Joachim Kruse. Berlin 1994, S. 368.
9 Ludwig Tieck: Der junge Tischlermeister (1836), in: Tieck: Romane. Hg. von Marianne Thalmann. München 1966, S. 520.
10 Johann Gottfried Seume: Mein Leben. In: Werke in zwei Bänden. Hg. von Jörg Drews, Bd. 1. Frankfurt a.M. 1993, S. 52.
11 August Wilhelm Iffland: Meine theatralische Laufbahn. Hg. von Oscar Fambach. Stuttgart 1976, S. 12f.
12 Zur Diskussion um die Erzeugung naturwahrer Gebärden vgl. Vf.: Anthropologie und Schauspielkunst. Studien zur ›eloquentia corporis‹ im 18. Jh. Tübingen 1995, S. 117-182.
13 Vgl. Georg-Michael Schulz: Die moralische Anstalt als eine medizinische Angelegenheit betrachtet. Äußerungen von Ärzten über das Theater in der Publizistik des 18. Jh.s. In: Raymond Heitz u.a. (Hg.): Theater und Publizistik im deutschen Sprachraum im 18. Jh. Bern u.a. 2001, S. 123-140;

merkwürdig ähnlich, aber ergänzend: Peter Heßelmann: Kranke Heiler. Zum ästhetischen, anthropologischen und medizinischen Diskurs über Schauspielkunst im 18. Jh. In: Ders. u.a. (Hg.): »Das Schöne soll sein«. ›Aisthesis‹ in der deutschen Literatur. Bielefeld 2001, S. 73-100.

14 Denis Diderot: Ästhetische Schriften. Bd. II. Hg. von Friedrich Bassenge. Berlin 1984, S. 489.

15 Vgl. Friedrich Schiller: Versuch über den Zusammenhang der thierischen Natur des Menschen mit seiner geistigen, § 15, in: FA VIII, S. 146.

16 Vgl. William M. Calder III: Vita Aeschyli 9: Miscarriages in the Theatre of Dionysos. In: Classical Quarterly 38 (1988), S. 554f.

17 Johann Friedrich Schütze: Hamburgische Theatergeschichte. Hamburg 1799, S. 454.

18 FA II, S. 965f.

19 Franz Anton May: Vermischte Schriften. Mannheim 1786, S. 310.

20 Friedrich Schiller: Ueber den Gebrauch des Chors in der Tragödie. In: FA V, S. 285 und 289.

21 Johann Jacob Bodmer: Critische Betrachtungen über die poetischen Gemählde der Dichter. Zürich, Leipzig 1741, S. 290.

22 So übersetzt Lessing, vgl. LM 6, S. 129.

23 Johann Georg Sulzer: Artikel ›Schauspiel‹, in: Sulzer: Allgemeine Theorie der schönen Künste, Bd. 4. Leipzig [2]1794, S. 254f.

24 Johann Jakob Engel: Ideen zu einer Mimik. Erster Theil. Berlin 1785, S. 87f.

25 Friedrich Schiller: Ueber das Erhabene. In: FA VIII, S. 837. Zu diesem Topos vgl. Cornelia Zumbusch: Kunst als Impfung gegen das Leben? Eine medizinische Metapher in Schillers Theorie des Erhabenen. In: Ansteckung. Zur Körperlichkeit eines ästhetischen Prinzips. Hg. von Miriam Schaub u.a. München 2005, S. 251-262.

26 Franz Anton May: Vermischte Schriften. Mannheim 1786, S. 310-338, hier S. 312.

27 Ebd., S. 318.

28 Franz Anton May: Von dem Einfluß der Komödien auf die Gesundheit arbeitender Staatsbürger (1780). In: May: Vermischte Schriften. Mannheim 1786, S. 42-50, hier S. 45.

29 So Wieland in der *Geschichte des Agathon*, die von Ansteckungs-Herden nur so wimmelt. In: Christoph Martin Wieland: Sämmtliche Werke, Bd. 2. Leipzig 1794 (ND Hamburg 1984), S. 272.

30 Vgl. Susanne Eigenmann: Zwischen ästhetischer Raserei und aufgeklärter Disziplin. Hamburger Theater im späten 18. Jh. Stuttgart, Weimar 1994; Peter Heßelmann: Gereinigtes Theater? Dramaturgie und Schaubühne im Spiegel deutschsprachiger Theaterperiodika des 18. Jh.s (1750-1800). Frankfurt a.M. 2002, S. 391-413.

31 Hogarth's Graphic Works, Bd. 2. New Haven, London 1970, Nr. 130.

32 Zu dieser zeitlich und inhaltlich weit ausgreifenden Diskussion vgl. Thomas Koebner: Zum Streit für und wider die Schaubühne im 18. Jh. In: Bernhard

Fabian (Hg.): Festschrift für Rainer Gruenter. Heidelberg 1978, S. 26-57; Christopher J. Wild: Theater der Keuschheit – Keuschheit des Theaters. Zu einer Geschichte der (Anti-) Theatralität von Gryphius bis Kleist. Freiburg i.B. 2003; ders.: Theorizing Theater Antitheatrically: Karl Philipp Moritz's Theatromania. In: MLN 120 (2005), S. 507-538.

33 Gegen Anton Reisers Verdammung der Opernspiele als Werke der Finsternis wandte sich der Hamburger Pastor und Kirchenlieddichter Heinrich Elmenhorst (1632-1704), der selbst zwei geistliche Opern verfaßte und dem die erste Opernbühne Deutschlands in Hamburg (1678) mit zu verdanken ist. Auf diesen ersten Hamburger Theaterstreit (1677-1688) folgte im Jahre 1769 der zweite mit Goeze, Schlosser und Nölting. Den europäischen Kontext der Debatte verdeutlicht die ausführliche Bibliographie in Sulzer: Allgemeine Theorie der schönen Künste, Bd. 1 (1792), S. 726-741 (Artikel ›Drama‹).

34 Christian Rauch: Theatrophania, zur Vertheidigung der christlichen Schauspiele, insonderheit der musikalischen Opern. Hannover 1682. Im gleichen Jahr erschien eine Duplik von Anton Reiser: Der gewissenlose Advokat mit seiner Theatrophania kürzlich abgefertigt. Hamburg 1682.

35 Johann Heinrich Campe: Soll man Kinder Komödien spielen lassen? In: Braunschweigisches Journal philosophischen, philologischen und pädagogischen Inhalts 1 (1788), 2. St., S. 206-219, hier S. 215. Vgl. dazu Lothar Müller: Die kranke Seele und das Licht der Erkenntnis. Karl Philipp Moritz' Anton Reiser. Frankfurt a.M. 1987, S. 344-348.

36 Friedrich Schiller: Was kann eine gute stehende Schaubühne eigentlich wirken? In: FA VIII, S. 200.

37 Ebd.

38 Vgl. Müller: Die kranke Seele und das Licht der Erkenntnis (wie Anm. 35), S. 348-362.

39 Carl Duncker (Hg.): Iffland in seinen Schriften als Künstler, Lehrer und Director der Berliner Bühne. Zum Gedächtniss seines 100jährigen Geburtstages am 19. April 1859. Berlin 1859, S. 6-21, hier S. 9f.

40 Die Dechiffrierung erfolgt jetzt erstmals in: Karl Philipp Moritz: Sämtliche Werke. Kritische und kommentierte Ausgabe, Bd. 1: Anton Reiser, hg. von Christof Wingertszahn. Tübingen 2006, S. 603-605 und S. 821. Die in der Ausgabe des Klassikerverlages (I, 1337) bemerkte Diskrepanz zwischen D*** und den im Folgeband des *Magazins* unter der Sigle P** hinzugefügten Briefen löst sich durch die Zuschreibung an P[aulmann] auf.

41 Dazu gehört die frühe psychopathographische Übung *Aus K…s Papieren*, verfaßt im Vorfeld des *Anton Reiser*. Vgl. Kapitel 6.

42 Magazin 4, S. 66-83.

43 Ebd., S. 73.

44 Magazin 6, S. 106-108, hier S. 106.

45 Vgl. Lothar Müller: Die Erziehung der Gefühle im 18. Jh. Kanzel, Buch und Bühne in Karl Philipp Moritz' ›Anton Reiser‹ (1785-1790). In: Der Deutschunterricht 48 (1996), H. 2, S. 5-20.

46 Magazin 7, S. 268-276. Die folgenden Zitate sind ohne Einzelnachweis diesen wenigen Seiten entnommen.

47 Catholys Ausführungen zum »Mittelpunktsbegriff« konzentrieren sich – wie seine ganze Studie – stärker auf philosophisch-theologische Quellen als auf die Erfahrungsseelenkunde. Vgl. Eckehard Catholy: Karl Philipp Moritz und die Ursprünge der deutschen Theaterleidenschaft. Tübingen 1962, S. 102-108.

48 So Goethes berühmtes Wort über den ihm »wie ein jüngerer Bruder« erscheinenden Moritz: Brief an Charlotte von Stein vom 13.–16. Dezember 1786. In: WA IV, 8, S. 94.

49 Müller: Die kranke Seele und das Licht der Erkenntnis (wie Anm. 35), S. 361.

50 Die jüngst wieder behauptete enge Verwandtschaft und Vergleichbarkeit der beiden Theaterromane scheint durch diese zentrale Differenz in Frage gestellt. Vgl. Jutta Eckle: »Er ist wie ein jüngerer Bruder von mir«. Studien zu Johann Wolfgang von Goethes ›Wilhelm Meisters theatralische Sendung‹ und Karl Philipp Moritz' ›Anton Reiser‹. Würzburg 2003, S. 188: »In Wilhelm Meisters theatralische[r] Sendung dürfen Theatromanie, Bibliophagie und Schriftstellersucht als integrale Bestandteile eines immanenten Bildungsprozesses verstanden werden, in dessen Verlauf alle Anlagen eines Individuums, die verschiedenen ihm zu Gebote stehenden Seelenkräfte, Vernunft und Herz, Verstand und Gefühl, zur Entfaltung gebracht werden sollen.«

51 Sehr gut illustriert Bernhard Greiner die verschiedenen Sparten von Theater, die Wilhelms Entwicklung begleiten, hält aber an der These von der (anfänglichen) Theatromanie fest. Vgl. Bernhard Greiner: Puppenspiel und Hamlet-Nachfolge. Wilhelm Meisters ›Aufgabe‹ der theatralischen Sendung. In: Euphorion 83 (1989), S. 281-296.

52 WA I, 51, S. 13 und 17.

53 Ebd., S. 86 und 69 sowie WA I, 52, S. 93.

54 WA I, 51, S. 137.

55 Vgl. Wolfgang F. Bender u.a.: Theaterperiodika des 18. Jh.s. Bibliographie und inhaltliche Erschließung deutschsprachiger Theaterzeitschriften, Theaterkalender und Theatertaschenbücher. Teil 1: 1750-1780; Teil 2: 1781-1790; Teil 3: 1791-1800. München u.a. 1994, 1997, 2005. Boulby nennt Theatromanie und »*furor theatralicus*« »a widespread epidemic«, führt aber keine Beispiele dafür an. Mark Boulby: Karl Philipp Moritz: At the Fringe of Genius. Toronto u.a. 1979, S. 28.

56 Max Sturms theatralische Wanderung. Ein Büchlein zur Beherzigung für junge Leute, die sich der Schaubühne zu widmen gedenken. Dem Schatten des Hauptpastor Göze gewidmet. Magdeburg 1788, S. 14. Die UB Augsburg besitzt ein Exemplar dieser sehr seltenen Schrift und stellt davon einen Mikrofiche per Fernleihe zur Verfügung.

57 Ebd., S. 46.

58 Ebd., S. 33f.

59 Ebd., S. 25.

60 Das ergibt sich aus der Quellensammlung von Rolf Selbmann: Theater im Roman. Studien zum Strukturwandel des deutschen Bildungsromans. München 1981.

61 Vgl. den bündigen Artikel von Winfried Schröder in: HWPh 8, Sp. 1478-1483; ferner Manfred Engel: Die Rehabilitation des Schwärmers. Theorie und Darstellung des Schwärmens in Spätaufklärung und früher Goethezeit. In: Hans-Jürgen Schings (Hg.): Der ganze Mensch. Stuttgart, Weimar 1994, S. 469-498.

62 Die Theatromanie als »unmittelbare Folie für G.s Theatralische Sendung« zu bezeichnen, ist ein selten in Frage gestellter Gemeinplatz der Forschung, hier exemplarisch vertreten von Wilhelm Voßkamp in: Goethe-Handbuch, Bd. 3: Prosaschriften. Hg. von Bernd Witte u.a. Stuttgart, Weimar 1997, S. 105.

Literaturverzeichnis

I. Abkürzungen

1. Moritz' Werke werden im fortlaufenden Text nach der Ausgabe von Heide Hollmer und Albert Meier im *Deutschen Klassiker Verlag* mit Band- und Seitenzahl zitiert. Für dort nicht enthaltene Texte gelten in den Fußnoten darüber hinaus folgende Siglen:

I / II	Werke in zwei Bänden. Hg. von Heide Hollmer und Albert Meier, Bd. 1 / 2. Frankfurt a.M. 1999 / 1997.
Beiträge	Beiträge zur Philosophie des Lebens aus dem Tagebuche eines Freimäurers. Berlin 1780.
Insel	Werke. Hg. von Horst Günther. 3 Bde. Frankfurt a.M. 1981.
Magazin	ΓΝΩΘΙ ΣΑΥΤΟΝ oder Magazin zur Erfahrungsseelenkunde als ein Lesebuch für Gelehrte und Ungelehrte. Bd. 1-10 (1783-93). ND hg. von Petra und Uwe Nettelbeck. Nördlingen 1986.

2. Weitere Abkürzungen:

FA	Friedrich Schiller: Werke und Briefe in zwölf Bänden, hg. von Otto Dann u.a. Frankfurt a.M. 1992-2004.
HWPh	Historisches Wörterbuch der Philosophie. Hg. von Joachim Ritter u. Karlfried Gründer. Darmstadt 1971-2005.
HWRh	Historisches Wörterbuch der Rhetorik. Hg. Gert Ueding. Tübingen 1992 ff.
Klischnig	Karl Philipp Moritz: Anton Reiser; Andreas Hartknopf; Andreas Hartknopfs Predigerjahre; Karl Friedrich Klischnig: Anton Reiser, Fünfter und letzter Teil. Hg. von Kirsten Erwentraut. Mit einem Nachwort von Benedikt Erenz. Düsseldorf, Zürich 1996.
LM	Gotthold Ephraim Lessing: Sämtliche Schriften. Hg. von Karl Lachmann. Dritte, auf's neue durchgesehene und vermehrte Auflage besorgt durch Franz Muncker. Stuttgart [später: Berlin, Leipzig] 1886-1924. ND Berlin 1968.

Meier	Albert Meier: Karl Philipp Moritz. Stuttgart 2000.
ND	Nachdruck.
SW	Johann Gottfried Herder: Sämtliche Werke. Hg. von Bernhard Suphan. Berlin 1877-1913. ND Hildesheim 1967/68.
WA	Johann Wolfgang von Goethe: Werke. Hg. im Auftrage der Großherzogin Sophie von Sachsen. [Weimarer Ausgabe] Weimar 1887-1919. ND München 1987.
Zedler	Grosses vollständiges Universal-Lexicon aller Wissenschafften und Künste, welche bishero durch menschlichen Verstand und Witz erfunden und verbessert worden [...]. 64 Bde. Halle, Leipzig: Johann Heinrich Zedler 1732-1750.

II. Quellen

Abbt, Thomas: Vom Tode für das Vaterland. Berlin 1780 (ND Hildesheim 1978).

[Anonymus:] Diadem, gewunden aus den reifsten Blüthen der vorzüglichsten Dichter und Schriftsteller verschiedener Zeiten und Sprachen. Oder: Stammbuchs-Aufsätze. Glarus 1832.

— Zum Gedächtniß des Herrn Professors M. Joh. Georg Zierlein. Berlin: Eisfeld 1782.

— Newes from Perin in Cornwall: of a most Bloody and vn-exampled Murther very lately committed by a Father on his owne Sonne (who was lately returned from the Indyes) at the Instigation of a mercilesse Step-mother. Together with their seuerall most wretched endes, being all performed in the Month of September last Anno 1618. London 1618.

— Max Sturms theatralische Wanderung. Ein Büchlein zur Beherzigung für junge Leute, die sich der Schaubühne zu widmen gedenken. Dem Schatten des Hauptpastor Göze gewidmet. Magdeburg 1788.

— Sentenzen, Reflexionen und Maximen. Aus den Schriften verschiedener Zeiten und Sprachen zusammengetragen zum Nutzen und Vergnügen für jede Klasse von Leser. Erstes Tausend. Magdeburg 1789.

— Vergißmeinnicht. Eine Blumenlese aus dem Gebiete des Wahren, Guten und Schönen, in tausend mit dem Namen der Verfasser versehenen Aufsätzen für Stammbücher. Paderborn 1820.

Beneken, Friedrich Burchard (Hg.): Weltklugheit und Lebensgenuß; oder praktische Beyträge zur Philosophie des Lebens. Bd. 2. Hannover 1789.

Blanckenburg, Friedrich von: Versuch über den Roman. Faksimiledruck der Ausgabe 1774. Mit einem Nachwort von Eberhard Lämmert. Stuttgart 1965.

Bodmer, Johann Jacob: Critische Betrachtungen über die poetischen Gemählde der Dichter. Mit einer Vorrede von Johann Jacob Breitinger. Zürich, Leipzig 1741 (ND Frankfurt a.M. 1971).

Börne, Ludwig: Sämtliche Schriften. Hg. von Inge und Peter Rippmann, Bd. 3. Düsseldorf 1964.

Büchner, Georg: Sämtliche Werke, Briefe und Dokumente in zwei Bänden. Münchner Ausgabe. Hg. von Henri Poschmann. Frankfurt a.M. 1992-1999.

Büsching, Anton Friedrich: Rechenschaftsberichte über Prüfungen und abgehende Schüler. Berlin 1783.

— Anton Friedrich Büsching ladet zur feyerlichen Einführung zweyer neuer Professoren des vereinigten Berlinischen und Cölnischen Gymnasiums, und zweyer neuen Lehrer der von demselben abhangenden Schulen [...] geziemend ein [...]. Berlin 1778.

Campe, Johann Heinrich: Soll man Kinder Komödien spielen lassen? In: Braunschweigisches Journal philosophischen, philologischen und pädagogischen Inhalts 1 (1788), 2. St., S. 206-219.

Diderot, Denis: Ästhetische Schriften, Bd. II. Hg. von Friedrich Bassenge. Berlin 1984.

Engel, Johann Jakob: Ideen zu einer Mimik. Erster Theil. Mit erläuternden Kupfertafeln. Berlin 1785 (ND Darmstadt 1968).

Forster, Georg: Werke. Sämtliche Schriften, Tagebücher, Briefe. Hg. von der Deutschen Akademie der Wissenschaften zu Berlin, Bd. 7. Berlin 1963.

Garve, Christian: Aphorismen aus dem Nachlaß. Mit einer Nachbemerkung erstmals hg. von Alexander Košenina. Hannover 1998.

— Popularphilosophische Schriften über literarische, ästhetische und gesellschaftliche Gegenstände. Hg. von Kurt Wölfel. Stuttgart 1974.

Gleim, Emilie (Hg.): Stammbuch-Aufsätze. Aus den Werken der vorzüglichsten deutschen und ausländischen Schriftsteller. Der Liebe und Freundschaft geweiht. 5. verb. Auflage Quedlinburg, Leipzig 1829.

Goethe, Johann Wolfgang v.: Werke, s. Abürzungen.

Heine, Heinrich: Historisch-kritische Gesamtausgabe der Werke. Hg. von Manfred Windfuhr. Hamburg 1973ff.

Hennings, Justus Christian: Von den Träumen und Nachtwandlern. Weimar 1784.

Herder, Johann Gottfried: Sämtliche Werke, s. Abkürzungen.

Herz, Henriette: Erinnerungen, Briefe und Zeugnisse. Hg. von Rainer Schmitz. Frankfurt a.M. 1984.

Herz, Marcus: Etwas Psychologisch-Medizinisches. Moritz Krankengeschichte. In: Journal der practischen Arzneykunde und Wundarzneykunst 5.2 (1798), S. 259-339.

Hoffmann, Ernst Theodor Amadeus: Die Serapionsbrüder. Gesammelte Erzählungen und Märchen II. Hg. von Hans-Joachim Kruse. Berlin 1994.

Hogarth's Graphic Works. Revised edition, compiled and with a commentary by Ronald Paulson. 2 Bde. New Haven, London 1970.

Iffland, August Wilhelm: Meine theatralische Laufbahn. Hg. von Oscar Fambach. Stuttgart 1976.

Kant, Immanuel: Werke in sechs Bänden. Hg. von Wilhelm Weischedel. Darmstadt 1983.

Karsch, Anna Louisa: Auserlesene Gedichte. Faksimiledruck nach der Ausgabe von 1764. Mit einem Nachwort von Alfred Anger. Stuttgart 1966.

Kleist, Heinrich von: Sämtliche Werke und Briefe in vier Bänden. Hg. von Ilse-Marie Barth, Klaus-Müller-Salget, Stefan Ormanns, Hinrich C. Seeba. Frankfurt a.M. 1987-1997.

Klinger, Friedrich Maximilian: Die Zwillinge. Mit einem Nachwort von Karl S. Guthke. Stuttgart 1972.

Klischnig, Karl Friedrich: Anton Reiser. Fünfter und letzter Teil, s. Abkürzungen.

La Mettrie, Julien Offray de: Der Mensch als Maschine. Mit einem Essay von Bernd A. Laska. Nürnberg 1985.

Lavater, Johann Caspar: Physiognomische Fragmente, zur Beförderung der Menschenkenntniß und Menschenliebe. 4 Bde. Leipzig, Winterthur 1775-1778 (ND Leipzig 1968).

Lenz, Jakob Michael Reinhold: Werke und Briefe in drei Bänden. Hg. von Sigrid Damm. Leipzig 1987.

Lessing, Gotthold Ephraim: Sämtliche Schriften, s. Abürzungen.

Leutmann, Johann George: Nosce te ipsvm et alios oder die Wissenschaft Sich Selbst und anderer Menschen Gemüther zu erkennen. Aus Moral- und Physicalischen Grund-Sätzen hergeleitet. Die Andere Edition. Um die Helffte vermehret nebst einem Anhange von Physicalischer Betrachtung der Temperamente. Wittenberg 1724.

Lichtenberg, Georg Christoph: Schriften und Briefe. Hg. von Wolfgang Promies. 6 Bde. München 1968-1992.

— Briefwechsel. Hg. von Ulrich Joost und Albrecht Schöne. München 1983-2004.

Lillo, George: The Dramatic Works. Edited by James L. Steffensen. Oxford 1993.

May, Franz Anton: Vermischte Schriften. Mannheim 1786.

Meißner, August Gottlieb: Ausgewählte Kriminalgeschichten. Mit einem Nachwort hg. von Alexander Košenina. St. Ingbert 2003 (^{2}2004).

Moritz, Karl Philipp: Allgemeiner deutscher Briefsteller, welcher eine kleine deutsche Sprachlehre, die Hauptregeln des Styls und eine vollständige Beispielsammlung aller Gattungen von Briefen enthält. Berlin 1783.

— Gedichte. Mit einem Nachwort hg. von Christof Wingertszahn. St. Ingbert 1999.

— Ideal einer vollkommnen Zeitung. Berlin: Christian Friedrich Voß und Sohn 1784.

— Die große Loge oder der Freimaurer mit Wage und Senkblei. Berlin 1793.

— Aus dem Tagebuche des unglücklichen, von der Welt verkannten P....ls. In: Litteratur- und Theater-Zeitung, Nr. 34 vom 25. August 1781, S. 529-536.

— Unterhaltungen mit meinen Schülern. Berlin: Christian Sigismund Spener 1780.

— Sämtliche Werke. Kritische und kommentierte Ausgabe, Bd. 1: Anton Reiser, hg. von Christof Wingertszahn. Tübingen 2006; Bd. 4: Schriften zur Mythologie und Altertumskunde, Teil 1: Anthusa oder Roms Altertümer, hg. von Yvonne Pauly. Tübingen 2005.

— Grammatisches Wörterbuch der deutschen Sprache, Bd. 1. Berlin 1793.

Newte, Thomas: Prospects and observations on a tour in England and Scotland, Natural, œconomical, and literary. London 1791.

Nicolai, Friedrich: Beschreibung der Königlichen Residenzstädte Berlin und Potsdam. Berlin 1786 (ND Berlin 1980).

— Gedächtnisschriften und philosophische Abhandlungen. Bearb. von Alexander Košenina (= SW, Briefe, Dok. Krit. Ausgabe mit Kommentar. Hg. von P. M. Mitchell u.a., Bd. 6.1 u. 6.2). Bern, u.a. 1995 u. 1997.

Nörtemann, Regina (Hg.): »Mein Bruder in Apoll«. Briefwechsel zwischen Anna Louisa Karsch und Johann Wilhelm Ludwig Gleim. Göttingen 1996.

Pitaval, Gayott von: Erzählung sonderbarer Rechtshändel, sammt deren gerichtlichen Entscheidung. Aus dem Französischen übersetzt. Erster Theil. Leipzig 1747.

Platner, Ernst: Anthropologie für Ärzte und Weltweise. ND der Ausgabe Leipzig 1772. Mit einem Nachwort von Alexander Košenina. Hildesheim u.a. 1998.

Poe, Edgar Allan: Complete Stories and Poems of Edgar Allan Poe. Garden City, New York 1966.

Pope, Alexander: Vom Menschen / Essay on Man. Übersetzt und hg. von Wolfgang Breidert. Hamburg 1993.

— Poems. The Twickenham Edition. Hg. von John Butt, Bd. 1. London, New Haven 1961.

Rauch, Christian: Theatrophania, zur Vertheidigung der christlichen Schauspiele, insonderheit der musikalischen Opern. Hannover 1682.

Reiser, Anton: Der gewissenlose Advokat mit seiner Theatrophania kürzlich abgefertigt. Hamburg 1682.

Richter, Johann Paul Friedrich [Jean Paul]: Sämtliche Werke. Hg. von Norbert Miller und Wilhelm Schmidt-Biggemann. 10 Bde. München 1959-1985.

Riedel, Wolfgang (Hg.): Jacob Friedrich Abel. Eine Quellenedition zum Philosophieunterricht an der Stuttgarter Karlsschule (1773-1782). Würzburg 1995.

Robertson, Archibald: A topographical survey of the great road from London to Bath and Bristol. With historical and descriptive account of the country, towns, villages, and gentlemen's seats on and adjacent to it; illustrated by perspective views of the most select and picturesque scenery […]. London 1792.

Roth, Johann Ferdinand: Sammlung schöner Stellen zum Gebrauch für Stammbücher. Aus deutschen, lateinischen, griechischen, französischen und englischen Schriftstellern. Nürnberg 1794.

Rousseau, Jean-Jacques: Die Bekenntnisse. Übersetzt von Alfred Semerau. Hg. von Christoph Kunze. München 1978.

Sanderson, Sir William: A complete history of the lives and reigns of, Mary Queen of Scotland, and of her son and successor, James the Sixth, King of Scotland, and (after Queen Elizabeth) King of Great Britain, France and Ireland […]. London 1656.

Schall, Carl: Theatersucht. Ein Lustspiel in drei Aufzügen. Breslau 1817.

Schiller, Friedrich: Werke. Nationalausgabe, s. Abkürzungen.

Schink, Johann Friedrich: Das Theater zu Abdera, Bd. 1. Berlin und Liebau 1787.

Schirach, Gottlob Benedict von: Ueber die moralische Schönheit und Philosophie des Lebens. Reden und Versuche. Altenburg 1772.

Schütze, Johann Friedrich: Hamburgische Theatergeschichte. Hamburg 1799.

Schulz, Friedrich: Almanach der Bellettristen und Bellettristinnen auf das Jahr 1782. Mit einem Nachwort hg. von Alexander Košenina. Hannover-Laatzen 2005.

— Litterarische Reise durch Deutschland. Mit einem Nachwort hg. von Christoph Weiß und Reiner Wild. St. Ingbert 1996.

Schwaldopler, Johann: Blumen des Guten, Schönen und Wahren, zur Erheiterung in Stürmen und Kämpfen des Lebens und zu

Denkschriften in Stammbüchern. Dritte verbesserte Auflage 1815.
Seneca, Lucius Annaeus: Philosophische Schriften. Lateinisch und deutsch. Hg. von Manfred Rosenbach. Darmstadt [2]1987.
Seume, Johann Gottfried: Apokryphen. Mit einem Essay von Hermann Schweppenhäuser. Frankfurt a.M. 1966.
— Werke in zwei Bänden. Hg. von Jörg Drews. Frankfurt a.M. 1993.
Shaftesbury, Anthony Ashley Cooper, Third Earl of: Standard-Edition. Sämtliche Werke, ausgewählte Briefe und nachgelassene Schriften. In engl. Sprache mit paralleler dt. Übersetzung. Hg., übersetzt und kommentiert von Gerd Hemmerich und Wolfram Bender. Stuttgart-Bad Cannstatt 1981ff.
— Der gesellige Enthusiast. Philosophische Essays. Hg. von Karl-Heinz Schwabe. München u.a. 1990.
Staël, Anne Germaine de: Über Deutschland. Hg. mit einem Nachwort von Monika Bosse. Frankfurt a.M. 1985.
Steinmetz, Horst (Hg.): Friedrich II., König von Preußen und die deutsche Literatur des 18. Jahrhunderts. Texte und Dokumente. Stuttgart 1985.
Sulzer, Johann Georg: Allgemeine Theorie der schönen Künste. 4 Bde. Leipzig 1792-99 (ND Hildesheim 1994).
Tieck, Ludwig: Romane. Hg. von Marianne Thalmann. München 1966.
Vulpius, Christian August: Glossarium für das Achtzehnte Jahrhundert. Mit einem Nachwort von Alexander Kosenina. Hannover 2003.
Wendeborn, G.F.A. von: Reise durch einige westliche und südliche Provinzen Englands. 2 Bde. Hamburg 1793.
Wieland, Christoph Martin: Sämtliche Werke. Leipzig 1794-1811 (ND Hamburg 1984).

III. Forschung

Albrecht, Wolfgang / Hans-Joachim Kertscher (Hg.): Wanderzwang – Wanderlust. Formen der Raum- und Sozialerfahrung zwischen Aufklärung und Frühindustrialisierung. Tübingen 1999.

Allkemper, Alo: Der Schein der Rettung oder die Phantasie vom guten Zufall. Zu Karl Philipp Moritz' Drama ›Blunt oder der Gast‹. In: Lessing Yearbook 21 (1989), S. 123-139.

Altmayer, Claus: Aufklärung als Popularphilosophie. Bürgerliches Individuum und Öffentlichkeit bei Christian Garve. St. Ingbert 1992.

Arendt, Dieter: Der ›poetische Nihilismus‹ in der Romantik. Studien zum Verhältnis von Dichtung und Wirklichkeit in der Frühromantik. 2 Bde. Tübingen 1972.

Batley, Edward M.: Die produktive Rezeption des Freimaurertums bei Karl Philipp Moritz. In: Martin Fontius, Anneliese Klingenberg (Hg.): Karl Philipp Moritz und das 18. Jahrhundert: Bestandsaufnahmen – Korrekturen – Neuansätze. Tübingen 1995, S. 123-133.

Bender, Wolfgang F. / Siegfried Bushuven / Michael Huesmann: Theaterperiodika des 18. Jahrhunderts. Bibliographie und inhaltliche Erschließung deutschsprachiger Theaterzeitschriften, Theaterkalender und Theatertaschenbücher. Teil 1: 1750-1780; Teil 2: 1781-1790; Teil 3: 1791-1800. München u.a. 1994, 1997, 2005.

Bennholdt-Thomsen, Anke / Alfredo Guzzoni: Nachwort zu: ΓΝΩΘΙ ΣΑΥΤΟΝ oder Magazin zur Erfahrungsseelenkunde. Lindau 1979.

— Der Irrenhausbesuch. Ein Topos in der Literatur um 1800. In: Aurora. Jahrbuch der Eichendorff-Gesellschaft 42 (1982), S. 82-110.

Bezold, Raimund: Popularphilosophie und Erfahrungsseelenkunde im Werk von Karl Philipp Moritz. Würzburg 1984.

Bisanz, Adam J.: George Lillos Drama ›Fatal Curiosity‹ und dessen umstrittene Nachfolge in Deutschland. In: arcadia 8 (1973), S. 55-61.

Blitz, Hans-Martin: Aus Liebe zum Vaterland. Die deutsche Nation im 18. Jahrhundert. Hamburg 2000.

Böhr, Christoph: Philosoph für die Welt. Zum Selbstverständnis der Popularphilosophie der deutschen Spätaufklärung. Stuttgart-Bad Cannstatt 2002.

Bogner, Ralf Georg: Der Nachruf als literarische Gattung. Möglichkeiten und Grenzen einer Definition. In: Franz Simmler (Hg.):

Textsorten deutscher Prosa vom 12./13. bis 18. Jahrhundert und ihre Merkmale. Bern u.a. 2002, S. 39-51.

Boulby, Mark: Karl Philipp Moritz: At the Fringe of Genius. Toronto u.a. 1979.

Breithaupt, Fritz: Warum das Ich Eigentum braucht (Locke, Rousseau, Moritz, Hölderlin). In: Athenäum 12 (2002), S. 33-68.

Breuer, Ingo: »Schauplätze jämmerlicher Mordgeschichte«. Tradition der Novelle und Theatralität der Historia bei Heinrich von Kleist. In: Kleist-Jahrbuch 2001, S. 196-225.

Budde, Bernhard: Von der Schreibart des Moralisten: Seume. Frankfurt a.M. u.a. 1990.

Calder III, William M.: Vita Aeschyli 9: Miscarriages in the Theatre of Dionysos. In: Classical Quarterly 38 (1988), S. 554f.

Cantarutti, Giulia: I ›Vermischte Gedanken‹ di Lavater. Una tessera nel mosaico dell' aforistica tardosette centesca. In: Spicilegio moderno 14 (1980), S. 130-161.

— / Hans Schumacher (Hg.): Germania – Romania. Studien zur Begegnung der deutschen und romanischen Kultur. Frankfurt a.M. 1990.

— / — (Hg.): Neue Studien zur Aphoristik und Essayistik. Frankfurt a.M. 1986.

Catholy, Eckehard: Karl Philipp Moritz und die Ursprünge der deutschen Theaterleidenschaft. Tübingen 1962.

Costazza, Alessandro: Genie und tragische Kunst. Karl Philipp Moritz und die Ästhetik des 18. Jahrhunderts. Bern u.a. 1999.

— Schönheit und Nützlichkeit. Karl Philipp Moritz und die Ästhetik des 18. Jahrhunderts. Bern u.a. 1996.

Dell'Orto, Vincent J.: Karl Philipp Moritz in England: A psychological Study of the Traveller. In: Modern Language Notes 91 (1976), S. 453-466.

Duncker, Carl (Hg.): Iffland in seinen Schriften als Künstler, Lehrer und Director der Berliner Bühne. Zum Gedächtniss seines 100jährigen Geburtstages am 19. April 1859. Berlin 1859.

Ecker, Hans-Peter: »Vielleicht auch ein bißchen Geschwätz«: Zur Differenz von Anspruch und Realität in Karl Philipp Moritz' ›Magazin zur Erfahrungsseelenkunde‹ am Beispiel der Selbstmordfälle. In: Literaturgeschichte als Profession: Festschrift für Dietrich Jöns. Hg. von Hartmut Laufhütte. Tübingen 1993, S. 179-202.

Eckle, Jutta: »Er ist wie ein jüngerer Bruder von mir«. Studien zu Johann Wolfgang von Goethes ›Wilhelm Meisters theatralische Sendung‹ und Karl Philipp Moritz' ›Anton Reiser‹. Würzburg 2003.

Eigenmann, Susanne: Zwischen ästhetischer Raserei und aufgeklärter Disziplin. Hamburger Theater im späten 18. Jahrhundert. Stuttgart, Weimar 1994.

Engel, Manfred: Die Rehabilitation des Schwärmers. Theorie und Darstellung des Schwärmens in Spätaufklärung und früher Goethezeit. In: Hans-Jürgen Schings (Hg.): Der ganze Mensch. Anthropologie und Literatur im 18. Jahrhundert. Stuttgart, Weimar 1994, S. 469-498.

Erwentraut, Kirsten: »Menschliches Elend auf trüglichen Schalen«. (Religions)Pädagogik bei Moritz und Salzmann. In: Heide Hollmer (Hg.): Karl Philipp Moritz. München 1993, S. 45-57.

Eybisch, Hugo: Anton Reiser: Untersuchungen zur Lebensgeschichte von K. Ph. Moritz und zur Kritik seiner Autobiographie. Leipzig 1909.

Federhofer, Marie-Theres: »Moi simple amateur«. Johann Heinrich Merck und der naturwissenschaftliche Dilettantismus im 18. Jahrhundert. Hannover 2001.

Fellmann, Ferdinand: Lebensphilosophie. Elemente einer Theorie der Selbsterfahrung. Reinbek bei Hamburg 1993.

Fontius, Martin / Anneliese Klingenberg (Hg.): Karl Philipp Moritz und das 18. Jahrhundert: Bestandsaufnahmen – Korrekturen – Neuansätze. Tübingen 1995.

Frevert, Ute: Ehrenmänner. Das Duell in der bürgerlichen Gesellschaft. München 1995.

Fürnkäs, Josef: Der Ursprung des psychologischen Romans. Karl Philipp Moritz' ›Anton Reiser‹. Stuttgart 1977.

Gambino, Renata: Moritz – Piranesi: der »Gesichtspunkt« – die Veduten. In: Ute Tintemann und Christof Wingertszahn (Hg.): Karl Philipp Moritz in Berlin 1789-1793. Hannover-Laatzen 2005, S. 23-37.

Greiner, Bernhard: Puppenspiel und Hamlet-Nachfolge. Wilhelm Meisters ›Aufgabe‹ der theatralischen Sendung. In: Euphorion 83 (1989), S. 281-296.

Griep, Wolfgang (Hg.): Moritz zu ehren: Beiträge zum Eutiner Symposium im Juni 1993. Eutin 1996.

Guthke, Karl S.: Sprechende Steine. Eine Kulturgeschichte der Grabschrift. Göttingen 2006.

Häcki Buhofer, Annelies (Hg.): Karl Philipp Moritz: Literaturwissenschaftliche, linguistische und psychologische Lektüren. Tübingen, Basel 1994.

Hederich, Benjamin: Gründliches mythologisches Lexikon. ND der Ausgabe Leipzig 1770. Darmstadt 1996.

Heidmann Vischer, Ute: Die eigene Art zu sehen. Zur Reisebeschreibung des späten achtzehnten Jahrhunderts am Beispiel von Karl Philipp Moritz und anderen Englandreisenden. Bern u.a. 1993.

Heldt, Kerstin: Der vollkommene Regent. Studien zur panegyrischen Casuallyrik am Beispiel des Dresdner Hofes Augusts des Starken. Tübingen 1997.

Heßelmann, Peter: Kranke Heiler. Zum ästhetischen, anthropologischen und medizinischen Diskurs über Schauspielkunst im 18. Jahrhundert. In: Ders. u.a. (Hg.): »Das Schöne soll sein«. ›Aisthesis‹ in der deutschen Literatur. Festschrift für Wolfgang F. Bender. Bielefeld 2001, S. 73-100.

— Gereinigtes Theater? Dramaturgie und Schaubühne im Spiegel deutschsprachiger Theaterperiodika des 18. Jahrhunderts (1750-1800). Frankfurt a.M. 2002.

Höft, Albert: Novalis als Künstler des Fragments. Ein Beitrag zur Geschichte des deutschen Aphorismus. Berlin 1935.

Hollmer, Heide (Hg.): Karl Philipp Moritz. München (= text + kritik 118/119). 1993.

— / Albert Meier: »Die Erde ist nicht überall einerlei!« Landschaftsbeschreibungen in Karl Philipp Moritz' Reiseberichten aus England und Italien. In: Michael Scheffel (Hg.): Erschriebene Natur. Internationale Perspektiven auf Texte des 18. Jahrhunderts. Bern u.a. 2001, S. 263-288.

Jagla-Laudahn, Heike: Leib, Phantasie und Schrift im Zeitalter der

Aufklärung. Untersuchungen zum Leben und Werk von Karl Philipp Moritz. Ammersbek bei Hamburg 1994.

Kaschuba, Wolfgang: Die Fußreise. Von der Arbeitswanderung zur bürgerlichen Bildungsbewegung. In: Hermann Bausinger, Klaus Beyrer, Gottfried Korff (Hg.): Reisekultur. Von der Pilgerfahrt zum modernen Tourismus. München 1999, S. 165-173.

Koebner, Thomas: Zum Streit für und wider die Schaubühne im 18. Jahrhundert. In: Bernhard Fabian (Hg.): Festschrift für Rainer Gruenter. Heidelberg 1978, S. 26-57.

Konersmann, Ralf: Spiegel und Bild. Zur Metaphorik neuzeitlicher Subjektivität. Würzburg 1988.

Koschorke, Albrecht: Die Geschichte des Horizonts. Grenze und Grenzüberschreitung in literarischen Landschaftsbildern. Frankfurt a.M. 1990.

Koselleck, Reinhart: Kritik und Krise. Eine Studie zur Pathogenese der bürgerlichen Welt. Freiburg, München 1959.

Košenina, Alexander: Anthropologie und Schauspielkunst. Studien zur ›eloquentia corporis‹ im 18. Jahrhundert. Tübingen 1995.

— »Tiefere Blicke in das Menschenherz«: Schiller und Pitaval. In: Germanisch-Romanische Monatsschrift 55 (2005), S. 383-395.

— Heinrich Heine und die Berliner Aufklärung. In: Sikander Singh (Hg.): »Aber der Tod ist nicht poetischer als das Leben.« Heinrich Heines 18. Jahrhundert. Bielefeld 2006, S. 207-223.

— Friedrich Nicolai's Satires on Philosophy. In: Monatshefte 93 (2001), S. 290-299.

— Ernst Platners Anthropologie und Philosophie. Der ›philosophische Arzt‹ und seine Wirkung auf Johann Karl Wezel und Jean Paul. Würzburg 1989.

— Recht – gefällig. Frühneuzeitliche Verbrechensdarstellung zwischen Dokumentation und Unterhaltung. In: Zeitschrift für Germanistik N.F. 15 (2005), S. 28-47.

— »Schönheiten der Natur und Kunst« als Stimulanzien der Liebe. ›Die neue Cecilia‹ im Kontext von Moritz' Ästhetik. In: Karl Philipp Moritz in Berlin 1786-1793. Hg. von Ute Tintemann und Christof Wingertszahn. Hannover-Laatzen 2005, S. 101-118.

— Ut pictura poesis: Karl Philipp Moritz besingt Berlin wie Johann Friedrich Fechhelm es malt. In: Zeitschrift für Germanistik N.F. 13 (2003), S. 157-162.

— Vorbewußtsein und Traum in Kleists Anthropologie. In: Peter-André Alt, Christiane Leiteritz (Hg.): Traumdiskurse der Romantik. Berlin, New York 2005, S. 232-255.

— »Wenn Wissenschaft Wissenschaft wird, ist nichts mehr dran«. Gelehrsamkeitskritik und Akademikersatire im Sturm und Drang. In: Lenz-Jahrbuch 8/9 (1998/99), S. 151-188.

— (Hg.): Johann Jakob Engel (1741-1802): Philosoph für die Welt, Ästhetiker und Dichter. Hannover-Laatzen 2005.

Krüger, Rolf-Herbert: Friedrich Wilhelm Diterichs. Architekt, Ingenieur und Baubeamter im Preußen des 18. Jahrhunderts. Potsdam 1994.

Krug, Wilhelm Traugott: Allgemeines Handwörterbuch der philosophischen Wissenschaften nebst ihrer Literatur und Geschichte. Leipzig 1833 (ND 1969).

— (Hg.): Bruchstücke aus meiner Lebensphilosophie. Erste Sammlung. Berlin, Stettin 1800.

Krupp, Anthony: Das Gehen als Grundfigur bei Karl Philipp Moritz. In: Karl Philipp Moritz in Berlin 1789-1793. Hg. von Ute Tintemann und Christof Wingertszahn. Hannover-Laatzen 2005, S. 215-232

Langen, August: Karl Philipp Moritz' Weg zur symbolischen Dichtung. In: ZfdPh 81 (1962), S. 169-218; S. 402-440.

Lücke, Hans K. und Susanne: Antike Mythologie. Ein Handbuch. Der Mythos und seine Überlieferung in Literatur und bildender Kunst. Reinbek bei Hamburg 1999.

Lütteken, Laurenz / Ute Pott / Carsten Zelle (Hg.): Urbanität als Aufklärung. Karl Wilhelm Ramler und die Kultur des 18. Jahrhunderts. Göttingen 2003.

Luserke, Matthias: Der Abgesang auf den Sturm und Drang. Plädoyer für eine neue Lektüre von Moritz' Drama ›Blunt oder der Gast‹. In: Heide Hollmer (Hg.): Karl Philipp Moritz. München 1993, S. 67-75.

Martin, Alison E.: German travel writing and the rhetoric of sensibility: Karl Philipp Moritz's ›Reisen eines Deutschen in England im Jahre 1782‹. In: Jane Conroy (Hg.): Cross-Cultural Travel. Papers from the Royal Irish Academy Symposium on Literature and Travel. New York u.a. 2003, S. 81-88.

Martini, Fritz: Die feindlichen Brüder. Zum Problem des gesellschaftskritischen Dramas von J. A. Leisewitz, F. M. Klinger und F. Schiller. In: JDSG 16 (1972), S. 209-265.

Meier, Albert: Karl Philipp Moritz. Stuttgart 2000, s. Abkürzungen.

— Schmetterlinge und Spinozas Gott. Karl Philipp Moritz als Moralphilosoph. In: Heide Hollmer (Hg.): Karl Philipp Moritz. München 1993, S. 58-66.

Meyer-Krentler, Eckhardt: »Geschichtserzählungen«. Zur ›Poetik des Sachverhalts‹ im juristischen Schrifttum des 18. Jahrhunderts. In: Jörg Schönert (Hg.): Erzählte Kriminalität. Zur Typologie und Funktion von narrativen Darstellungen in Strafrechtspflege, Publizistik und Literatur zwischen 1770 und 1920. Tübingen 1991, S. 117-157.

Minder, Robert: Glaube, Skepsis und Rationalismus. Dargestellt aufgrund der autobiographischen Schriften von Karl Philipp Moritz. Frankfurt a.M. 1974.

Minor, Jakob: Zur Geschichte der deutschen Schicksalstragödie und zu Grillparzers ›Ahnfrau‹. In: Jahrbuch der Grillparzer-Gesellschaft 9 (1899), S. 1-85.

Morgner, Ulrike: »Das Wort aber ist Fleisch geworden«. Allegorie und Allegoriekritik im 18. Jahrhundert am Beispiel von K. Ph. Moritz' ›Andreas Hartknopf. Eine Allegorie‹. Würzburg 2002.

Müller, Lothar: Die kranke Seele und das Licht der Erkenntnis. Karl Philipp Moritz' ›Anton Reiser‹. Frankfurt 1987.

— Karl Philipp Moritz. In: Deutsche Dichter. Hg. von Gunter E. Grimm, Frank Rainer Marx, Bd. 4. Stuttgart 1989, S. 231-251.

— ›Anton Reiser‹. In: Interpretationen: Romane des 17. und 18. Jahrhunderts. Stuttgart 1996, S. 259-301.

— Die Erziehung der Gefühle im 18. Jahrhundert. Kanzel, Buch und Bühne in Karl Philipp Moritz' ›Anton Reiser‹ (1785-1790). In: Der Deutschunterricht 48 (1996), H. 2, S. 5-20.

Neubauer, Hans-Joachim: Einschluss. Bericht aus einem Gefängnis. Berlin 2001.

Neumann, Gerhard: Ideenparadiese. Untersuchungen zur Aphoristik

von Lichtenberg, Novalis, Friedrich Schlegel und Goethe. München 1976.
— (Hg.): Der Aphorismus. Zur Geschichte, zu den Formen und Möglichkeiten einer literarischen Gattung. Darmstadt 1976.
Neumeyer, Harald: Unkalkulierbar unbewußt. Zur Seele des Verbrechers um 1800. In: Gabriele Brandstetter, Gerhard Neumann (Hg.): Romantische Wissenspoetik. Die Künste und die Wissenschaften um 1800. Würzburg 2004, S. 151-177.
Niehaus, Michael / Hans-Walter Schmidt-Hannisa (Hg.): Unzurechnungsfähigkeiten. Diskursivierungen unfreier Bewußtseinszustände seit dem 18. Jahrhundert. Frankfurt u.a. 1998.
Niggl, Günter: Geschichte der deutschen Autobiographie im 18. Jahrhundert. Theoretische Grundlegung und literarische Entfaltung. Stuttgart 1977.
Nübel, Birgit: Autobiographische Kommunikationsmedien um 1800. Studien zu Rousseau, Wieland, Herder und Moritz. Tübingen 1994.
— Karl Philipp Moritz: Der kalte Blick des Selbstbeobachters. In: Wolfgang Griep (Hg.): Moritz zu ehren. Beiträge zum Eutiner Symposium im Juni 1993. Eutin 1996, S. 31-52.
Omasreiter, Ria: Travels Through The British Isles. Die Funktion des Reiseberichts im 18. Jahrhundert. Heidelberg 1982.
Pickerodt, Gerhart: Das »poetische Gemählde«: Zu Karl Philipp Moritz' ›Werther‹-Rezeption. In: Weimarer Beiträge 36 (1990), S. 1364-1368.
Rau, Peter: Identitätserinnerung und ästhetische Rekonstruktion. Studien zum Werk von Karl Philipp Moritz. Frankfurt a.M. 1983.
Rector, Martin (Hg.): Zwischen Weltklugheit und Moral. Der Aufklärer Adolph Freiherr von Knigge. Göttingen 1999.
Reinalter, Helmut: Gegen die »Tollwuth der Aufklärungsbarbarei«. L. A. Hoffmann und der frühe Konservativismus in Österreich. In: Christoph Weiß (Hg.): Von ›Obscuranten‹ und ›Eudämonisten‹. Gegenaufklärerische, konservative und antirevolutionäre Publizisten im späten 18. Jahrhundert St. Ingbert 1997, S. 221-244.
Renner, Karl N.: »... laß das Büchlein deinen Freund seyn«. Goethes Roman ›Die Leiden des jungen Werthers‹ und die Diätetik der

Aufklärung. In: Günter Häntzschel, John Ormrod, ders. (Hg.): Zur Sozialgeschichte der deutschen Literatur von der Aufklärung bis zur Jahrhundertwende. Tübingen 1985, S. 1-20.

Reuchlein, Georg: Bürgerliche Gesellschaft, Psychiatrie und Literatur. Zur Entwicklung der Wahnsinnsthematik in der deutschen Literatur des späten 18. und frühen 19. Jahrhunderts. München 1986.

Röttgers, Kurt: J. G. H. Feder – Beitrag zu einer Verhinderungsgeschichte eines deutschen Empirismus. In: Kant-Studien 75 (1984), S. 420-441.

Saine, Thomas P.: Die ästhetische Theodizee. Karl Philipp Moritz und die Philosophie des 18. Jahrhunderts. München 1971.

Sandbach, Francis E.: Karl Philipp Moritz's ›Blunt‹ and Lillos ›Fatal Curiosity‹. In: Modern Language Review 18 (1923), S. 449-457.

Sauder, Gerhard: Reisen eines Deutschen in England im Jahr 1782: Karl Philipp Moritz. In: ›Der curieuse Passagier‹. Deutsche Englandreisende des achtzehnten Jahrhunderts als Vermittler kultureller und technologischer Anregungen. Heidelberg 1983, S. 93-108.

Schings, Hans-Jürgen: Agathon – Anton Reiser – Wilhelm Meister. Zur Pathogenese des modernen Subjekts im Bildungsroman. In: Wolfgang Wittkowski (Hg.): Goethe im Kontext. Kunst und Humanität, Naturwissenschaft und Politik von der Aufklärung bis zur Restauration. Tübingen 1984, S. 42-63.

— Melancholie und Aufklärung. Melancholiker und ihre Kritiker in Erfahrungsseelenkunde und Literatur des 18. Jahrhunderts. Stuttgart 1977, S. 226-255.

Schlenstedt, Dieter: Art. ›Darstellung‹, in: Ästhetische Grundbegriffe. Historisches Wörterbuch in sieben Bänden. Hg. von Karlheinz Barcke u.a., Bd. 1. Stuttgart, Weimar 2000, S. 831-875.

Schmidt, Arno: Die Schreckensmänner. Karl Philipp Moritz zum 200. Geburtstag. In: Ders.: Dya Na Sore. Gespräche in einer Bibliothek. Karlsruhe 1958, S. 356-390.

Schneider, Helmut J.: Selbsterfahrung zu Fuß. Spaziergang und Wanderung als poetische und geschichtsphilosophische Reflexionsfigur im Zeitalter Rousseaus. In: Jürgen Söring, Peter

Gasser (Hg.): Rousseauismus: Naturreligion und Literatur. Frankfurt a.M. u.a. 1999, S. 133-154.

Schönborn, Sibylle: Das Buch der Seele. Tagebuchliteratur zwischen Aufklärung und Kunstperiode. Tübingen 1999.

Schreiner, Julia: Jenseits vom Glück. Suizid, Melancholie und Hypochondrie in deutschsprachigen Texten des späten 18. Jahrhunderts. München 2003.

Schrimpf, Hans Joachim: Karl Philipp Moritz. Stuttgart 1980.

— Karl Philipp Moritz. In: Benno von Wiese (Hg.): Deutsche Dichter des 18. Jahrhunderts. Ihr Leben und Werk. Berlin 1977, S. 881-910.

Schulz, Georg-Michael: Die moralische Anstalt als eine medizinische Angelegenheit betrachtet. Äußerungen von Ärzten über das Theater in der Publizistik des 18. Jahrhunderts. In: Raymond Heitz, Roland Krebs (Hg.): Theater und Publizistik im deutschen Sprachraum im 18. Jahrhundert. Bern u.a. 2001, S. 123-140.

Segebrecht, Wulf: Das Gelegenheitsgedicht. Ein Beitrag zur Geschichte und Poetik der deutschen Lyrik. Stuttgart 1977.

Selbmann, Rolf: Theater im Roman. Studien zum Strukturwandel des deutschen Bildungsromans. München 1981.

Siegrist, Christoph: Karl Philipp Moritz als Reiseschriftsteller. In: Annelies Häcki Buhofer (Hg.): Karl Philipp Moritz. Literaturwissenschaftliche, linguistische und psychologische Lektüren. Tübingen, Basel 1994, S. 77-90.

Simonis, Linda: Die Kunst des Geheimen. Esoterische Kommunikation und ästhetische Darstellung im 18. Jahrhundert. Heidelberg 2002, S. 215-245.

Spicker, Friedemann: Der Aphorismus. Begriff und Gattung von der Mitte des 18. Jahrhunderts bis 1912. Berlin, New York 1997.

— »Für den Verstand kann man nicht zu lakonisch sein, aber wohl für die Phantasie«. Jean Paul als Aphoristiker – nach und neben Lichtenberg. In: Lichtenberg-Jahrbuch 2000, S. 82-96.

Tintemann, Ute / Christof Wingertszahn (Hg.): Karl Philipp Moritz in Berlin 1789-1793. Hannover-Laatzen 2005.

Utz, Peter: »Es werde Licht!« – Die Blindheit als Schatten der Aufklärung bei Diderot und Hölderlin. In: Hans-Jürgen Schings

(Hg.): Der ganze Mensch. Anthropologie und Literatur im 18. Jahrhundert. Stuttgart, Weimar 1994, S. 371-389.

Wagner, Christiane: Erfahrung und Ästhetisierung. Untersuchungen zu Karl Philipp Moritz: ›Reisen eines Deutschen in England im Jahre 1782‹ (= Regensburger Skripten zur Literaturwissenschaft, 8). Regensburg 1997.

Wild, Christopher J.: Theater der Keuschheit – Keuschheit des Theaters. Zu einer Geschichte der (Anti-) Theatralität von Gryphius bis Kleist. Freiburg i.B. 2003.

— Theorizing Theater Antitheatrically: Karl Philipp Moritz's Theatromania. In: MLN 120 (2005), S. 507-538.

Wingertszahn, Christof: Anton Reiser und die »Michelein«. Neue Funde zum Quietismus im 18. Jahrhundert. Hannover 2002.

Wölfel, Kurt: Andeutende Materialien zu einer Poetik des Spaziergangs. Von Kafkas Frühwerk zu Goethes ›Werther‹. In: Theo Elm, Gerd Hemmerich (Hg.): Zur Geschichtlichkeit der Moderne. Der Begriff der literarischen Moderne in Theorie und Deutung. München 1982, S. 69-90.

Zaunstöck, Holger: Sozietätslandschaft und Mitgliederstrukturen. Die mitteldeutschen Aufklärungsgesellschaften im 18. Jahrhundert. Tübingen 1999.

Zumbusch, Cornelia: Kunst als Impfung gegen das Leben? Eine medizinische Metapher in Schillers Theorie des Erhabenen. In: Ansteckung. Zur Körperlichkeit eines ästhetischen Prinzips. Hg. von Miriam Schaub, Nicola Suthor, Erika Fischer-Lichte. München 2005, S. 251-262.

Namenregister

Bibliografische Information der Deutschen Nationalbibliothek

Die Deutsche Nationalbibliothek verzeichnet diese Publikation in der Deutschen Nationalbibliografie; detaillierte bibliografische Daten sind im Internet über http://dnb.d-nb.de abrufbar.

www.wallstein-verlag.de
Vom Verlag gesetzt aus der Times Antiqua
Druck: Hubert & Co, Göttingen

ISBN-13: 978-3-8353-0076-7
ISBN-10: 3-8353-0076-8